Daniel Goffart

Steinbrück

DANIEL GOFFART

STEINBRÜCK
DIE BIOGRAFIE

HEYNE

FSC
www.fsc.org
MIX
Papier aus verantwortungsvollen Quellen
FSC® C014496

Verlagsgruppe Random House FSC-DEU-0100
Das für dieses Buch verwendete FSC®-zertifizierte Papier
EOS liefert Salzer Papier, St. Pölten, Austria.

Redaktion: Ulrike Nikel, München

Umschlaggestaltung: Nele Schütz Design, München
Umschlagfoto: Daniel Biskup/laif
Satz: EDV-Fotosatz Huber/Verlagsservice G. Pfeifer, Germering
Druck und Bindung: GGP Media GmbH, Pößneck
Printed in Germany 2012
ISBN 978-3-453-20034-0

www.heyne.de

Meinen Eltern Philipp und Marianne
in Liebe und Dankbarkeit gewidmet

INHALT

VORWORT

Warum ein Buch über Peer Steinbrück? Und nicht eines über Sigmar Gabriel oder über Frank-Walter Steinmeier? Der eine ist schließlich Vorsitzender der SPD, und der andere führt immerhin die sozialdemokratische Bundestagsfraktion. Dagegen ist Peer Steinbrück nur noch ein einfacher Abgeordneter ohne jedes weitere Amt.

Trotzdem gilt der Hamburger zu Recht als einer der vielfältigsten und interessantesten Politiker in den Reihen der SPD. Obwohl er zur Politikprominenz zählt und regelmäßig im Fernsehen auftritt, ist über sein wechselvolles Leben nur wenig bekannt. Steinbrück wuchs im hanseatischen Bürgertum auf und wurde Sozialdemokrat, er war Bundeswehroffizier und geriet in die Fänge des Verfassungsschutzes. Seine berufliche Karriere begann er nach dem Studium der Volkswirtschaft ganz bescheiden als Aushilfsreferent in Bonn. Dort diente er drei Ministern als Büchsenspanner, Ratgeber und Kofferträger.

Es folgten noch vier Jahre als Büroleiter bei Johannes Rau, bis der fleißige Beamte Steinbrück schließlich aus den Kulissen heraustrat. Er wollte auf der politischen Bühne eine eigene Rolle spielen, nach Möglichkeit die Hauptrolle. Der Staatsdiener Steinbrück wurde zum Staatssekretär und Minister, später zum Landesvater und stellvertretenden Parteichef. Es gibt kaum ein Feld, das er in seinem langen politischen Leben nicht beackert hätte:

Umwelt und Energie, Städtebau und Infrastruktur, Wirtschaft und Verkehr, Bildung und Forschung sowie vor allen Dingen Haushalts- und Finanzpolitik. Der Erfolg als kantiger Krisenmanager der Großen Koalition bildete die Grundlage für sein gutes Image. Noch heute zehrt Steinbrück von dem Ruf, einer der wenigen Politiker zu sein, der wirklich etwas von der Sache versteht, für die er verantwortlich zeichnet.

Neben seinen zahlreichen politischen Betätigungen hat Steinbrück immer die Kraft aufgebracht, sich durch stetes Lesen und Forschen eine beeindruckende historische und literarische Bildung anzueignen. Daneben ist er ein begeisterter Cineast und ein maritimer Allrounder, dessen Kenntnisse über Marinegeschichte und Handelsseefahrt bis hin zum Modellschiffbau reichen. Seine ganze Leidenschaft aber gilt von Kindesbeinen an dem Schachspiel. Noch heute ist er stolz darauf, selbst Großmeistern im Spiel der Könige Paroli geboten zu haben.

Peer Steinbrück ist also ein vielschichtiger und faszinierender Mann. Doch im Gegensatz zu anderen Politikern kann man ihn nicht als gemütvollen Menschenfänger bezeichnen. Im Gegenteil: Sein Spott ist beißend, und seine Neigung zur Ironie wird ihm oft als Arroganz ausgelegt. Er ist intellektuell brillant, aber zugleich elitär und lässt das andere gelegentlich auch spüren. Steinbrücks Weg in die SPD führte über Willy Brandt und dessen Sehnsucht nach Freiheit und neuem Denken. Als Partei der sozialen Gerechtigkeit und als Anwältin der kleinen Leute ist ihm die SPD bis heute fremd geblieben.

In seinem ausgezeichneten Buch *Unterm Strich* (Hoffmann und Campe, 2010) schreibt Steinbrück offen und pointiert über unbequeme Wahrheiten. Dabei schont er die Sozialdemokraten nicht.

»Je länger wir die Realität verweigern, desto höher werden nicht nur die Anpassungskosten«, warnt er bereits im Vorwort. »Je länger wir uns unseren Selbsttäuschungen überlassen, desto größer wird auch die Wahrscheinlichkeit, dass wir auf der Leiter der Wohlstandsregionen absteigen.«

Das war 2010. Inzwischen ist jedoch aus dem unbestechlichen Analytiker und Autor ein kühl berechnender und taktierender Kanzlerkandidatenaspirant geworden. Wenn er wirklich den Kampf um das wichtigste Regierungsamt der Republik gewinnen will, dann geht das eben nicht ohne die SPD – zumindest nicht ohne ein Mindestmaß an Wohlwollen und Unterstützung. Also muss sich der Kandidat im Wartestand auf die Genossen zubewegen. Das Ergebnis dieser Annäherung lässt sich in einigen wenigen Stichworten darstellen: höhere Steuern für »Reiche«, zusätzliche Steuern auf Vermögen, Korrekturen bei der Rente mit 67 oder Überprüfung der Agenda 2010, die Steinbrück jahrelang vehement verteidigt hat. Das sind nur einige Passagen aus dem Programm der SPD, das Steinbrück Wort für Wort mit unterschreiben muss. Von Konsolidierung – seinem Lieblingsbegriff als Finanzminister – ist dort nur am Rande die Rede.

Die spannende Frage lautet: Welcher Sozialdemokrat hätte wohl die besten Chancen gegen Angela Merkel? Von den drei Kandidaten der Troika wird Steinbrück noch am ehesten zugetraut, über den Kreis der SPD-Anhänger hinaus Zustimmung zu mobilisieren. Wer ihn bei seinen zahlreichen Auftritten in ganz Deutschland erlebt hat, der spürt, dass er beim bürgerlichen Publikum ungewöhnlich gut ankommt und auch enorme Chancen im wachsenden Lager der Nichtwähler hätte.

Wie sich die SPD entscheidet, ist zum gegenwärtigen Zeitpunkt, in dem dieses Buch abgeschlossen wird, völlig offen. Im

Sommer 2012 standen die Eurokrise und die sich zuspitzende Lage in Spanien und Italien im Mittelpunkt der Aufmerksamkeit. Der Bundestag musste zu Sondersitzungen zusammentreten, um Hilfen für die spanischen Banken zu beschließen. Deutschland wird von der EU und den Finanzmärkten immer stärker in die Rolle des zahlenden Helfers gedrängt. Der Unmut darüber ist hierzulande mit Händen zu greifen. Viele Bürger fürchten, Geld in ein Fass ohne Boden zu werfen und am Ende sogar noch mit ihren eigenen Spareinlagen für die Schulden anderer Länder zu haften.

Auch bei den Regierungsfraktionen CDU, CSU und FDP wächst die Zahl der Abgeordneten, die der Rettungspolitik der Kanzlerin nicht mehr folgen wollen. Bei der Abstimmung über den dauerhaften europäischen Rettungsfonds ESM im Juli 2012 verfehlte die Regierung im Parlament die sogenannte Kanzlermehrheit, erreichte also nicht die Mehrzahl der im Bundestag vorhandenen Stimmen. Angela Merkel scheint das nichts anhaben zu können – ihre Popularitätswerte stiegen im Sommer 2012 sogar noch an.

Und die SPD? Sie votierte mit der Regierung für den Rettungsfonds ESM. Das war verantwortungsbewusst. Langfristig jedoch begeben sich die Sozialdemokraten damit in eine Zwickmühle. Einerseits müssen sie als größte Oppositionsfraktion die Regierung überwachen, kritisieren und selbst für Alternativen sorgen. Auf der anderen Seite können europäische Grundsatzentscheidungen wie etwa die Einrichtung eines milliardenschweren Rettungsfonds nur mit einer Zweidrittelmehrheit im Bundestag beschlossen werden.

Unter der Führung von Fraktionschef Frank-Walter Steinmeier hat sich die SPD zu einer staatstragenden Rolle bekannt und bei den entscheidenden Abstimmungen stets zugestimmt. Dass sie damit der strauchelnden schwarz-gelben Regierung ein ums andere Mal die rettende Hand reicht, ist vielen SPD-Abgeordneten ein Dorn im Auge. »Wir sind nicht der Dackel von Frau Merkel«, schimpfte beispielsweise der Vorsitzende der Parlamentarischen Linken, Ernst Dieter Rossmann, in einem *Focus*-Interview im Juli 2012. In den Reihen der Sozialdemokraten mehren sich seitdem die Stimmen, die Steinmeier zu einem härteren Oppositionskurs zwingen wollen, weil man nur so zu einer Ablösung der Regierung und zu anschließenden Neuwahlen gelangen kann.

Bei all diesen Diskussionen halten sich SPD-Chef Sigmar Gabriel und Peer Steinbrück erkennbar zurück. Gabriel wird nachgesagt, er wolle Steinmeier nicht hineinregieren, würde im Zweifel aber eher eine härtere Linie verfolgen.

Steinbrück hingegen kritisiert zwar die vielen Volten der Kanzlerin in der Europapolitik, tritt jedoch ebenso wie Steinmeier eher für einen konstruktiven Oppositionskurs ein. Dabei wird nicht erkennbar, wer in der Frage der Strategie und Taktik die Führung übernehmen möchte. Da sich die Troika darauf verständigt hat, die Entscheidung über die Kanzlerkandidatur erst Ende Januar 2013 nach den Landtagswahlen in Niedersachsen zu treffen, wird wohl keiner der drei SPD-Politiker vorher aus der Deckung kommen.

Bis dahin kann der interessierte Leser in diesem Buch etwas mehr aus dem bewegten Leben von Peer Steinbrück erfahren. Ich habe versucht, den Menschen ebenso darzustellen wie den Politiker und dabei die Geschehnisse in den jeweiligen Kontext ihrer Zeit einzuordnen.

An dieser Stelle soll auch nicht verschwiegen werden, was ich selbst von der Hauptperson meines Buches halte: Peer Steinbrück besitzt die Fähigkeit, das höchste Regierungsamt zu führen. Er »kann Kanzler«, kein Zweifel. Die entscheidende Frage ist nur, ob man ihn lässt.

Daniel Goffart
Berlin, im Juli 2012

KAPITEL 1

»GESCHÄTZTE GEGNERIN«

Die Stimmung an Bord des Luftwaffen-Airbus *Konrad Adenauer* ist gelöst. Die noch aus DDR-Beständen stammende Regierungsmaschine hat ihre Reiseflughöhe erreicht. Die Anschnallzeichen sind erloschen. Stewardessen in Bundeswehruniformen bringen Getränke und Snacks. Die zahlreichen Regierungsmitarbeiter und Journalisten, die die Delegation begleitet haben, atmen durch. Jetzt noch gut acht Stunden Flug und die Reise ist geschafft.

Auch die Kanzlerin und ihr Bundesfinanzminister nutzen den langen Rückflug, um etwas Luft zu holen, legen in den bequemen Konferenzsesseln des Flugzeugs kurz die Beine hoch. In dem Luftwaffenjet gibt es neben einem eigenen Schlafzimmer mit Dusche für die Kanzlerin ein Büro mit abhörsicherem Satellitentelefon und mehrere Besprechungsräume. Die Arbeitstische und Telefone an Bord werden häufiger genutzt als das schmale Bett. Die Kanzlerin und ihre Minister sind schließlich immer im Dienst.

Hinter Angela Merkel und Peer Steinbrück liegen drei anstrengende Tage beim G-20-Gipfel in Pittsburgh. US-Präsident Barack Obama hatte die Regierungschefs und Finanzminister der wichtigsten Industrienationen und Schwellenländer Ende September 2009 eingeladen, um über Konsequenzen aus der Finanzkrise zu beraten. In Deutschland findet an diesem Wochenende die Bundestagswahl statt. Normalerweise wären die Kanzlerin und ihr sozialdemokratischer Minister zu diesem Zeitpunkt unmittelbar vor der Wahl nicht mehr gemeinsam aufgetreten. Stattdessen hätten sie sich wohl gegenseitig im Endspurt der Kampagne attackiert. Doch auf den deutschen Wahlkampf nehmen weder Barack Obama noch die Planungsstäbe im Weißen Haus Rücksicht. Und so kommt es, dass Merkel und Steinbrück bis zum buchstäblich letzten Tag der Legislaturperiode eng zusammenarbeiten müssen – und erst am Tag der Wahl die gemeinsamen Regierungsgeschäfte niederlegen und auseinandergehen.

Trotz der gewaltigen Herausforderungen durch die Finanzkrise ist es gut gelaufen in den letzten vier Jahren der Großen Koalition in Deutschland. Dieses Gefühl haben beide, Merkel wie Steinbrück, auf diesem gemeinsamen letzten Dienstflug nach Berlin. Noch in der Rückschau wird die Große Koalition gut beurteilt werden – besser sogar als zum Zeitpunkt ihres Bestehens und auffallend oft übrigens von Vertretern der Wirtschaft.

Die Wahl für diesen dritten G-20-Gipfel war 2009 auf Pittsburgh gefallen, weil Obama der Welt dort im provinziellen Pennsylvania demonstrieren wollte, wie der erfolgreiche Wandel von einer alten Stahl- und Eisenstadt zum modernen Dienstleistungszentrum funktioniert. Die Deutschen kennen die Schmerzen industrieller Umbrüche. Ihr Pittsburgh heißt Nordrhein-Westfalen. Peer Steinbrück ist viel durch den »Kohlenpott« gereist, wie das Ruhrgebiet früher genannt wurde. Nach wie vor kann er aus dem Stehgreif lange Geschichten über den schwierigen Strukturwandel an Rhein und Ruhr erzählen.

Die Parallelen zu Pittsburgh liegen auf der Hand: Über mehr als ein Jahrhundert lang hatten Wirtschaft und Politik fast ausschließlich auf Kohle und Stahl gesetzt. Als der Preisverfall auf den Weltmärkten einsetzte und ein rasanter Wandel zur digitalen Dienstleistungsgesellschaft den Stolz der traditionsreichen Montanindustrie brach, geriet eine ganze Region binnen weniger Jahre ins Abseits.

Auch für Angela Merkel, Steinbrücks künftige Gegnerin, sind Umbrüche zum festen Bestandteil ihres Lebens geworden. Der Kollaps der gesamten DDR-Wirtschaft nach der Wende hatte die promovierte Physikerin regelrecht geschockt. Besonders bitter war für die Ostdeutsche die Erkenntnis, dass eine ganze Industrie im scharfen Wind des Wettbewerbs über Nacht praktisch wertlos wurde. Das berührte nicht nur die Arbeitsplätze und die soziale Sicherheit der Menschen, sondern verletzte zugleich ihren Stolz. Merkel und Steinbrück wissen also beide, wovon sie reden, wenn es um Strukturwandel und die damit verbundenen Härten geht. Auch in Analyse und Lösung dieser Probleme sind sie sich aller parteipolitischen Differenzen zum Trotz bis heute prinzipiell einig: Auf Dauer kann kein Staat mit Subventionen den Wandel in Wirtschaft und Technik aufhalten. Doch für staatliche Übergangshilfen haben Merkel und Steinbrück gleichermaßen gekämpft. Manche dieser Gelder sind entgegen erster Absicht sogar sehr lange geflossen. Ob Kohlesubventionen, Werfthilfen oder die vielen Milliarden für den Aufbau Ost – in allen diesen Fällen lagen Merkel und ihr Kassenwart Steinbrück stets auf einer Linie. Selbst im komplizierten Fall Opel waren beide bereit, dem traditionsreichen Autobauer unter die Arme zu greifen, bis die US-Mutter General Motors schließlich den Versuch aufgab, den deutschen Steuerzahler für ihre Managementfehler in Rüsselsheim zur Kasse zu bitten.

Doch Steinbrück plagten auf diesem Rückflug vom G-20-Gipfel nach Berlin ganz andere Sorgen als Strukturprobleme oder Subventionsfragen. Wenn er zur vorausberechneten Ankunftszeit um 7.10 Uhr auf dem militärischen Teil des Flughafens Tegel landet, hat sein politischer Schicksalstag begonnen. An diesem Sonntag, dem 27. September 2009, waren über 62 Millionen Bürger zur Wahl des Deutschen Bundestags aufgerufen. Noch in Pittsburgh hatte Steinbrück kurz mit seinen Leuten zu Hause im Willy-Brandt-Haus telefoniert. Die Nachrichten aus der modernen Parteizentrale im Berliner Stadtteil Kreuzberg klangen alles andere als beruhigend. Ausweislich der letzten Umfragen steuerte die SPD auf ein äußerst mageres Ergebnis zu. Nach fast allen Berechnungen würden die Sozialdemokraten klar unter 30 Prozent landen. Wenn überhaupt noch etwas Hoffnung bei ihm keimte, dann nur wegen der auffallend hohen Zahl von Unentschlossenen. Fast ein Viertel der Leute hatte sich laut Umfragen bislang nicht festgelegt. Sie würden ihre Entscheidung wohl erst in der Wahlkabine fällen oder auf dem Weg dorthin. Konnte es also an diesem Sonntag einen »Last-Minute-Swing« zugunsten der SPD geben?

Im Regierungsflugzeug auf dem Rückweg nach Berlin liegen dicke Mappen aus, prall gefüllt mit frischen Agenturmeldungen und Ausschnitten aus deutschen Zeitungen. Egal wo sich die Spitzenpolitiker heutzutage aufhalten; stets werden sie selbst in der Luft oder in den entferntesten Winkeln der Welt mit einem nie abreißenden Strom aus Meldungen und Presseveröffentlichungen gefüttert. Diese sogenannten »Sonderunterrichtungen« des Bundespresseamts sollen die Regierungsmitglieder immer auf dem aktuellsten Nachrichtenstand halten. Manche der per Fax oder E-Mail gelieferten Artikel werden nur überflogen, andere hingegen Zeile für Zeile studiert. Wichtiger noch als die gedruckten Meldungen, Analysen und Kommentare sind die Zusammenfassungen der Fernsehnachrichten. Wer als Politiker abends zur besten Sendezeit in Millionen Wohnzimmer vordringen kann, der hat es geschafft – zumal im Schlussspurt eines Bundestagswahlkampfs.

Für Steinbrück ist die Lektüre der »Sonderunterrichtung« auf diesem Rückflug vom G-20-Gipfel alles andere als erbaulich. In den Artikeln der großen Zeitungen dominieren zwei Themen: die bevorstehende Bundestagswahl und die gerade erst beendete Konferenz der G-20. Keines der beiden Themen hebt Steinbrücks Stimmung. Für die SPD daheim sieht es nicht gut aus, und in den »Gipfel«-Berichten der Zeitungen und Nachrichtenagenturen kommt der Finanzminister neben der Kanzlerin nur am Rande vor.

Im Alltag der Großen Koalition hatte Steinbrück stets akzeptiert, dass Merkel als Regierungschefin die Hauptrolle spielte. Immerhin war es ihm als Finanzminister während der Krise zwischen 2005 und 2009 gelungen, die bedeutendste Rolle im Kabinett neben der Kanzlerin einzunehmen. Im letzten Drittel der Legislaturperiode entwickelte sich der Absturz an den Finanzmärkten zum alles beherrschenden Thema. Schon allein deshalb wurde Steinbrück überall als tragende Säule der schwarzroten Bundesregierung wahrgenommen. Eigentlich war er so etwas wie der gefühlte Vizekanzler. Neben ihm stand Frank-Walter Steinmeier als Außenminister zunehmend weniger im Rampenlicht. Selbst seine Spitzenkandidatur im Bundestagswahlkampf 2009 konnte an dieser Wahrnehmung und an der informellen Rangordnung innerhalb der Kabinettshierarchie wenig ändern.

Das kam nicht von ungefähr. Peer Steinbrück verfügte schon immer über ein äußerst robustes Selbstbewusstsein. Nur selten billigt er anderen Politikern die gleiche intellektuelle Flughöhe zu, auf der er sich normalerweise wähnt. Dennoch hat er – wohl zu seiner eigenen Überraschung – gelernt, die Kanzlerin im Laufe der gemeinsamen Regierungsjahre zu respektieren, ja, sie ganz im Stillen sogar zu achten.

Die Art und Weise, wie die Naturwissenschaftlerin Merkel politische Sachverhalte durchdringt, gleicht der Sicht- und Arbeitsweise des gelernten Volkswirts Steinbrück sehr. Beide gehen systematisch vor und entscheiden nach rationalen Erwägungen. Beide verachten ideologische Argumente, vor allem wenn sie Vernunftgründe verdrängen, was in der parteipolitischen Auseinandersetzung leider viel zu oft vorkommt. Ebenso wie Merkel ist auch Steinbrück ein Politiker, der sich an Fakten und nüchterner Analyse orientiert. Zudem sind beide hochintelligent und von ihrer Persönlichkeitsstruktur her norddeutsch kühl, auch wenn die gemeinsame Geburtsstadt Hamburg gewiss nur ein Zufall ist.

Doch bei der Lektüre der Pressemappe einen Tag vor der Bundestagswahl sinkt Steinbrücks Laune ebenso wie seine grundsätzlich positiven Gefühle für Merkel. Während die Kanzlerin in den Medien mit ihrer verhaltenen G-20-Erfolgsbilanz und ihrer in Deutschland stets populären Kritik am angelsächsischen Finanzgebaren breit zitiert wird, fällt Steinbrücks Name nur im Zusammenhang mit dem größten Misserfolg des Gipfels: Es ist den Deutschen in Pittsburgh nämlich nicht gelungen, ihre Idee von einer globalen Finanzmarkttransaktionsteuer durchzusetzen. Das Projekt, verkürzt »Börsensteuer« genannt, stellte zwar während der vergangenen Legislaturperiode eine Forderung der gesamten schwarz-roten Bundesregierung dar. Weil es sich aber zuvorderst um eine Steuer handelt, wurde meistens der Bundesfinanzminister damit in Verbindung gebracht. Einen Tag vor der Wahl ein ärgerlicher Umstand für Steinbrück.

Vor allem die USA und Großbritannien mit ihren Börsenplätzen New York und London hatten sich auf dem G-20-Gipfel in

Pittsburgh vehement gegen die Forderung der Kontinentaleuropäer gesperrt, ähnlich wie bei der Mehrwertsteuer künftig jede Finanzmarkttransaktion zu besteuern – diesen Widerstand haben sie bis heute nicht aufgegeben. Die Idee für eine solche Steuer war entstanden, weil nach Ausbruch der Krise 2008 fast alle Industriestaaten händeringend nach Einnahmen suchten. Schließlich mussten die astronomischen Summen zur Rettung der taumelnden Banken ebenso aufgebracht werden wie die vielen Milliarden für Konjunkturprogramme zur Ankurbelung der Wirtschaft. Im Wahlkampf 2009 war der stellvertretende SPD-Vorsitzende Steinbrück deshalb schon lange vor der G-20-Konferenz nicht müde geworden, den griffigen Plan von der Finanzmarkttransaktionsteuer zu propagieren. »Die Banken müssen ihren Teil zu den Rettungskosten beisteuern«, hatte Steinbrück bei jeder Gelegenheit erklärt. Schließlich trage der Finanzsektor die Hauptschuld an der Krise, und »deren Folgen kann man nicht alleine beim Steuerzahler abladen«.

Diese Botschaft passte hervorragend in das politische Umfeld der Bundestagswahl von 2009, und bei der nächsten Wahl 2013 wird das nicht anders sein: Erstens scheint es nur gerecht und plausibel, den in weiten Teilen der Bevölkerung verhassten Banken endlich einmal an den Kragen zu gehen. Und zweitens macht es sich gerade für Sozialdemokraten im Wahlkampf immer gut, von den reichen Hedgefonds-Managern und Spekulanten einen Teil der Rettungskosten einzufordern. Dass am Ende alle Bankkunden, also auch der berühmte »Bürger auf der Straße«, diese Steuer bei jedem kleinen oder großen Bankgeschäft mit bezahlen müssten, geht im politischen Streit um dieses Instrument leicht unter.

Allerdings will nicht nur die SPD mit der Börsensteuer punkten. Auch Merkel entdeckte nur zwei Jahre nach dem Ende der

Großen Koalition den politischen Charme der Börsensteuer als Gerechtigkeitsfrage neu. Inzwischen tritt die Kanzlerin energisch dafür ein, eine Reihe von Finanztransaktionen in der gesamten Europäischen Union zu besteuern. Falls das nicht möglich sein sollte, will sie die Börsensteuer eben nur innerhalb der Eurozone oder im Rahmen der verstärkten Zusammenarbeit mit mindestens acht weiteren Ländern einführen. Eine Strategie, die zeigt, wie stark die Kanzlerin eigentlich in zentralen politischen Fragen mit Steinbrück übereinstimmt. Die Besteuerung der Banken als gerechter Ausgleich ist ein hochaktuelles Thema geblieben, und Merkel ist mittlerweile viel zu erfahren im politischen Geschäft, um dieses Thema allein den Sozialdemokraten zu überlassen.

Bei der zweiten Pressemappe, die Steinbrück an diesem letzten gemeinsamen Arbeitstag mit Angela Merkel auf dem Rückflug nach Berlin durchliest, geht es um den Endspurt im laufenden Wahlkampf. Auch diese Berichte heben seine Laune nicht. Die SPD befindet sich im September 2009 in einer fast verzweifelten Lage. Die Umfragen der führenden Institute haben Zustimmungswerte zwischen frustrierenden 25 und 28 Prozent ermittelt.

Dagegen liegen CDU/CSU mit 32 bis 38 Prozent deutlich vorne und führen während der gesamten Kampagne das Ranking unter den beiden Volksparteien an. Die FDP als erklärter Wunschpartner eines »bürgerlichen Bündnisses« kann sich mit 9 bis 12 Prozent sogar über eine ungewöhnlich hohe Zustimmung freuen. Die Liberalen profitieren anscheinend stark von der Enttäuschung, die sich 2009 in konservativen Kreisen sowie im wirtschaftlich orientierten Mittelstand über Merkels Modernisierungspolitik breitgemacht hat. Eine schwarz-gelbe Regierung erscheint also an diesem Wahlsonntag durchaus möglich. Dagegen fehlt der SPD jede Machtperspektive.

Wie konnte es dazu kommen?

Die gesamte SPD-Parteispitze hatte schon zu Beginn des Wahlkampfs ganz auf rot-grüne Erneuerung gesetzt und für die Bundesebene eine Koalition mit der Partei »Die Linke« eindeutig ausgeschlossen. Das konnte man später nicht mehr korrigieren, selbst wenn viele bei SPD und Grünen den Verzicht auf die rot-rot-grüne Option als politische Selbstfesselung ablehnten. Allerdings war der entsprechende Versuch von Andrea Ypsilanti, nach der knapp verlorenen Hessen-Wahl im Februar 2009 mithilfe der Linken doch noch an die Macht zu kommen, desaströs gescheitert. Einige aufrechte Abgeordnete der SPD-Landtagsfraktion hatten sich damals standhaft geweigert, den Wortbruch ihrer Vorsitzenden Ypsilanti in die Tat umzusetzen. Außerdem war und ist für Steinmeier wie für Steinbrück eine Kooperation mit der SED-Nachfolgepartei auf Bundesebene nicht denkbar – in welcher Form auch immer.

Also setzte die SPD 2009 nach diversen Führungswechseln und Turbulenzen an der Parteispitze ganz auf ihre verbliebenen Topleute: Auf den krisenerprobten Finanzminister Steinbrück, den damals noch populären Parteichef Franz Müntefering und den vertrauenswürdigen Kanzlerkandidaten Frank-Walter Steinmeier. Im Gegensatz zu anderen Dreierbündnissen wurde dieses Trio allerdings nie als »Troika« bezeichnet. Die drei Männer bildeten eher eine informelle Führungsgemeinschaft. Mit ihr sollte die Sozialdemokratie als tatkräftige, wirtschaftsfreundliche Partei mit sozialem Gewissen wieder auf Erfolgskurs steuern. Doch alle Hoffnungen, die sich in dem eckigen Wahlkampfslogan *Anpacken. Für unser Land* bündelten, wurden früh enttäuscht. Neben der Hessen- ging auch die Europawahl mit ernüchternden 20,8

Prozent für die SPD verloren – das »Superwahljahr 2009« begann also ziemlich schlecht. Überhaupt gelang es der SPD während der gesamten Bundestagskampagne nie, in den Umfragen nur annähernd zur CDU/CSU aufzuschließen. Bei Licht betrachtet durfte Steinbrück an seinem letzten Amtstag der abgelaufenen Legislaturperiode also bloß noch darauf hoffen, dass Schwarz-Gelb die erforderliche Mehrheit verfehlte. Dann könnte die SPD zusammen mit Merkel wenigstens die Große Koalition fortsetzen.

Zwischenzeitlich hatte es mehrere Versuche gegeben, neben den Grünen zusätzlich die FDP ins Boot zu holen, falls es für Schwarz-Gelb nicht reichen würde. Doch alle »Ampelambitionen« Steinmeiers waren an der Standhaftigkeit der Liberalen und ihres damals noch starken Vorsitzenden Guido Westerwelle gescheitert. Die FDP hatte sogar zwei Wochen vor der Wahl auf einem Parteitag ausdrücklich beschlossen, lieber in die Opposition zu gehen, als einer rot-grün-gelben Koalition beizutreten. Da war also offenkundig nichts mehr zu machen.

Entsprechend missmutig legte Steinbrück deshalb die aktuellen Artikel über den zu Ende gehenden Bundestagswahlkampf beiseite. Wenn es nach ihm ginge, würde er in der Konstellation mit der Union gerne als Finanzminister weiterregieren. Das hat er natürlich nie laut sagen dürfen, aber insgeheim hoffte und hofft Steinbrück, dass sich diese Perspektive doch noch bieten könnte. Und wäre es in der derzeitigen Krise nicht ohnehin am besten, eine stabile Regierung mit erfahrenen Ministern und breiten Mehrheiten zu bilden?

Mit Merkel blieb er als Finanzminister selbst in den kritischsten Augenblicken immer auf einer Linie. Gemeinsam beschworen sie die US-Regierung, nach dem Investmentbankhaus Lehman Brothers nicht auch noch den taumelnden Versicherungskonzern AIG fallen zu lassen. Und ebenfalls gemeinsam entschieden sie nach langen Gesprächen mit dem damaligen Deutsche-Bank-Chef Josef Ackermann, nicht sämtliche Kreditinstitute in Deutschland zur Annahme staatlicher Mittel zu zwingen. Und das, obwohl die USA und die Wall Street die europäischen Regierungen massiv dazu drängten.

Auch die Rettung der angeschlagenen Commerzbank und die Enteignung der völlig überschuldeten Hypo Real Estate (HRE) setzten Merkel und Steinbrück in gewaltigen politischen Kraftakten durch – gegen enorme Widerstände in den beiden Koalitionsparteien. Bei der zwingend notwendigen Enteignung der HRE beispielsweise legte sich der damalige Bundesinnenminister Wolfgang Schäuble lange Zeit quer: Er lehnte die Überführung privaten Aktienkapitals in Volkseigentum aus grundsätzlichen Erwägungen heraus ab – wie viele andere in der Union, die sich aus Prinzip schwer damit taten, einer Zwangsenteignung zuzustimmen. So etwas passte eher zum Sozialismus und zur untergegangenen DDR als zu bürgerlichen Parteien.

Für Steinbrück hatte es jedoch damals keine Alternative zur Enteignung mehr gegeben. Sonst wäre es ihm nämlich nicht gelungen, die staatliche Kontrolle über die HRE zu erlangen und so deren Zusammenbruch zu verhindern. Er wollte eben kein deutsches »Lehman Brothers« provozieren. Die HRE war vor der Krise zwar kaum jemandem bekannt, spielte aber wegen ihrer starken Bedeutung im Pfandbriefgeschäft durchaus eine systemische Rolle. Ihr Zusammenbruch hätte zu einer schockartigen Kettenreaktion geführt.

Falls Innenminister Schäuble sich damals durchgesetzt und das Enteignungsgesetz verhindert hätte, wäre Steinbrück als Finanzminister zurückgetreten. Er gab das der Kanzlerin auf dem Höhepunkt der Auseinandersetzung mit Schäuble klar zu erkennen.

Am Ende entschied sich Merkel für ihren sozialdemokratischen Krisenmanager und gegen ihren christdemokratischen Innenminister. So etwas würde es in anderen Koalitionen wohl nicht mehr geben, das spürte Steinbrück schon damals.

Selbst im Wahlkampf 2009 kam ihm deshalb kein schlechtes Wort zu Merkel über die Lippen. Seine auffallend geringe Angriffslust gegen die Kanzlerin führte Steinbrück in einem *Spiegel*-Interview mit Markus Feldenkirchen und Roland Nelles (15.6.2009) auf seine besondere Rolle als Finanzminister zurück. Er trete schließlich mit Merkel auf großen Finanzgipfeln auf, und »wir geben gemeinsam Patronatserklärungen für deutsche Sparer ab«, erklärte er mit Nachdruck und innerer Überzeugung. Außerdem bemühe man sich »gemeinsam um ein gutes Krisenmanagement. Und dann soll ich plötzlich meine ganze Artillerie auf sie richten? Da kommen die Leute doch zu dem Ergebnis: Der Steinbrück ist gaga geworden.« Auch seine öffentlich geäußerte Auffassung, dass Merkel sich in der Krise als »gute Kanzlerin« erwiesen habe, nahm der Finanzminister während des Wahlkampfs 2009 nie zurück. »Ich habe an dem Urteil keine Änderung vorzunehmen.«

Während Steinbrück im Flugzeug auf der letzten Dienstreise von Pittsburgh nach Berlin noch über die gerade abgelaufene Regierungszeit mit der Kanzlerin sinniert, kommt Merkels damaliger Regierungssprecher Ulrich Wilhelm auf ihn zu. Ob er kurz mit in den hinteren Teil der Maschine gehen wolle, um mit den dort sitzenden Medienvertretern zu sprechen? Die Kanzlerin beabsichtige, den Journalisten ein paar abschließende Worte zum G-20-Gipfel zu sagen, so Wilhelm. Und Frau Merkel würde sich natürlich freuen, wenn der Finanzminister mitkäme.

Diese Begegnungen im Regierungsflugzeug sind für die begleitenden Journalisten oft der wichtigste Programmpunkt während der offiziellen Delegationsreisen. Hier bietet sich in der Regel die einzige Möglichkeit, abseits der minutiös durchgeplanten Tagesprogramme länger und ungestört mit der Regierungschefin oder den wichtigsten Ministern zu sprechen. Fast immer sind diese Gespräche vertraulich, also als Hintergrundinformation gedacht – man darf die Politiker später bei der Berichterstattung nicht direkt zitieren. Dieser Nachteil wird allerdings dadurch aufgewogen, dass Merkel und die Regierungsmitglieder in solchen Runden zumeist etwas freier sprechen und nicht nur ihre üblichen Sprachschablonen präsentieren. Hinzu kommt, dass sich auf den Reisen im Laufe der Tage oft eine gewisse Vertraulichkeit einstellt. Außerdem kennt man sich: Die sogenannte »Begleitpresse« der Kanzlerin besteht aus einem festen Stamm ausgesuchter Berliner Politikkorrespondenten. Auch die drangvolle Enge im Besprechungsraum des Flugzeugs – einige Journalisten müssen aus Mangel an Sitzgelegenheiten auf dem Fußboden Platz nehmen – befördert eine Art schicksalhaftes Gemeinschaftsgefühl.

Wenn man wissen will, was die Kanzlerin wirklich über andere Staatschefs, über Parteifreunde oder wichtige politische Vorgänge denkt, dann erfährt man es hier, zumindest andeutungsweise. Denn obwohl sie sich überwiegend vorsichtig ausdrückt, können die Journalisten aus ihrer Mimik und aus ihrer Wortwahl oft die richtigen Schlüsse ziehen. Außerdem verfügt Merkel über eine feine Ironie und die Fähigkeit, das oft gockelhafte Gehabe ihrer meist männlichen Amtskollegen in aller Welt humorvoll zu imitieren. Wenn sie gut aufgelegt ist, bietet sie recht unterhaltsame – und oft allzu menschliche – Einblicke in die Welt der eitlen Spitzenpolitiker.

Nicht immer lädt die Kanzlerin zum ausführlichen Hintergrundbriefing in den Besprechungsraum im vorderen Teil des Flugzeugs. Will sie die Sache kurzhalten, dann geht sie selbst zu den Journalisten im hinteren Teil des Luftwaffen-Airbus, stellt sich in den Mittelgang, sagt ein paar Worte und steht für Fragen so lange zur Verfügung, bis sie keine Lust mehr hat, sich weiter ausquetschen zu lassen.

Auch beim Rückflug vom G-20-Gipfel wählt Merkel die »Steh«-Variante. Sie betritt den Kabinenteil für die Medien zuerst, Steinbrück folgt ihr, dann der Regierungssprecher. Weil der Platz im Gang zwischen den Sitzen eng ist, muss Steinbrück entweder hinter Merkel stehen oder sich weiter nach vorne durchdrängeln. Wer ihn kennt, weiß, dass ein Hanseat wie er niemals auf die Idee käme, jemandem im wörtlichen Sinne zu eng auf den Leib zu rücken. Das gilt erst recht, wenn es um den gebotenen, respektvollen Abstand zur Kanzlerin geht – Wahlkampf hin, Wahlkampf her. So viel Anstand muss trotzdem sein. Also bleibt Steinbrück hinter der Chefin stehen, kann aber wegen der lauten Fluggeräusche in der Kabine weder verstehen, was Merkel sagt, noch was die Journalisten fragen.

Die Kanzlerin spricht ein paar Worte, merkt allerdings schnell, dass sich Steinbrück akustisch im Abseits befindet. In der für sie typischen, unprätentiösen Art winkt sie ihren Kassenwart zu sich heran. »Kommen Sie mal lieber vor, Herr Steinbrück, sonst versteht Sie ja keiner«, fordert sie den Finanzminister auf. Der lässt sich nicht zweimal bitten. So geschieht es, dass Merkel und Steinbrück einen Tag vor der Bundestagswahl noch einmal das Bild eines eingespielten, erprobten Politikerpaars abgeben: Schulter an Schulter, eng aneinandergedrückt wie gute Kumpel oder wie Kollegen, die beim letzten Betriebsausflug für einen lockeren Schnappschuss posieren.

Auch inhaltlich passt bei diesem Zusammentreffen über den Wolken kein Blatt Papier zwischen die CDU-Chefin und den stellvertretenden SPD-Vorsitzenden. Beide bewerten den Gipfel in gleicher Weise und präsentieren die gleichen Vorschläge, wenn es um künftige Rezepte zur Krisenbekämpfung geht. Zuerst spricht Merkel und fordert anschließend Steinbrück auf. »Wenn der Finanzminister noch etwas ergänzen will ...« Der leitet dann sein Statement mit der Versicherung ein, dass die Kanzlerin bereits das Wesentliche gesagt habe und er lediglich eine Kleinigkeit hinzufügen werde.

Am Ende wirkt dieser letzte gemeinsame Auftritt fast wie eine Verbrüderungsszene. Während unten am Boden die Wahlkampfschlacht tobt, geben die Feldherren hoch oben in luftiger Höhe noch einmal ein Bild vertrauter Harmonie ab. Die Journalisten merken das. Prompt wird Merkel gefragt, ob es ihr denn nicht leidtäte, je nach Wahlausgang einen so tüchtigen Finanzminister zu verlieren. Die Kanzlerin schmunzelt. Natürlich hat sie den Braten gerochen. Reagiere nie auf »Was-wäre-wenn-Fragen« lautet eine eiserne Regel für Politiker. Sie antwortet deshalb ausweichend. »Darüber entscheide ja nun nicht mehr ich, sondern der Wähler«, meint die Regierungschefin. Um weiteren Fragen vorzubeugen, bedankt sie sich bei den Medien für ihr Interesse, dreht sich abrupt um und nimmt im Weggehen ihren Finanzminister mit. »Kommen Sie, Herr Steinbrück, jetzt ist es genug.«

Der so Angesprochene kann sich jedoch einen letzten Kommentar nicht verkneifen. Er grinst, bleckt die Zähne und zeigt den Journalisten sein Haifischlächeln. Das tut er immer, wenn er kritische oder gar tückische Fragen aus professioneller Sicht zwar anerkennt, sie aber eigentlich nicht beantworten will. Manchmal schafft er es sogar, die Medienvertreter mit seiner grimmigen Miene einzuschüchtern. An seinem letzten Amtstag gelingt ihm das nicht mehr. Die Frage, ob Merkel die drohende Abwahl ihres tüchtigen Finanzministers bedauern würde, hat ja durchaus einen realen Hintergrund. Steinbrück, der Krisenmanager der Kanzlerin, plötzlich als Pensionär? »Das hätten Sie wohl gerne«, lacht Steinbrück, »warten Sie's doch einfach ab!«

KAPITEL 2

KINDHEIT IN RUINEN

Die furchtbaren Spuren der »Operation Gomorrha« haben sich über Jahrzehnte in das Antlitz der Freien und Hansestadt Hamburg gegraben. Der Name des britischen Kommandounternehmens war mit Bedacht gewählt: So wie Gott im biblischen Buch Mose Schwefel und Feuer auf Sodom und Gomorrha regnen ließ, um die beiden Orte zu vernichten, so bombardierte die Royal Air Force im Juli 1943 die alte Hafenstadt an der Elbe mit Zehntausenden Luftminen und Brandbomben. Nach fünf Angriffswellen in der Nacht und zweien am Tag mit mehr als 700 Flugzeugen waren weite Teile des alten Stadtbilds für immer ausgelöscht. Fast 35 000 Menschen fanden in dem Inferno den Tod, über 125 000 wurden verletzt, viele lebensgefährlich. Der Historiker Malte Thießen schrieb später in einer Studie zum Gedenken an die »Operation Gomorrha«, die Juli-Angriffe seien wegen der bis heute sichtbaren Zerstörungskraft »als kollektiver Fixpunkt im städtischen Gedächtnis verankert« geblieben.

Als Peer Steinbrück am 10. Januar 1947 in Hamburg geboren wird, prägen die Verheerungen des Zweiten Weltkriegs noch überall das Gesicht der Stadt. Ganze Straßenzüge bestehen nur aus hohlen, verbrannten Fassadenresten, in denen die verkohlten, scheibenlosen Fensterlöcher wie blicklose Totenaugen in den Skeletten der ausgebrannten Häuser wirken. Zehntausende Hamburger sind in diesem bitterkalten zweiten Nachkriegswinter noch wohnungslos, trotz der Zwangseinweisungen in unzerstörten Wohnraum und trotz zahlreicher Notunterkünfte. Auch funktioniert die Verteilung von Lebensmitteln an die hungernde und frierende Bevölkerung alles andere als reibungslos.

In die anfängliche Erleichterung der Bevölkerung über das Ende des Krieges mischt sich deshalb mit fortschreitender Zeit die wachsende Sorge um die eigene Zukunft. Die berühmte »Stunde null« hat für Millionen Menschen in der schmerzlichen Erkenntnis bestanden, ohne Wohnung, Arbeit und ausreichende Nahrung wieder ganz von vorne beginnen zu müssen, oft genug begleitet von der Trauer über den Verlust enger Angehöriger durch den Krieg. Es ist eine schwere Zeit, in die Peer Steinbrück Anfang 1947 als typisches Nachkriegskind hineingeboren wird.

Sein Großvater Wilhelm Schaper, ein hanseatisch korrekter Tabakhändler, hatte wie so viele seiner Mitbürger in den Bombennächten von 1943 alles verloren. Geschäft und Lager des Kaufmanns in der Hamburger Hermannstraße 13, in der Nähe des Rathauses, waren ausgebrannt, seine ganze Existenz mit einem Schlag vernichtet.

Dennoch hatte die Familie Steinbrück schier unglaubliches Glück: Denn mitten in den Trümmern ihres gutbürgerlichen Wohnviertels Hamburg-Uhlenhorst ragte am Schrötteringksweg eine Reihe von mehreren Gebäuden unzerstört aus dem Ruinenfeld heraus – darunter auch das Haus der Steinbrücks mit der Nummer 5.

Wenn man Peer Steinbrück heute danach fragt, was ihm aus seiner frühesten Kindheit in Erinnerung geblieben ist, dann nennt er als Erstes die Zerstörungen in der unmittelbaren Nachbarschaft sowie in der ganzen Stadt. Er hat die Bilder dieser Ruinenlandschaft immer noch vor Augen, sie haben sich unauslöschlich in sein Gedächtnis eingebrannt. Betrachtet man die alten Schwarz-Weiß-Fotos aus dieser Zeit und studiert vor allem die Luftaufnahmen der völlig zerbombten Stadt, bekommt man eine leise Ahnung von dem Ausmaß der Katastrophe und von den schlimmen Zuständen, die damals geherrscht haben. Das alles muss für diejenigen, die das tagelange Bombardement mit knapper Not überlebten, auch Jahre später noch eine bedrückende und trostlose Situation gewesen sein.

Steinbrück spricht nicht besonders gerne über diese Zeit. Die schwierigen Lebensumstände unmittelbar nach dem Krieg haben wohl auf das Kind abgefärbt. Er hat oft ein gewisses Unwohlsein gespürt und sogar Angst empfunden, wenn er durch die leeren Straßen zur Schule ging, auch das ist ihm in Erinnerung. Er war viel draußen unterwegs – erst in der Nachbarschaft und mit zunehmendem Alter in den angrenzenden Vierteln. Die Kindheit dieser Nachkriegsgeneration ist mit dem behüteten und umhegten Heranwachsen der heutigen Kinder und Jugendlichen überhaupt nicht mehr zu vergleichen. Damals schickte man den Nachwuchs so oft es ging einfach hinaus an die frische Luft »zum Austoben«. Dabei ging es natürlich weniger darum, die Gesundheit der Kinder zu fördern. Vielmehr wollten die Eltern einfach die lärmende Schar aus dem Weg haben, weil sie oft genug als Störung empfunden wurde. Schließlich gab es viel mehr Kinder als heute, die überall herumtobten, auch daran kann Steinbrück sich gut erinnern. Außerdem waren die Wohnverhältnisse in dieser Zeit äußerst beengt, denn im zerstörten Nachkriegsdeutschland mussten die Menschen oft unfreiwillig auf kleinstem Raum zusammenrücken.

Folglich verbringt der junge Peer wie alle anderen seine ersten Hamburger Jahre mit ganzen Horden von Gleichaltrigen auf den Straßen der Stadt. Und stellt eine Menge Blödsinn an. In den umliegenden Baugruben beispielsweise werden Tannenbäume und anderes brennbares Material angezündet, in den Ruinen spielt man Verstecken, und als Mutprobe dient die Erkundung alter, dunkler Bunker und halb verschütteter Kellergänge. Natürlich werden die Kinder von den Eltern regelmäßig ermahnt, solche unsicheren Orte zu meiden. Doch der Kitzel des Abenteuers, die Neugier und die Bestätigung im Kreis der Gleichaltrigen lassen Einsturzgefahr oder Verletzungsrisiken in den Hintergrund treten. Äußerst bedrohlich wird es allerdings, wenn die Kinder beim Spielen und Herumstöbern in den Ruinen auf alte Patronen und Munitionsreste stoßen und damit gefährliche Experimente anstellen. Besonders Verwegene vermischen den Inhalt der Patronen und zünden ihn in der Hoffnung auf eine kleine Explosion an. Wenn das nicht funktioniert, belohnt zumindest eine zischende, gelb-blaue Stichflamme Mut und Mühe. Oft genug wird solcher Leichtsinn bestraft, denn es gibt viele Unfälle bei solchen Spielen. Doch zum Glück bleiben Steinbrück und die Jungen und Mädchen aus seiner Nachbarschaft verschont.

Mehr Sorgen als solche riskanten Spiele bereiten dem jungen Steinbrück ohnehin eher die feindlich gesinnten Kindergruppen aus anderen Straßenzügen und Stadtvierteln. Durch manche Gegenden geht man lieber nicht, weil man dann von den ansässigen Altersgenossen verprügelt wird – so wie man das selbstverständlich auch im umgekehrten Fall zu tun pflegt. Es gibt richtige kleine Banden. Nicht im kriminellen Sinn natürlich, aber die Kinder suchen nach dem Vorbild feindlicher Indianerstämme gezielt die Auseinandersetzung mit Gruppen aus anderen Revieren. Für eine kleine Klopperei auf dem Weg zur Humboldtschule, die

Steinbrück zunächst besucht, sind er und seinesgleichen immer zu haben.

Wenn er heute rückblickend mit amüsiertem Schmunzeln aus dieser Zeit erzählt, kann man sich gut vorstellen, dass die Wurzel für Steinbrücks verbale Angriffslust und die unverkennbare Freude an einer politischen Rauferei in seinen ereignisreichen Kindertagen liegt. Jedenfalls scheint er als Junge eher das gewesen zu sein, was man als »Lausebengel« bezeichnet. Ein braver, verwöhnter Bürgersohn war der junge Peer sicher nicht, und das ist dem sozialdemokratischen Spitzenpolitiker bis heute, in seiner persönlichen Selbstdarstellung, auch ganz recht so.

Dabei wurde er als erstes von zwei Kindern in eine ausgesprochen bürgerliche Familie hineingeboren. Der bekannteste Spross in seinem weitverzweigten Stammbaum ist Gottlieb Adelbert Delbrück, der Gründer des Bankhauses Delbrück, später Mitbegründer der Deutschen Bank und ein Urgroßonkel von Peer Steinbrück. Doch die Verwandtschaft zu den Delbrücks, die im Preußen des 19. Jahrhunderts viele einflussreiche Positionen in der Verwaltung und danach im Bankwesen des Kaiserreichs bekleideten, ist recht weitläufig.

Die wichtigste Person für die Entwicklung des jungen Peer war anfangs sein Großvater mütterlicherseits, der Hamburger Kaufmann Wilhelm Schaper: korrekt, ordentlich, mit Sinn für Geschäft und Zahlen, aber wohl auch etwas trocken oder dröge, wie man im Norddeutschen gerne sagt. Da der Großvater das offenbar selbst als Mangel empfand, suchte er sich eine Ehefrau mit einem eher gegensätzlichen Naturell. Im Jahr 1913 heiratete er eine junge Dänin, die man als fröhlich und zugewandt charakterisierte und die eine ganz andere Mentalität in die eher strenge hanseatische Familie einbringen sollte.

Steinbrücks Großmutter, die in Kopenhagen geborene Gerda Neuber, verfügte über Humor, Witz und eine Leichtigkeit, die ihre Angehörigen im steifen Hamburg als wohltuende Abwechslung, ja als Bereicherung empfanden. Die junge Dänin hätte die leicht muffige und verstockte Atmosphäre in der Welt des hanseatischen Bürgertums sonst kaum ertragen. Außerdem brachte die junge Frau neben ihrer positiven Grundstimmung noch etwas anderes, nicht gänzlich Unwichtiges in die Ehe ein: Ihre Familie verfügte über Geld, genauer gesagt über dänisches Geld. Damit konnte sie ihren Mann und die ganze Familie in Hamburg gleich mehrfach vor dem Bankrott bewahren. Zunächst bei der Inflation 1923, dann in der Weltwirtschaftskrise 1929/30 und schließlich nach dem Krieg. Für alle diese Rettungseinsätze benötigte sie übrigens keine Riesensummen, denn im Gegensatz zur deutschen Reichsmark waren die dänischen Kronen vergleichsweise stabil geblieben und deshalb vor allem während der Hyperinflation in Deutschland fast so viel wert wie reine Goldbarren.

Peer Steinbrück hat seine Großmutter noch in guter Erinnerung, weil sie ihm als kleinem Jungen zwei sehr wichtige Dinge beibrachte: erstens das Schachspielen und zweitens das Verlieren. Er war sechs Jahre alt, als ihm die alte Dame die ersten Regeln erklärte und ihm schließlich die Faszination für das Brettspiel der Könige vermittelte. Allerdings ging Steinbrück bei seiner Großmutter durch eine harte Schule, denn sie ließ ihn nie gewinnen. Jahrelang stellte er die Figuren auf das Brett, forderte seine Großmutter heraus, grübelte, taktierte, kämpfte – und verlor. Immer wieder, Jahr für Jahr. Er hat mit sich gerungen, mit dem schwierigen Spiel und seiner strengen Lehrmeisterin gehadert, war manchmal verzweifelt, aber er hat nie aufgegeben. Das kam für Peer Steinbrück schon als Kind nicht infrage, sei es auf der Straße in der körperlichen Auseinandersetzung mit anderen Jungen oder beim Spiel im geistigen Wettstreit mit seiner Großmutter. Von Kindesbeinen an galt für ihn die Maxime: Eine Niederlage ist nur die Zwischenetappe im Kampf um den Sieg. Mit dieser frühen Prägung wurde Steinbrück später zum politischen »Comeback-Kid«: kämpfen, verlieren, aufstehen, weiterkämpfen und irgendwann gewinnen.

Der sechsjährige Schachnovize Peer musste sich übrigens sieben Jahre lang gedulden. Erst mit dreizehn gewann er die erste Partie gegen seine Großmutter. »Das war ein Sieg!«, erinnerte sich Steinbrück später mit Genugtuung. »Es war ein wirklicher Gewinn, und genau darum ging es meiner Großmutter auch in psychologischer Hinsicht. Sie wollte mir nichts schenken, sondern ich musste mir das buchstäblich erobern. Deshalb hatte dieser Sieg gegen sie auch so einen großen Wert für mich« (Interview mit Werner Reuß, Bayerischer Rundfunk, 26.4.2011). In diesem Augenblick des Triumphs hat er gelernt, wie man aus Niederlagen Siege macht.

Steinbrücks Vater war ein nüchterner und zurückhaltender Mensch. Er verkörperte von seiner Art her das genaue Gegenteil der von der dänischen Großmutter geprägten Schaper-Familie. Ernst Steinbrück stammte aus Pommern und war vor der Roten Armee bis nach Hamburg geflüchtet. Tragisch in seiner Geschichte war vor allem, dass sein Vater, also Peers Großvater väterlicherseits, gewaltsam ums Leben gekommen war. Ein Standgericht aus Nazischergen hängte ihn kaltblütig auf, weil er sich in den letzten Tagen des Krieges geweigert hatte, eine völlig unzureichend ausgerüstete »Bürgerwehr« aus Halbwüchsigen und Alten gegen die heranrückende Rote Armee bei Stettin in einen von vornherein aussichtslosen Kampf zu führen. Das Verbrechen wurde nie aufgeklärt, wie so viele andere »Todesurteile« der

Standgerichte. Diesen selbst ernannten »Richtern« fielen in den letzten Kriegstagen Tausende Wehrmachtssoldaten zum Opfer, die sich trotz jahrelanger Gräuel einen letzten Funken Ehre und Menschlichkeit bewahrt hatten und sinnlose Befehle anzweifelten oder nicht mehr umsetzten.

In seiner Heimat hatte Ernst Steinbrück vor dem Krieg den Beruf des Architekten gelernt. Den Menschen aus den Landstrichen Pommern und Mecklenburg wird nachgesagt, dass sie kaum ein Wort zu viel über die Lippen bringen und eher zu einer gewissen Dickköpfigkeit und Sturheit neigen. Auch wenn der Apfel bekanntlich nicht weit vom Stamm fällt – den väterlichen Hang zur Schweigsamkeit jedenfalls hat der Sohn Peer ganz offenkundig nicht geerbt.

Ernst Steinbrück baute sich in den Nachkriegsjahren in Hamburg eine eigene berufliche Existenz auf. Der Start glich einem Sprung ins kalte Wasser, wie sich seine Kinder erinnern. Aber nach einem schwierigen Anfang konnte der junge Architekt zunehmend vom Bauboom der Aufbaujahre in der Hansestadt profitieren und brachte es sogar zu einem gewissen Wohlstand. Einer seiner größten Aufträge war der Entwurf für das Gebäude der Gothaer Versicherung an der Alster.

Steinbrücks Vater galt als pragmatischer und rationaler Mensch – ein Element, das in Teilen sicher auf seinen Sohn übergegangen ist. In späteren Jahren verlegte er sich vom Planen und Entwerfen mehr und mehr auf gutachterliche Tätigkeiten. Dahinter stand, so wird berichtet, wohl die nüchterne Selbsterkenntnis, dass er in der Architektur nicht als besonders kreatives oder gar künstlerisches Talent herausragte. Ernst Steinbrück spezialisierte sich schließlich auf Schadensgutachten für Gebäude; denn in diesem Metier standen Aufwand und Ertrag in einem sehr effizienten Verhältnis zueinander. Auch diese berufliche Entscheidung kann als eine jener nüchternen Erwägungen gelten, die typisch für den Vater waren.

Ganz im Stil der Fünfzigerjahre widmete sich Ernst Steinbrück ausschließlich seinem Beruf. Den Haushalt sowie die Erziehung der beiden Söhne – vier Jahre nach Peer war Birger zur Welt gekommen – überließ er vollständig seiner Ehefrau Ilse. Die Kinder sprachen wenig mit ihm. Was nicht allein an der Berufstätigkeit des Vaters lag, sondern eher daran, dass er kein Mann großer Worte war und nicht über sonderliche Empathie verfügte. Steinbrück hat später über seinen Vater einmal gesagt, dass er »dem etwas schwerblütigen deutschen Teil unserer Familie« zuzuordnen gewesen sei.

Obwohl Ernst Steinbrück gemäß der klassischen Rollenverteilung nach außen hin den Platz als Vorstand der Familie einnahm, wird er als wenig dominanter, ja sogar zurückhaltender Mensch beschrieben. Auch in Diskussionen mit seiner schlagfertigen Frau und den beiden wortgewandten Söhnen zog er, der ruhige und in sich gekehrte Mann, oft den Kürzeren. Die Lust zum Spott, zur Ironie und die Fähigkeit, mit Worten zu spielen, besaß er im Gegensatz zu seiner Familie nicht.

»Man kann damit Menschen ausgrenzen«, gestand sein Sohn Peer später einmal in einem wunderbaren Interview mit Susanne Höll (*Süddeutsche Zeitung*, 9.1.2012). »Mein Vater erlebte das bei uns zu Hause. Meine Mutter, mein Bruder und ich haben diesen Sinn für Komik und Ironie, der meinem Vater fehlte. Er hat das mit einer großen Toleranz und Souveränität akzeptiert.«

Politisch stand Ernst Steinbrück der CDU nahe. Jedenfalls schätzte er Konrad Adenauer und seine Politik außerordentlich und unterstützte auch die Regierungen der Nachfolger Ludwig Erhard und Kurt Georg Kiesinger durch seine Stimme. Ganz im Stil jener Zeit neigte Steinbrücks Vater persönlich wie weltanschaulich dazu, Neues eher skeptisch zu betrachten und grundsätzlich lieber in Ruhe gelassen zu werden.

Seine Zurückhaltung und schwache familiäre Präsenz wurden jedoch nicht als Mangel empfunden, ließen sie doch viel Raum für eine ungestörte und selbstständige Entwicklung der beiden Söhne. Da sie im Vater kein strenges und begrenzendes Oberhaupt der Familie fanden, nutzten Peer und Birger die sich bietenden Freiräume weidlich aus. Früh agierten beide unabhängig und eigenständig und trafen selbst ihre Entscheidungen. Das Fehlen einer einengenden väterlichen Autorität trug wohl stark dazu bei, dass die Steinbrück-Söhne nach und nach ein großes und überaus robustes Selbstbewusstsein entwickelten.

Aus völlig anderem Holz als der Vater war Peer Steinbrücks Mutter Ilse geschnitzt, die Tochter des Hamburger Tabakhändlers Schaper. Offenbar ganz nach ihrer dänischen Mutter geraten, verfügte sie über ein lebensfrohes Naturell und große Aufgeschlossenheit und wird als lebenskluge und liberal denkende Frau beschrieben. Beide Söhne haben sehr an der Mutter gehangen, denn sie war für sie die eigentliche Bezugsperson. Das lag nicht nur daran, dass Ilse in der für diese Zeit typischen Alleinverdienerehe der Steinbrücks ohnehin mehr Zeit mit den Kindern verbrachte. Sie war im Gegensatz zu ihrem Mann auch diejenige, die ständig das Gespräch suchte, auf die Jungen einging, immer ein Ohr für sie hatte, ihnen Geschichten erzählte und ihre nicht enden wollenden Fragen gerne und liebevoll beantwortete.

Als junges Mädchen war sie in den Dreißigerjahren, nach der Machtübernahme der Nazis, von ihren Eltern vorsichtshalber zu den Verwandten nach Dänemark geschickt worden. Sie hat erst einige Jahre in der Heimat ihrer Mutter gelebt und später dann eine ganze Weile in Schweden. Auf diese Weise kam sie nicht nur um die Mitgliedschaft im Bund Deutscher Mädchen herum, dem damals kaum eine deutsche Tochter entkommen konnte. Ihr blieb vor allem in einer wichtigen persönlichen Entwicklungsphase die autoritäre und ideologische Erziehung erspart, die ihr beim Verbleib in Nazideutschland an den Schulen und in den Jugendorganisationen der NSDAP gedroht hätte.

Als 1939 der Krieg ausbrach, ging für Ilse allerdings das freie Leben im selbst gewählten skandinavischen Exil zu Ende. Um keine Risiken einzugehen, kehrte sie heim zu ihren Eltern nach Hamburg. Dort erlebte sie einen kulturellen Schock, hatte sie doch die Gleichschaltung des politischen und gesellschaftlichen Lebens in Deutschland nicht miterlebt und war im freien Ausland mit einem ganz anderen Lebensgefühl und ganz anderen Einstellungen herangewachsen. Peer Steinbrück hat das später in einem einzigen Satz zusammengefasst, der viel über seine Mutter und deren Entwicklung in der damaligen Zeit aussagt: »Als sie 1939 zurückkam und diese verbrecherische, dumpfbackige Nazizeit und deren Variante des ›deutschen Humors‹ erlebte, hat sie versucht, diesen Wahnsinn mit Ironie zu ertragen.«

Unverkennbar hat Ilse Steinbrück ebenso ihr Misstrauen gegen Ideologien auf die beiden Söhne übertragen wie ihre grundsätzliche Haltung, Dinge nicht einfach als gegeben hinzunehmen, sondern sie kritisch zu hinterfragen. Es gibt ein Bild, das Peer und Birger im Erwachsenenalter auf einer Familienfeier im Schulauer Fährhaus mit ihrer schon recht betagten Mutter zeigt. Zu sehen ist Ilse Steinbrück auf diesem Foto als eine freundlich lächelnde, gut gekleidete und selbstbewusste alte Dame mit blonden, sorgfältig frisierten Haaren und einem offen, freien Blick. Sie erreichte das biblische Alter von 92 Jahren und verstarb friedlich im Herbst 2011 in Hamburg.

Zu gerne hätte die seit jeher fortschrittlich denkende Frau wohl einen Beruf ausgeübt. Doch da kamen ihr nicht nur der lange Aufenthalt im Ausland und später der Krieg in die Quere. Wie zu der damaligen Zeit üblich wurde früh und ohne allzu lange Probezeit geheiratet, sodass Ilse fast übergangslos von der Rolle der Tochter in die der Hausfrau und Mutter hineinrutschte – von einer kurzen Zeit abgesehen, in der sie nebenbei als Schneiderin arbeitete. Für Mode hatte sie sich immer schon begeistert, und ihr großer Traum als Mädchen und junge Frau war es gewesen, Hutmacherin zu lernen und ihrer Kreativität freien Lauf lassen zu dürfen. Hüte galten damals für Damen als Inbegriff von Exklusivität und individuellem Ausdruck. Sie zeugten von Geschmack und Zugehörigkeit zur besseren Gesellschaft. Dass dieser Traum nicht Wirklichkeit wurde, hat Ilse Steinbrück bis ins Alter bedauert.

Die Steinbrücks bewohnten im Schrötteringksweg 5 in Hamburg-Uhlenhorst eine weitläufige Wohnung im ersten Stockwerk eines eleganten Gründerzeithauses, das heute noch steht. Schon Großvater Schaper hatte die Wohnung angemietet, und sie blieb lange Zeit im Besitz der Familie, auch als diese größer wurde. Erst kam der aus Pommern geflüchtete Ernst Steinbrück hinzu, dann Peer und sein Bruder Birger, die ihre gesamte Kinder- und Jugendzeit mit ihren Eltern dort verbrachten. Die Wohnung bestand aus sechs Zimmern und entsprach, wie sich ein Nachbar erinnert, dem typischen »Hamburger Schnitt«. Drei Räume lagen nach vorne heraus, die anderen im hinteren Teil. Die vorderen Zimmer dienten eher repräsentativen Zwecken; hier versammelte sich die Familie, empfing Gäste und nahm die Mahlzeiten ein. Die Schlaf- und Kinderzimmer sowie Bad, Küche und die in solchen Wohnungen übliche Kammer für die Magd befanden sich an einem separaten Gang.

Nachdem das Wohnhaus die Bombennächte im Juli 1943 unbeschadet überstanden hatte, kamen schnell weitere Bewohner hinzu. Kurz nach dem Feuersturm stellten sich plötzlich Leute aus der unmittelbaren Nachbarschaft ein. Die gegenüberliegenden Häuser waren vollständig zerstört worden, und die unglücklichen Bewohner hatten das wenige, das ihnen geblieben war, mühsam aus den rauchenden Trümmern geborgen und auf einen Handkarren geladen. Mit dem zogen sie hilflos und mit letzter Hoffnung zum Haus der Steinbrücks. Der Großvater zögerte nicht lange und nahm die Familie auf. Wenigstens kannte er sie und wusste, woran er mit den neuen Mitbewohnern war. Angesichts der Zerstörung rundum konnte er sich an fünf Fingern ausrechnen, dass die vielen ausgebombten Bürger sowieso recht bald von den Ämtern auf die unversehrten Häuser verteilt würden. Mit der Aufnahme der Nachbarn kam Steinbrücks Großvater also letztlich nur der Zwangseinweisung gänzlich unbekannter Leute zuvor. Der erst nach dem Krieg geborene Enkel erinnert sich immerhin schwach daran, dass die einquartierte Familie wegen der großen Wohnungsnot bis Anfang der Fünfzigerjahre in der Wohnung am Schrötteringksweg blieb. Als Peer 1953 eingeschult wurde, waren die Zimmer allerdings wieder frei.

Auf seine Schulzeit blickt Steinbrück mit sehr gemischten Gefühlen zurück. Obwohl hochintelligent durchlebte er einige schwere Jahre. Nach der Grundschule wurde er zunächst, wie das im gehobenen Bürgertum so üblich war, auf eine Lehranstalt klassischen Zuschnitts geschickt: auf das Johanneum in der Maria-Louisen-Straße. Diese »Gelehrtenschule«, wie sich die Einrichtung immer noch mit selbstbewusstem Bildungsstolz nennt, ist die älteste und traditionsreichste höhere Schule Hamburgs. Sie wurde 1529 von Johannes Bugenhagen gegründet, dem Hamburger Reformator und Freund Martin Luthers. Berühmte Männer aus verschiedenen Jahrhunderten erlangten hier ihre Hochschulreife: Walter Jens, Harry Graf Kessler, Johann Georg Mönckeberg, Gottfried Semper und Johann Hinrich Wichern. Auch der Schriftsteller Ralph Giordano war Schüler des Johanneums. Allerdings musste er die Anstalt wegen seiner jüdischen Wurzeln zwangsweise wieder verlassen. Diese bitteren Erlebnisse hat er in seinem autobiografischen Erfolgsroman *Die Bertinis* auf anschauliche und bedrückende Art verarbeitet.

Heute wirbt die Hamburger Traditionsschule ohne falsche Bescheidenheit mit dem Slogan »Zukunft braucht Herkunft«. Eine Schülerin beschreibt ihre Empfindungen beim Betreten der Lehranstalt wie folgt: »Wenn ich das große, schöne dunkelrote Gebäude vor mir erblicke, dann werde ich jedes Mal ernst, weil es so alt, still und ehrwürdig ist.« Nach bestandenem Abitur gab es jahrzehntelang das Ritual, im dunklen Anzug die nicht mehr benötigten Schulhefte in einem großen Freudenfeuer zu vernichten. Aus Übermut warfen die Hamburger Bürgersöhne gerne ihre Hüte hinterher. Es ging eben sehr gehoben zu, und man hielt auf sich. Entsprechend wurde der Winterball des Johanneums im traditionsreichen und vornehmen Hotel Atlantic an der Alster gefeiert.

Auf den jungen Peer hat die Eliteschule allerdings keinen sonderlichen Eindruck gemacht – zumindest haben die alten und ehrwürdigen Mauern seinen Lerneifer nicht beflügelt. Im Gegenteil: Hier begann seine »wilde Schulgeschichte«, wie er selbst einmal einräumte. Vor allem die alten Sprachen, die dort unterrichtet wurden, waren Peer ein Gräuel. Ganz besonders abgeschreckt hat ihn Altgriechisch. Schon damals ging ihm beim Pauken die verzweifelte Frage durch den Kopf, warum um alles in der Welt er neben Latein noch eine weitere tote Sprache lernen sollte, zudem eine mit ganz anderen Schriftzeichen.

Heute gibt Steinbrück zu, dass sich zu der Abneigung gegen Altgriechisch eine generelle Lernunlust hinzugesellte und eine gänzlich fehlende Neugier auf den Unterrichtsstoff. Für pubertierende Jugendliche zwar nicht ungewöhnlich, doch bei ihm zog es dramatische Konsequenzen nach sich. Er fiel mit Pauken und Trompeten durch die Prüfungen und musste 1961 die gediegene Bildungsanstalt verlassen. In Latein, Altgriechisch und Mathematik wies sein Zeugnis aus diesem Jahr ein schlichtes »Mangelhaft« auf. Auch sonst konnte er nicht glänzen: Alle anderen Fächer wurden lediglich mit »Ausreichend« benotet. Die einzige Ausnahme auf diesem überaus tristen Abgangszeugnis bildete Geschichte, schon damals Peers Lieblingsfach. Dort erreichte er immerhin ein »Befriedigend«.

Da der Sohn die alten Sprachen ablehnt, schicken ihn seine Eltern anschließend auf das neusprachliche Gymnasium Barmbeck-Uhlenhorst, ohne dass sich allerdings ein wirklicher Erfolg einstellt. Der Pennäler Peer tut sich weiterhin schwer mit der Schule. Den Knoten zum Platzen bringt die Tatsache, dass er erneut sitzen bleibt und ein weiteres Jahr wiederholen muss. Das ist eine peinliche, weil im Familien- wie Freundeskreis weithin sichtbare Niederlage. Sie wirft ihn zum Glück nicht um, sondern fordert wie beim Schach mit der Großmutter sein Kämpferherz heraus. Als er das Zeugnis mit dem vernichtenden Urteil »Nicht versetzt« in den Händen hält, schwört er sich: »Das passiert dir nicht wieder.«

Für ihn, dessen Ehrgeiz langsam erwacht, ist das Sitzenbleiben nicht nur eine persönliche Schmach. Am schlimmsten empfindet er den Umstand, durch die Wiederholung des achten Schuljahrs aus dem alten Klassenverband herausgelöst zu sein. Er hat dort zahlreiche Freunde gefunden, zu denen er künftig nur noch eingeschränkten Kontakt pflegen kann. Was im weiteren Sinne ebenso für die Schwestern der Klassenkameraden gilt. Zu dieser Zeit finden nämlich die ersten Partys statt, und die Mädchen sind – beim damals noch nach Geschlechtern getrennten Schulsystem – schwer erreichbare Objekte einer beginnenden Begierde.

Als Segen stellt sich schließlich der letzte Schulwechsel heraus, der Steinbrück auf das Wirtschaftsgymnasium am Hamburger Lämmermarkt bringt. Hier findet er sich nach zahlreichen schulischen Irrungen und Wirrungen endlich zurecht. Vor allem nimmt er die Herausforderung an, beteiligt sich am Unterricht, lernt und hat damit Erfolg. Außerdem ist der stärker am realen Leben ausgerichtete Unterrichtsstoff des Wirtschaftsgymnasiums mehr nach seinem Geschmack.

Steinbrück kommt schließlich glatt durch die Mittel- und Oberstufe, verbessert kontinuierlich seine Leistungen und legt 1968 erfolgreich seine Abiturprüfung ab. Allerdings ist er da schon 21 Jahre alt, ein Umstand, der ihn in den nächsten Jahren bei seinen beruflichen Planungen immer etwas belasten wird. Weil er als Schüler unnötig viel Zeit verloren hat, hängt er bei seiner Karriere nach eigenem Empfinden immer etwas hinterher, zumindest in den ersten Jahren.

KAPITEL 3

VOM BÜRGERSOHN ZUM GENOSSEN

Als Peer Steinbrück 1968 sein Abitur machte, befand sich die Welt in Aufruhr. Die USA hatten sich in Vietnam in einen aussichtslosen und immer brutaleren Krieg verstrickt, gegen den in Amerika und Europa Millionen Menschen mit steigender Empörung demonstrierten. Gleichzeitig kämpfte die schwarze Bürgerrechtsbewegung in den Vereinigten Staaten verzweifelt gegen Rassentrennung und Ausgrenzung und musste am 4. April ohnmächtig mit ansehen, wie ihr Anführer Martin Luther King seinen Kampf für einen gerechten Platz in der von Weißen dominierten US-Gesellschaft mit dem Leben bezahlte. Wenige Wochen später wurde Robert F. Kennedy erschossen. Im damaligen Ostblockland Tschechoslowakei blühte kurz der Prager Frühling, bevor die Panzer der Sowjetarmee die zarten Knospen der Freiheit ohne Vorwarnung niederwalzten. Nicht besser erging es den aufbegehrenden Studenten im Nachbarland Polen, nur dass hier eigene Milizen die sogenannten Märzunruhen beendeten. In Paris kam es im Mai 1968 zu Barrikadenkämpfen. Die Polizei wollte die Revolte niederschlagen, die mit Studentenunruhen begonnen hatte, einen Generalstreik nach sich zog und mit gewaltsamen Ausschreitungen in ganz Frankreich endete. Das alles passierte in einem Jahr.

Auch in Deutschland gingen die Studenten auf die Straße. Sie demonstrierten gegen die Notstandsgesetze, den Vietnamkrieg und die Ausbeutung der Dritten Welt. Immer lauter forderten die jungen Leute zudem eine Aufarbeitung der Nazizeit und die Entfernung belasteter Nationalsozialisten aus führenden Positionen im öffentlichen Leben der jungen Bundesrepublik. Mit dem Attentat auf den Studentenführer Rudi Dutschke am 11. April radikalisierte sich der Protest. Die außerparlamentarische Opposition (APO) ging gewaltsam gegen den Axel Springer Verlag vor und versuchte mit massiven Aktionen, die Auslieferung der *Bild*-Zeitung zu verhindern. Ein anderer, kleiner Teil der Bewegung entschied sich für den bewaffneten Kampf im Untergrund – die Keimzelle der terroristischen Roten Armee Fraktion (RAF) war geboren.

Das aufgeheizte gesellschaftliche Klima spürte man auch im gutbürgerlichen Hamburg-Uhlenhorst. In der Familie Steinbrück wurde über Ostpolitik und die Frage diskutiert, ob die zunehmenden Demonstrationen nun »Rowdytum« seien, wie das damals hieß, oder ob es sich dabei um die legitime Wahrnehmung eines Verfassungsrechts handele. Desgleichen war die Frage nach dem Sinn bürgerlicher Lebensformen und gesellschaftlicher Konventionen wie in vielen anderen deutschen Familien zu dieser Zeit ein fester Bestandteil der Gespräche. Peer und der vier Jahre jüngere Bruder Birger nahmen nur allzu gerne das Vorrecht der Jugend wahr, Bestehendes infrage zu stellen oder gar offen anzuzweifeln. Ihre aufgeschlossene, dank ihres skandinavischen Erbes ohnehin freiere Mutter stand dabei oft auf der Seite der Söhne. Sie selbst akzeptierte längst nicht alles, was in Deutschland damals so gerne als »herrschende Verhältnisse« beschrieben wurde.

Wenn Steinbrück heute über die Jahre der Nach-Adenauer-Ära spricht, tauchen die Worte »Mief« und »Bigotterie« recht häufig auf. Die Widersprüche zwischen den gesellschaftlichen Moralansprüchen und dem tatsächlichen Leben traten in dieser Zeit für den Heranwachsenden immer offener zutage. Das rührte an seinem Gerechtigkeitssinn. Besonders empört hat ihn, dass in bürgerlichen Kreisen und Medien aggressiv über die demonstrierenden Studenten und die politische Linke gesprochen wurde, während man die Verfehlungen und Verbrechen der nationalsozialistischen Vergangenheit mit Nachsicht behandelte oder nach Möglichkeit sogar totschwieg.

Schon als Schüler zog es ihn immer häufiger zu politischen Veranstaltungen. Anders als heute lockten die Kundgebungen der Parteien und Gewerkschaften in den Sechzigerjahren noch Tausende Menschen an, sei es unter freiem Himmel oder in den großen Hallen der Städte. Der erste Spitzenpolitiker, den Steinbrück persönlich erleben wollte, war allerdings kein Sozialdemokrat, sondern Ludwig Erhard. Der Mann mit der Zigarre führte 1965 nach dem Ende der langen Regierungszeit Adenauers die Unionsparteien als Spitzenkandidat in den Bundestagswahlkampf. Steinbrück ging neugierig in die voll besetzte Hamburger Ernst-Merck-Halle, um den »Vater des Wirtschaftswunders« zu hören und sich ein eigenes Bild von dem berühmten Politiker zu machen. Doch Ludwig Erhard löste bei dem Schüler keine Begeisterung aus, er kam einfach nicht rüber, wie man salopp sagt. Zu groß war wohl der Generationenunterschied, zu sehr erinnerte Erhard mit seinem altväterlichen Auftreten an die üblichen Autoritäten, denen der Achtzehnjährige mit zunehmender Skepsis gegenüberstand. Ähnlich wie die meisten Lehrer oder der eigene Vater verkörperte das Zugpferd der CDU für Steinbrück keinen Aufbruch, sondern einen Kurs des »Weiter so«. Der äußerliche Frieden und die Selbstzufriedenheit der bürgerlichen Mehrheitsgesellschaft sollten möglichst nicht gestört werden.

Das erste eigene politische Engagement zeigte Steinbrück etwa zur gleichen Zeit in Beiträgen für eine Schülerzeitung, die er am Wirtschaftsgymnasium gemeinsam mit Freunden und Gleichgesinnten herausgab. Die Nachwuchsjournalisten bemühten sich dabei sehr um publizistische Ernsthaftigkeit. Unterhaltsames war eher verpönt. Auch Nützliches wie Tipps für Tanzkeller oder für Bands, die in Hamburg gastierten, interessierten die Redaktion kaum. Man war streng politisch – und stolz darauf. Gleich in der ersten Ausgabe gelang den Schülerredakteuren ein Coup, nämlich ein Interview mit einem echten Kommunisten. Steinbrück kann sich heute weder an den Namen des Mannes erinnern noch an den genauen Wortlaut des Gesprächs. Hingegen weiß er genau, welche Reaktionen das Interview auslöste. Der Innensenator persönlich regte sich nämlich darüber auf, dass der hoffnungsvolle Nachwuchs an einem Hamburger Gymnasium offenbar nichts Besseres zu tun wusste, als ein KPD-Mitglied, also einen erklärten Klassenfeind, zu interviewen. Es gab mächtig Ärger, was Steinbrück und der gesamten Redaktion allerdings nur recht war, denn genau das hatten sie von Anfang bezweckt: bei den Mitschülern auffallen und »die Alten« ordentlich provozieren.

Die Autoren des Interviews wurden sogar bei der Innenbehörde vorgeladen und mussten einige dämliche Fragen über sich ergehen lassen, wie Steinbrück mit nach wie vor erkennbarer Freude erzählt. Der Innensenator war damals übrigens kein Geringerer als Heinz Ruhnau, Sozialdemokrat vom rechten Parteiflügel und ein Freund klarer, gerne auch zackig formulierter Ansagen. Später, in der Regierungszeit von Helmut Schmidt, wurde er Staatssekretär im Bundesverkehrsministerium und 1982, im Zuge der fortschreitenden Privatisierung der Lufthansa, schließlich deren charismatischer Vorstandsvorsitzender. Der Mann mit der rauen Stimme und dem norddeutschen Habitus hat es geschafft, nicht nur als Manager in Erinnerung zu bleiben, sondern ebenso als Politiker einen kleinen, aber festen Platz in der Geschichte der SPD einzunehmen. Gemeinsam mit Hans-Jochen Vogel, Georg Leber und Helmut Schmidt gründete Ruhnau den sogenannten »Godesberger Flügel«, einen Vorläufer des Seeheimer Kreises, in dem sich bis heute der eher rechts ausgerichtete Teil der Sozialdemokratie trifft, übrigens auch Peer Steinbrück.

Ruhnau und seine Mitstreiter wollten seinerzeit, als Ende der Sechzigerjahre die ideologischen Auseinandersetzungen innerhalb der SPD zunahmen, mit dem »Godesberger Flügel« einen Rückfall ihrer nach links driftenden Partei hinter das Godesberger Programm verhindern. Darin hatte sich die SPD 1959 von der Rolle der Arbeiter- und Klassenpartei verabschiedet und als neue Volkspartei ein ausdrückliches Bekenntnis zu Marktwirtschaft und Landesverteidigung abgelegt. Später, nach Ruhnaus Wechsel zur Lufthansa, trafen sich die rechten Genossen regelmäßig in einem Schulungszentrum der Airline in Seeheim an der Bergstraße, was ihnen schließlich den neuen Namen gab. Gefälligkeiten dieser Art könnte sich heute ein politisch engagierter Manager kaum noch leisten.

Steinbrück und seine Mitstreiter in der Schülerzeitungsredaktion hatten sich allerdings nicht aus Neigung zum Kommunismus für ihren Interviewpartner entschieden. Vielmehr ging es darum, ein Tabu zu brechen und etwas Staub aufzuwirbeln. In bürgerlichen Kreisen sprach man 1966 nämlich noch nicht mit Kommunisten. Die KPD-Anhänger wurden im Gegenteil als eine Art Unmenschen verteufelt, erinnert sich Steinbrück heute. Genau deshalb wollten die Schüler in Erfahrung bringen, ob diese Leute wirklich so schrecklich und gefährlich waren, wie von Eltern, Lehrern und Politikern immer behauptet wurde. Also brach man in das nicht ganz so feine Stadtviertel Altona auf, zu der Zeit noch eine Hochburg der Hamburger Kommunisten. Der Gesprächspartner war ein klassischer alter Parteikader aus den Zwanzigerjahren, nicht zu vergleichen mit diesen neumodischen Jungakademikern aus der DKP mit Hornbrille und Lehrerdiplom. Ein KPDler von echtem Schrot und Korn eben. Die erste Frage des Interviews lautete übrigens, ob er als Kommunist immer noch Maschinengewehre im Keller verstecke. Eine Erinnerung, bei der Steinbrück schallend zu lachen pflegt. Aber 1966 stellte sein Freund diese Frage ganz ernst und trocken – wahrscheinlich hatte er entsprechende Unterstellungen zu Hause vom Vater am Küchentisch gehört.

Einen bekannten Exkommunisten, der ebenfalls zu der Zeit in Hamburg lebte und schon lange zur SPD übergetreten war, traf Steinbrück allerdings erst Jahre später in Bonn: Herbert Wehner. Der knorrige Sozialdemokrat mit der Pfeife und der gefürchtet scharfen Zunge hatte von 1949 an über Jahrzehnte den Bundestagswahlkreis Hamburg Bergedorf-Harburg inne, bevor er ihn 1983 an Hans Ulrich Klose übergab. Klose, der frühere Erste Bürgermeister Hamburgs, ist bis heute Mitglied des Bundestags. Damit ist Bergedorf-Harburg der einzige Wahlkreis in der bundesdeutschen Parlamentsgeschichte, der von 1949 bis heute von nur zwei Politikern vertreten wurde.

Als Glücksfall für den politisch interessierten Schüler Steinbrück erwiesen sich zwei Lehrer, die sein Engagement früh erkannten und förderten. Da war zunächst eine für Englisch und Geschichte zuständige Studienrätin mit dem Namen Braun. Sie ist Steinbrück als aufgeschlossene und sehr couragierte Pädagogin in Erinnerung geblieben. Keine Feministin, wohl aber eine junge

Dame, die viele Dinge hinterfragte und schon Ende der Sechzigerjahre nicht bereit war, das übliche männliche Dominanzstreben einfach hinzunehmen. Darin glich sie der Mutter von Steinbrück, die ebenfalls gewohnt war, Fragen zu stellen, anstatt Verhaltensweisen und Erklärungen einfach nur zu akzeptieren. Frau Braun diskutierte mit den Schülern, wollte deren Meinung hören und war aufklärerisch tätig – ein ungewöhnliches Profil für eine Lehrerin in dieser Zeit.

Damals stand das Gros des Lehrkörpers noch in der Tradition des berüchtigten Paukers und war ganz auf Frontalunterricht klassischer Prägung eingestellt. Man verstand sich weniger als Pädagoge, sondern eher als Respektsperson, die Wissen weitergab und den Stoff gegebenenfalls eintrichterte. Besonders auf die Nerven gingen dem Schüler Steinbrück die schauerlichen bis angeberischen Weltkriegserinnerungen mancher Lehrer, die gerne als verkappte Heldensagen erzählt wurden. Einer meinte sogar, den Kindern einmal in aller Ausführlichkeit beschreiben zu müssen, wie ihm im Ersten Weltkrieg eine Granate den ganzen Arm abgerissen hatte.

Der zweite Lehrer, der Steinbrück an die Politik heranführte und ihm die Kunst des Redens und Debattierens vermittelte, war ein Mann namens Heinz Winkler. Er unterrichtete Wirtschaftslehre und Wirtschaftspolitik – neben Geschichte die beiden Lieblingsfächer des jungen Peer. Winkler war den Beschreibungen nach sehr gut darin, den Schülern der Oberstufe das Argumentieren beizubringen. Er übte mit ihnen, wie man Reden und kurze Vorträge hielt. Die Schüler mussten nicht nur stur etwas auswendig lernen, sondern sollten anhand eines vorgegebenen Textes aus den Bereichen Wirtschaftspolitik und -geschichte eine eigene Rede erarbeiten, die dann vor der Klasse gehalten werden musste. Darin sollte der wesentliche Inhalt der Texte auftauchen und zugleich ein eigener Standpunkt erkennbar werden. In die Benotung der Vorträge floss ferner ein, ob der Redner über weite Passagen frei sprach oder ob er größtenteils vom Blatt ablas. Sogar auf Artikulation, Stimme und Körperhaltung wurde geachtet.

Steinbrück hat diesen Unterricht als optimale Vorbereitung für spätere Reden vor größerem Publikum empfunden. Seine Feuertaufe bestand er, als er am Ende der Schulzeit in der Aula vor zwei- bis dreihundert Zuhörern die Festansprache zur Abiturfeier hielt. Steinbrück weiß zwar nicht mehr genau, was er sagte, aber er erinnert sich daran, dass der Text den Erwartungen seiner Mitschüler entsprach – und das bedeutete, gegen den Stachel zu löcken und zumindest etwas Unruhe bei den Erwachsenen auszulösen.

Der Lehrer Winkler, der den Jungen das beibrachte, was man später »Debattenkultur« nennen sollte, war übrigens kein Weltverbesserer oder links gestrickter Lehrertyp, sondern eher ein Mann konservativen Zuschnitts. Er wollte die Schüler formen, sie im besten Sinne des Wortes bilden und ihnen nicht nur den Jahrgangsstoff einpauken. Dazu gehörte ebenfalls die Auswahl eher ungewöhnlicher Themen. So ging der Wirtschaftslehrer in der Oberstufe mit seinen Schülern Marxismus und Leninismus durch – nicht gerade ein konventionelles Unterrichtsthema für ein hanseatisches Gymnasium. Als Grundlage dienten die Werke von Iring Fetscher, den Steinbrück auch später in seinem Leben immer wieder gerne las. Fetscher, 1922 geboren, trat früh in die NSDAP ein, war Kriegsteilnehmer und rang nach dem Zusammenbruch 1945 sein Leben lang mit der Frage, warum es ihn anfangs so zu den Nazis gezogen hatte. Erst 1995 legte er unter dem Titel *Neugier und Furcht – Versuch, mein Leben zu verstehen* einen Lebensbericht vor. Berühmt wurde der Professor für Politikwissenschaft und Sozialphilosophie mit Arbeiten über Jean-Jacques Rousseau, Georg Friedrich Hegel und Karl Marx, ferner mit seinen Schriften über den Marxismus und seine fünfbändige Geschichte der politischen Ideen.

Neben diesen theoretischen Einführungen in die Welt der Politik unternahm Heinz Winkler mit seinen Schülern »politische« Klassenreisen. Man fuhr nicht zu den üblichen Zielen des deutschen Bildungsbürgertums, sondern besuchte das Europaparlament in Straßburg oder den Bundestag in Bonn. Das Anliegen des Lehrers bestand darin, Politik anschaulich, ja fassbar zu machen.

Die stärkste Faszination verspürt Steinbrück jedoch nicht im Politikunterricht, sondern wenn er dem jungen Willy Brandt zuhört. Der neue Vorsitzende der SPD trifft in den Sechzigern den Nerv vieler junger Leute und sorgt in den Siebzigern für eine regelrechte Beitrittswelle in die SPD. Auch zu Hause im Wohnzimmer der Familie Steinbrück wird intensiv über Willy Brandt und seine Politik geredet, ja gestritten. Vor allem die Art und Weise, wie Vertreter der CDU/CSU den aufstrebenden SPD-Politiker angehen, stößt Steinbrück sauer auf. Adenauer nennt seinen politischen Gegner gerne »Brandt alias Frahm«, womit er auf dessen uneheliche Geburt anspielt, was in dieser Zeit fast als unehrenhaft gilt. Und Franz Josef Strauß rückt Brandt wegen der Jahre im Untergrund und seiner Flucht ins Ausland während der Nazizeit sogar in die Nähe des Vaterlandsverrats.

Der junge Steinbrück ärgert sich über diese Art der subtilen Verunglimpfung. Ihm geht dieses »wohlanständige Bürgertum« gegen den Strich, das Brandt als »Exilanten« und als uneheliches Kind diffamiert. Die CDU, von Steinbrück als Altherrenpartei ohnehin kritisch beäugt, kommt ab diesem Zeitpunkt für ihn definitiv nicht mehr infrage. »Diejenigen, die von sich glaubten, sie würden in unserer Gesellschaft am ehesten den Ton angeben, waren diejenigen, die am bigottesten aufgetreten sind«, sollte er später einmal seine Ablehnung begründen (BR-Interview, 26.4.2011).

Auch Steinbrücks Mutter hält viel von Willy Brandt und räumt das in den Familiengesprächen offen ein, nicht immer zum Wohlgefallen ihres Ehemanns. Im Gegensatz zum konservativen Mainstream ihrer Kreise unterstützt sie die Strategie von Brandt, Schritt für Schritt auf die DDR und den Ostblock zuzugehen. Sie sieht darin keine vorschnelle Anerkennung, sondern die einzige Möglichkeit, endlich Bewegung in die Konfrontation der Blöcke zu bringen. Auch das Nachdenken über die deutsche Schuld in der Hitlerzeit hält sie für angebracht, ja überfällig. Und ganz im Sinne der protestierenden Studenten empfindet sie nicht zuletzt die Benachteiligung der Frauen im Deutschland der Sechzigerjahre als eine ärgerliche und dringend verbesserungsbedürftige Angelegenheit. Die Politik hat also einen festen Platz am Küchentisch der Steinbrücks eingenommen.

So dürften die mütterliche Begeisterung für Brandt und ihre kritische Sicht der Dinge mit dazu beigetragen haben, dass Peer Steinbrück von dem SPD-Politiker Brandt stärker in den Bann geschlagen wird als seinerzeit von Elvis Presley. Natürlich zieht der Schüler 1966 mit Tausenden anderer Hamburger auf die große Wiese vor dem Bahnhof Dammtor, als Brandt dort erstmals redet. Der Sozialdemokrat legt in der Hansestadt einen fulminanten Auftritt hin und begeistert die Zuhörer durch sein Charisma. Brandts Bereitschaft, Neues zu entwickeln, offen zu sein für Veränderungen und seine prägende Botschaft, in der verkrusteten deutschen Gesellschaft »mehr Demokratie wagen« zu wollen, überzeugen Peer Steinbrück. Von da an schlägt seine persönliche Kompassnadel eindeutig in Richtung Sozialdemokratie aus.

Umso erstaunlicher scheint es dann, dass sich der aufmüpfige Redner, der freche Schülerzeitungsredakteur und der autoritätsskeptische Brandt-Fan nach seinem Abitur 1968 nicht für die Verweigerung des anstehenden Wehrdienstes entschied, sondern gegen den vorherrschenden Zeitgeist der aufbegehrenden Jugend eine zweijährige Offizierslaufbahn bei der Bundeswehr anstrebte. Wenn man mit Steinbrück heute darüber spricht, zuckt er nur mit den Schultern. Er sei immer dafür eingetreten, dass es ein Recht auf Verteidigung gegenüber einem anderen gebe, sagt er dann. Er habe nie eine pazifistische Einstellung vertreten, selbst als Jugendlicher und Student nicht. Deshalb kam es für ihn als Abiturienten auch nicht infrage, den Wehrdienst aus Gewissensgründen zu verweigern. Er habe das nie erwogen, keine Sekunde lang, wie er glaubhaft versichert. Die Bundeswehr und die Wehrpflicht waren für Steinbrück ein Faktum, das er akzeptierte und im Grunde seines Herzens richtig fand.

Hinzu kam bei einem so nüchtern abwägenden Menschen wie ihm die Erkenntnis, dass es sich durchaus lohnen würde, dem 18-monatigen Grundwehrdienst ein halbes Jahr hinzuzufügen und Offizier zu werden. Er sei recht schnell zu dem Ergebnis gekommen, wenn du schon gehst, dann mach es richtig und verdiene auch etwas Geld, sagt er heute. Zumal die Bundeswehr 1968 händeringend Offiziersnachwuchs suchte und man den Abiturienten dieser Jahrgänge für eine längere Verpflichtung fast den roten Teppich vor den Kasernentoren ausrollte. Steinbrücks Kalkül, als Jungoffizier außerdem ein weitaus bequemeres und angenehmeres Leben führen zu können als der übliche »Schütze Arsch« im Grundwehrdienst, ging vollständig auf. Unter der Woche versah er seinen Dienst in Oldenburg beim 314. Panzerbataillon, und am Wochenende fuhr er mit dem ersten eigenen Auto, einem klapprigen Volkswagen, nach Hause in Richtung Hamburg.

Während es bei den jungen Männern Mode war, auf »den Bund« zu schimpfen und das Ende der militärischen Dienstzeit herbeizusehnen, scheint Steinbrück seine zwei Jahre bei der Bundeswehr in recht guter Erinnerung behalten zu haben. Das Einzige, was ihn bei Dienstantritt wirklich wunderte, war die Tatsache, dass man ihn trotz seiner überdurchschnittlichen Körpergröße ausgerechnet in ein Panzerbataillon abkommandierte. Aber offenbar mangelte es dort ganz besonders an Nachwuchsoffizieren. Steinbrück war in seiner Kompanie der einzige Abiturient, ein Umstand, der viel dazu beitrug, den bisherigen Blick des Gymnasiasten auf die Welt etwas zu verändern. Zum ersten Mal war der Bürgersohn nämlich für längere Zeit von Menschen umgeben, die aus ganz anderen Sozial- und Bildungsschichten stammten als er. Zudem war auf den verschiedenen Oberschulen, die er bis dahin besucht hatte, der familiäre Hintergrund sehr homogen gewesen – Arbeiterkinder stellten zu dieser Zeit an Gymnasien noch eine verschwindende Minderheit dar.

Der Ton beim Bund war gelegentlich so rau wie die Stubensprüche und manche der Trinksitten, und trotzdem hat Steinbrück die neue Umgebung als Bereicherung empfunden. Er habe sehr viel gelernt in dieser Zeit, versicherte er später. Über Menschen, über Vorurteile und darüber, wie man sich in einem wilden Haufen Respekt verschafft. Deshalb haben ihn auch die ersten drei Monate Grundausbildung nicht gestört, in denen er durch den Matsch robben und anderen Unsinn machen musste.

Einer der verlässlichsten und interessantesten Menschen, die er bei der Bundeswehr kennenlernte, war ein Hamburger Maurer. Der Mann imponierte ihm, weil er trotz einfacher Bildung ein sehr differenzierter Gesprächspartner war. Im Gegensatz zum Abiturienten Steinbrück hatte er durchaus lange mit sich gerungen, ob er den Eintritt in die Bundeswehr verweigern oder den

Dienst an der Waffe akzeptieren sollte – sie sprachen anfangs häufig darüber. Steinbrück freundete sich mit dem nachdenklichen Maurer an und gewann durch ihn einen Einblick in ganz andere familiäre und soziale Lebensumstände. Da der Kamerad am Wochenende immer mit ihm nach Hause fuhr, hatten sie im Auto auf dem Weg von Oldenburg nach Hamburg reichlich Zeit für ausgiebige Debatten.

Schnell bekam der Jungoffizier Steinbrück erste Führungsverantwortung übertragen. Schon als Zugführer hatte er den Befehl über rund 30 Leute und die Besatzung von fünf Leopard-Panzern. Steinbrück versichert, dass der martialisch anmutende Auftritt »seiner« Panzereinheit ihn nicht beeindruckt habe. Aber es blieb nicht ohne Einfluss auf seine persönliche Entwicklung, dass er im Alter von 21 Jahren plötzlich Befehle erteilen konnte – und umgekehrt Verantwortung dafür übernehmen musste, wenn etwas schiefging, vor allem beim Material und der Ausrüstung. Er war bei der Bundeswehr erstmals gezwungen, sich vor eine größere Gruppe von Leuten zu stellen und sich klar und verständlich auszudrücken, sonst hätte er sich blamiert. Vom Schüler zum Befehlshaber: Das war ein Rollenwechsel, der Steinbrück Auftrieb gab und sein Selbstbewusstsein weiter stärkte.

Nachdem er sich auf dem Gymnasium oft genug gegen die Allmacht der Lehrer aufgelehnt hatte, war er nun selbst zu jemandem geworden, der anderen Menschen etwas vorschreiben konnte. Er nahm die neue Rolle bereitwillig an, machte aber auch rasch die Erfahrung, dass die Befehlsgewalt als rein formale Autorität nicht ausreichte, um Anerkennung zu erwerben. Man konnte auf dem Kasernenhof zwar »Hacken zusammen« oder »Augen geradeaus« brüllen. Entscheidend war hingegen die menschliche, die informelle Autorität. Steinbrück hat sehr darauf geachtet, die Kameraden nicht nur anzuweisen, sondern zugleich zu überzeugen. Nichts wäre für ihn schlimmer gewesen, als in den Augen seiner Leute als Knallcharge oder Abiturientenschnösel dazustehen. Er wusste, dass man auf ihn, den jungen Offizier aus gutem Hause, besonders skeptisch schaute. Also bemühte er sich darum, den anderen das Gefühl zu vermitteln, den Durchblick zu haben und halbwegs sinnvolle Anordnungen zu geben.

An diesem unbedingten Willen, durch Kompetenz zu glänzen und nicht durch Gefälligkeit, hat sich bis heute nicht viel verändert. Auch der Politiker Steinbrück verzichtet darauf, sich bei potenziellen Wählern einzuschmeicheln. Er wirbt in der Regel nicht mit billigen rhetorischen Versprechen um Zustimmung, sondern achtet vielmehr darauf, beim Publikum Sachkenntnis und Durchblick zu demonstrieren. Wenn er schon nicht so viel Wärme und Empathie verströmen kann wie andere Politiker, dann will er umso mehr mit Kompetenz überzeugen.

Bei der Bundeswehr machte Steinbrück aus seiner Zuneigung für Willy Brandt und die SPD keinen Hehl. Damals wurde unter den Soldaten ebenfalls heftig über Politik diskutiert. Die Veränderungen im Land und der Geist der achtundsechziger Bewegung machten selbst vor den Kasernen nicht halt. Schon als Rekrut fiel Steinbrück seinem Zugführer als politisch engagierter Mensch auf. Der Vorgesetzte hieß Hittmeier und wurde recht schnell zum Oberleutnant befördert. Als solcher trat er dann einer Gruppe bei, die den Namen »Leutnant-70« trug, was auf die bevorstehenden Siebzigerjahre und die damit verbundenen gesellschaftlichen Reformhoffnungen hindeutete. Die Gründung dieser Bewegung war ein Ausdruck für die Unruhe, die damals auch die Wehrdienstleistenden und den Offiziersnachwuchs der Bundeswehr erfasst hatte.

Die jungen Männer verstanden sich nicht als Anführer für zivilen Ungehorsam beim Militär. Vielmehr wollten sie dem seinerzeit noch umstrittenen Konzept der »Inneren Führung« zum Durchbruch verhelfen, das darauf abzielte, eine moderne Armee in der Demokratie zu formen. Die Bundeswehr sollte sich eben nicht, wie einst die Reichswehr in der Weimarer Zeit, zum »Staat im Staate« entwickeln. Die neuen deutschen Streitkräfte wurden parlamentarisch kontrolliert und mussten sich in die Strukturen einer demokratischen Gesellschaft integrieren. Das alles setzte voraus, dass der Soldat nicht nur als Befehlsempfänger mit eingeschränkten Rechten diente, sondern als Staatsbürger ernst genommen wurde, der lediglich im militärisch begründeten Ausnahmefall auf einen Teil seiner Bürgerrechte verzichten musste. Aus diesem Reformkonzept entwickelte sich das Bild vom »Staatsbürger in Uniform«. Als Vordenker gelten neben den Generalleutnants Hans Speidel und Adolf Heusinger vor allem die Offiziere Johann Graf von Kielmansegg, Wolf Graf von Baudissin und Ulrich de Maizière, der spätere Generalinspekteur der Bundeswehr und Vater des heutigen Bundesverteidigungsministers Thomas de Maizière.

Was inzwischen als Selbstverständlichkeit wahrgenommen wird, war in der Bundeswehr der Sechzigerjahre eine höchst kontrovers diskutierte Angelegenheit. Zwar gab es viele Konzepte und Beschlüsse zum Thema Innere Führung, aber im Alltag der Truppe war von diesem fortschrittlichen Gedankengut oft wenig zu spüren. Die Nachkriegsstreitkräfte waren zu dieser Zeit noch durchsetzt von Wehrmachtsoffizieren, denen das neumodische Gerede über die Rechte der Soldaten als überflüssig erschien. Außerdem mache es die Mannschaftsgrade im Zweifelsfall aufsässig und verkompliziere den Dienstalltag, lauteten die Gegenargumente.

Es gab nach Steinbrücks Erinnerung eine ganze Reihe von Obersten und Majoren, die noch voll und ganz den alten Geist der Reichswehr verkörperten, der zu Teilen eben auch Hitlers Wehrmacht geprägt hatte. Gegen diese Offizierskaste traten die jungen Nachwuchskräfte der »Leutnant-70«-Bewegung an. Sie waren, anders als viele ihrer Altvordern, zutiefst überzeugt vom Leitbild des »Bürgers in Uniform«. Sie wollten mündige Soldaten, ein offeneres Klima und setzten sich dafür ein, den neuen republikanischen Geist in der Bundeswehr zu etablieren.

Steinbrück trat, als er den entsprechenden militärischen Rang erreichte, auf Betreiben seines unmittelbaren Vorgesetzten Hittmeier sofort der »Leutnant-70«-Bewegung bei. Zuvor hatte ihn Hittmeier noch zu einer anderen Gruppe eingeladen: der SPD. Der Leutnant war nämlich selbst ein überzeugter Genosse und hatte in vielen Gesprächen mit Steinbrück gemerkt, dass er den jungen Mann möglicherweise für die Partei gewinnen konnte. Also fragte er ihn, ob er nach Dienstschluss einmal mit zu einer politischen Veranstaltung kommen wolle. Steinbrück willigte ein und landete bei einer SPD-Versammlung. Die Diskussionen dort gefielen ihm ebenso wie die recht bunte Mischung von Leuten.

Die SPD begann sich in jener Zeit zu einer Volkspartei zu wandeln, die auch für Angestellte und Akademiker attraktiv wurde. Die Grundlage dafür war bereits im »Godesberger Programm« gelegt worden, mit dem die SPD Abschied von ihrer alten Rolle als Arbeiterpartei genommen und sich für neue Gruppen geöffnet hatte. Im Zuge des Wiederaufbaus nach dem Krieg setzte nämlich hinsichtlich der soziologischen Zusammensetzung der deutschen Bevölkerung eine zunehmend stärker werdende Veränderung ein. Die Unterschiede zwischen Land und Stadt schwanden, die Zahl der Angestellten nahm zu, und die Bedeutung des Agrarsektors ging kontinuierlich zurück. Es gab immer weniger Bauern und Menschen, die noch in der Landwirtschaft beschäftigt waren. Die rückständige deutsche Provinz begann in der jungen Bundesrepublik den Anschluss an die Moderne zu finden. Die Unterschiede hinsichtlich Einkommen, Berufszugehörigkeit, Konsumgewohnheiten und Kleidungsverhalten verringerten sich erheblich. Die Massenmedien und hier vor allen Dingen das Fernsehen erreichten jeden Winkel des Landes. Zunehmend stieg auch in den Dörfern und Kleinstädten der Bildungsstand. Die Bedeutung der ländlichen Regionen als Bastion der Konservativen schwand damit zusehends.

Ebenfalls entscheidend für die Weiterentwicklung der SPD war die fortschreitende Gleichsetzung von Arbeitern und Angestellten in der boomenden Industrie der Aufbaujahre. Diese geschah durch Reformen der Arbeitsgesetze und vor allem durch neue Tarifverträge, die von den Gewerkschaften durchgesetzt wurden. Auch der rasch wachsende Dienstleistungssektor und die Technisierung der Arbeitswelt führten zu einem neuen Typus von Angestellten. Diese breite Mittelschicht ordnete sich selbst weder dem klassischen Bürgertum zu noch der Arbeiterschaft. In dieser »neu strukturierten Mitte der Gesellschaft«, wie der Politikforscher Franz Walter die soziologischen Veränderungen einmal genannt hat (*Die SPD – Biographie einer Partei*), konnte die vom Geruch des Klassenkampfs befreite SPD leichter an Einfluss gewinnen. Nicht zuletzt lösten sich auch die Facharbeiter und Meister von dem traditionellen Verständnis, Teil des Proletariats zu sein, und so zählte diese wichtige Gruppe fortan ebenfalls zur gesellschaftlichen Mitte.

Zudem veränderte sich die zunächst klare politische Orientierung der Angestellten in Richtung Union, als die Popularität des damaligen Bundeskanzlers Ludwig Erhard im Zuge des ersten Konjunktureinbruchs 1966 spürbar sank. Bei der darauffolgenden Bundestagswahl 1969 brach die Union in der Schicht der Angestellten erkennbar ein und verlor ihre traditionelle Vorherrschaft. Der bis heute andauernde Kampf um die wahlentscheidende Gunst dieser Gruppe war eröffnet, und seitdem steht die »neu strukturierte Mitte« im Zentrum beider großer Volksparteien. Willy Brandt und nach ihm Helmut Schmidt vermochten es 13 Jahre lang, die SPD an der Macht zu halten. Die Sozialdemokraten verloren schließlich, als es der von Heiner Geißler und Helmut Kohl reformierten CDU 1982 gelang, die Zustimmung der arbeitenden Mittelschicht mehrheitlich wieder auf die Union zu lenken.

Ende der Sechzigerjahre aber lag die SPD in der Gunst der Wähler gut im Rennen. Obwohl nur zweitstärkste Partei, stellten die Sozialdemokraten 1969 mit dem jungen Willy Brandt erstmals den Bundeskanzler. Diesem Sieg sollte dann bei der Bundestagswahl von 1972 mit 45,8 Prozent der Stimmen der bislang größte Triumph der SPD folgen. Sie hatte die CDU/CSU erstmals überflügelt – ein Erfolg, den sie nie mehr wiederholen konnte

Einer der Gründe für diese Siege war der durchschlagende Erfolg der sozialdemokratischen Leitfigur Willy Brandt bei den Erst- und Jungwählern. Diese Gruppe lief in Scharen zur SPD über. Es gab eine regelrechte »Willy-wählen«-Bewegung. Auch bei den Frauen, die bislang mehrheitlich konservativ und konfessionell orientiert waren, machte die SPD Boden gut und zog in den Siebzigerjahren mit den Unionsparteien gleich. Nicht zuletzt der starke Zuwachs der Sozialdemokratie bei den Bildungsschichten trug zum Erfolg bei. Wähler mit Abitur oder Hochschulstudium waren bis dahin eine feste Klientel der bürgerlichen Parteien CDU, CSU und FDP gewesen. Doch das hatte sich jetzt geändert: Die SPD war nicht länger allein die Partei der Volksschüler.

Kurz vor dem Sprung auf die politische Bühne: Peer Steinbrück Anfang 1990 als Büroleiter von Johannes Rau, dem damaligen Ministerpräsidenten von Nordrhein-Westfalen. Kurz darauf wurde Steinbrück Staatssekretär in Kiel.

Kein Traumpaar: Mit der schleswig-holsteinischen Ministerpräsidentin Heide Simonis geriet Steinbrück als Landesminister immer wieder aneinander.

Zwei Brüder im Geiste: Wolfgang Clement holte Steinbrück 1998 zurück nach Düsseldorf. Die alltägliche Regierungsarbeit ließen die beiden Macher abends gerne bei einem Bier in der Altstadt ausklingen.

Immer Ärger mit den Grünen. Als Wirtschaftsminister im Industrieland NRW musste Steinbrück zahlreiche Infrastrukturprojekte gegen den kleinen Koalitionspartner durchkämpfen.

Fast wie früher: Johannes Rau vorne auf der Bühne, Steinbrück dahinter. Ein Bild von der Trauerfeier zum 10. Jahrestag des rassistischen Brandanschlags in Solingen, bei dem 1993 fünf türkische Frauen und Kinder starben.

Ein Hamburger bei den Bergleuten im Ruhrgebiet. Steinbrück setzte sich immer für die Steinkohle ein, wurde mit der Mentalität an Rhein und Ruhr aber nie richtig warm.

Erste Feuerprobe als Finanzminister in NRW: Steinbrück bringt im Jahr 2000 den Nachtragshaushalt in das Landesparlament ein. Die Kassenlage war äußerst angespannt.

Drei Ministerpräsidenten: Sigmar Gabriel aus Niedersachsen, Roland Koch aus Hessen und Steinbrück als Landesvater von NRW. Mit dem CDU-Politiker Koch erstellte Steinbrück eine Liste mit milliardenschweren Einsparvorschlägen und verzichtbaren Steuersubventionen.

Alte Freunde: Gerhard Schröder hilft Steinbrück im Landtagswahlkampf 2005. Beide haben die umstrittene Agenda 2010 gegen die wachsende Kritik in der SPD verteidigt.

Der Landesvater 2003 als Hobby-Kicker in der Fußballschule Wedau. Steinbrück liebt Fußball und ist begeisterter Anhänger und Aufsichtsrat beim Bundesligisten Borussia Dortmund.

Mit gutem Beispiel voran: Bei einer Fahrradtour mit engagierten Ehrenamtlichen trägt Steinbrück für die Fotografen einen Helm; privat fährt er lieber ohne.

Je stärker die Kritik an den gesellschaftlichen Verhältnissen in die Hochschulen und Hörsäle eindrang, desto mehr strahlten diese Debatten auf das akademische Bürgertum aus und erfassten wichtige Multiplikatoren wie Lehrer und Journalisten. Während die Union sich durch ihre pauschale, ablehnende Haltung gegenüber der aufbegehrenden Jugend immer stärker in die politische Defensive zurückzog, verstand es Brandt, durch seine differenzierten Positionierungen bei den jungen Leuten zu punkten. Damit schaffte er es, die SPD zunehmend für den akademischen Nachwuchs zu öffnen.

Willy Brandt wirkte wie ein Aufputschmittel – er verlieh seiner Partei Flügel. Nach der Analyse von Franz Walter stand die SPD in diesen Jahren offenkundig mit den Kräften der Zukunft im Bund – der Jugend, den neuen Mittelschichten und den jungen Frauen. Währenddessen schien sich die Union mit der sozialen Nachhut aus Bauern, Rentnern und Katholiken abzuplagen und der sozialdemokratischen Avantgarde hoffnungslos hinterherzuhinken. Allerdings darf man trotz der enormen Verschiebungen in der Wählergunst nicht übersehen, dass CDU und CSU mit Ausnahme von 1972 immer die stärkste politische Kraft blieben. Und die Wende von 1969 war nur deshalb möglich geworden, weil es den Genossen gelang, die FDP unter Walter Scheel zu einer sozialliberalen Koalition zu überreden.

In der Folge entwickelte sich bei den neuen Mittelschichten und großen Teilen der jungen Bevölkerung ein regelrechter Enthusiasmus für die SPD und Willy Brandt. Das blieb nicht ohne Wirkung auf Künstler und Kulturszene. Erstmals bekannten sich berühmte Schriftsteller wie Günter Grass oder der Publizist Günter Gaus offen zu Brandt. Es folgten Historiker wie Eberhard Jäckel oder Politikwissenschaftler wie Arnulf Baring und Kurt Sontheimer, die sich einer sozialdemokratischen Wählerinitiative anschlossen. Bald galt es in den Kulturkreisen als schick, SPD zu wählen und ein linkes oder besser gesagt fortschrittliches Lebensgefühl zu demonstrieren. Selbst Fernsehgrößen aus dem Unterhaltungsbereich wie die Showmaster Hans-Joachim Kulenkampff und Peter Frankenfeld oder populäre Schauspieler wie Inge Meysel und Horst Tappert machten keinen Hehl aus ihrer Sympathie für Willy Brandt und die Sozialdemokratie.

Kein Wunder, dass diese SPD-Hegemonie in Kunst, Kultur und Wissenschaft auch den jungen Bundeswehroffizier Peer Steinbrück erfasste. Als ihn sein militärischer Vorgesetzter Hittmeier erstmals zu einer SPD-Versammlung mitnahm, fühlte sich Steinbrück sogleich gut aufgehoben, wie er in der Rückschau sagt. Von Arbeitern bis zu Ärzten, von Rentnern bis zu jungen Müttern, von normalen Angestellten bis zu Rechtsanwälten war alles vertreten, was man einen Querschnitt durch die Bevölkerung nennen würde. Das gefiel Steinbrück ebenso wie die offenen und kritischen Debatten, die bei den Versammlungen geführt wurden. Dass viele der damals noch lebendigen Ortsvereine später klassische Vereinsmeierei betreiben und eine durchaus piefige Atmosphäre ausstrahlen würden, konnte sich Steinbrück zu dieser Zeit nicht vorstellen. Als Kritiker seiner Partei ist er denn auch erst sehr viel später in Erscheinung getreten.

Jedenfalls dauerte es nicht lange, und die stürmische Aufbruchstimmung der späten Sechziger hatte aus dem politisch interessierten Bürgersohn und Bundeswehroffizier Steinbrück den Genossen Peer gemacht. 1969 trat er voller Überzeugung der Sozialdemokratischen Partei Deutschlands bei. Wenn man heute mit ihm über die Gründe für seine Entscheidung spricht, nennt er mehrere Faktoren. Zum einen fand er sich gesellschaftlich und kulturell vollständig in dem Lebensgefühl wieder, das die SPD damals als fortschrittlich empfundene Partei ausstrahlte. Dazu gehörten die Offenheit Neuem gegenüber, der Wille zur Auseinandersetzung mit der deutschen Vergangenheit, das Hinterfragen bestehender gesellschaftlicher Normen und Regeln sowie die von Steinbrück schon sehr früh empfundene Distanz gegenüber Autoritäten. Der Geist, den die SPD zu der Zeit atmete, war ganz nach seinem Geschmack.

Der zweite Grund für seinen Parteieintritt bestand in der außergewöhnlichen Ausstrahlung und Anziehungskraft von Willy Brandt. Die Faszination, die der Regierende Berliner Bürgermeister und spätere Kanzler und SPD-Vorsitzende verströmte, hatte Steinbrück früh gepackt. Wichtig für seine Entscheidung zugunsten der SPD war nicht zuletzt das Eintreten Brandts für die Verständigung mit der DDR und Osteuropa. Der Kalte Krieg und die beängstigende Aufrüstung, die nach dem Bau der Berliner Mauer 1961 eingesetzt hatte, wurden von der Bevölkerung als bedrohlich empfunden. Die Politik der strikten Nichtanerkennung, ja Ächtung der DDR, hatte inzwischen zu einer zunehmenden Verhärtung geführt. Darunter litten zuallererst jene Bürger in Ost und West, die jetzt ihre Verwandten oder Freunde nicht mehr sprechen, geschweige denn besuchen konnten. Verzweifelt hofften die durch die Kriegsfolgen auseinandergerissenen Deutschen auf ein politisches Tauwetter, um nach Jahren der Trennung wieder den Kontakt zu ihren Lieben aufnehmen zu können. Doch die konservativ geführten Bundesregierungen hatten sich seit den Fünfzigerjahren in der Deutschlandpolitik in eine Sackgasse manövriert. Daran war nicht zuletzt die sogenannte »Hallstein-Doktrin« schuld. Der nach seinem Verfasser, dem Staatssekretär im Auswärtigen Amt Walter Hallstein, benannte Kodex besagte, dass die Bundesrepublik eine Aufnahme diplomatischer Beziehungen zwischen der DDR und anderen Staaten als unfreundlichen Akt bewerten würde. Begründung für diese drohende Haltung gegenüber allen Drittstaaten war der strikte Alleinvertretungsanspruch Bonns, dem zufolge die Bundesrepublik die einzige demokratisch legitimierte Vertretung des gesamten deutschen Volkes darstellte.

Mochte diese Haltung auch völkerrechtlich begründbar sein, so übersah sie dennoch wichtige Tatsachen: Trotz der Doktrin hatten schon zahlreiche Staaten, vor allem im Ostblock, die DDR völkerrechtlich anerkannt. In diesen Fällen stand die Bundesrepublik vor dem Dilemma, darauf angemessen reagieren zu müssen. Übermäßig harte Reaktionen hätten leicht zu einer außenpolitischen Isolierung Bonns führen können, zumindest aber wären die Beziehungen zu einer Reihe von wichtigen Staaten nachhaltig erschwert worden. Blieb die Hallstein-Doktrin hingegen trotz erfolgter Anerkennung der DDR durch einen dritten Staat folgenlos, wäre die Formel als das entlarvt worden, was sie am Ende war: eine leere Drohung oder genauer gesagt ein diplomatischer Papiertiger.

Zudem ignorierte der Kodex, dass die DDR schlicht existierte und mit jedem weiteren Jahr ihres Bestehens eine nicht zu leugnende politische Realität darstellte. Ob die frühere sowjetische Besatzungszone nun als Staat anerkannt oder als unrechtmäßiges, quasi staatliches Gebilde verachtet wurde, war nachrangig für all jene Menschen in Ost und West, die unter der Trennung litten. Willy Brandt, der sich als Regierender Bürgermeister von Berlin bestens mit der Situation in der geteilten Stadt auskannte, suchte nach einem Weg, die Konfrontation zu verringern, ohne gleich alle Prinzipien der Deutschlandpolitik über Bord zu werfen. Er erreichte viel. Als Bundeskanzler schaffte er 1969 an der Spitze der sozialliberalen Koalition gleich zu Beginn seiner Regierungszeit die Hallstein-Doktrin ab – und den damit verbundenen bundesdeutschen Alleinvertretungsanspruch. In der CDU/CSU führte das zu einem Aufschrei. Die Empörung hielt allerdings nicht lange an, denn die Wirkungslosigkeit einer »Politik der Stärke gegenüber dem Osten« war täglich zu beobachten.

In den folgenden Jahren trotzten Brandt und sein Vertrauter Egon Bahr der DDR-Führung in Ostberlin in zähen Verhandlungen Stück für Stück wichtige humanitäre Zugeständnisse ab. Besuche von Westdeutschen in der DDR und in Ostberlin wurden gestattet, es gab wieder Telefonverbindungen für Normalbürger und in Härtefällen später auch Ausreisegenehmigungen. Dafür gaben Brandt und Bahr bei einigen Statusfragen nach. So wurde die DDR zwar nicht völkerrechtlich, aber staatsrechtlich als »einer der zwei Staaten in Deutschland« im Sinne einer gemeinsamen Nation anerkannt.

Steinbrück, der 1981 für kurze Zeit in der Ständigen Vertretung der Bundesrepublik in Ostberlin gearbeitet hat, stand der DDR und ihrem Herrschaftssystem von Anfang an ablehnend gegenüber. Die beklemmende Atmosphäre im grauen Osten der geteilten Stadt ist ihm als bedrückende Erinnerung an den »Arbeiter-und-Bauern-Staat« bis heute geblieben. Trotzdem hatte der Hamburger bereits sehr viel früher gespürt, dass beim Ost-West-Konflikt ein politisches Verharren in formalen Positionen zu nichts führen würde außer zu folgenloser Rechthaberei. Dass Brandt hier endlich die Erstarrungen aufbrach, war ebenfalls ein Grund für Steinbrück, der SPD beizutreten. Brandt habe damit in einer für Deutschland lebenswichtigen Frage eine Perspektive eröffnet und vielen Menschen Anlass zu Hoffnung gegeben, betont er noch heute.

Bestätigt in seiner Wahl fühlte er sich nicht zuletzt dadurch, dass Brandt und sein liberaler Außenminister Walter Scheel zusammen mit dem zum Bundesminister für besondere Aufgaben ernannten Egon Bahr ihre »Politik der Öffnung« auf den gesamten Ostblock übertrugen. Dahinter stand die Erkenntnis, dass Veränderungen nicht durch Konfrontation erzielt werden konnten. Im Gegenteil: Bereits die Kubakrise von 1962 hatte gezeigt, dass der Kalte Krieg rasch in einen heißen Konflikt, also in eine bewaffnete, womöglich sogar atomare Auseinandersetzung umschlagen konnte.

Stattdessen setzte Brandt auf Deeskalation, was sich schon in der Wahl seiner politischen Terminologie zeigte: Die sozialliberale Koalition entwickelte eine »Verständigungspolitik«, die später zu einer »Entspannungspolitik« ausgebaut wurde. Das grundlegende Prinzip dieser neuen Ostpolitik lautete »Wandel durch Annäherung«. Es wurde 1982 von der unionsgeführten Bundesregierung unter Helmut Kohl nahtlos fortgesetzt und blieb bis zum Fall der Mauer am 9. November 1989 gültig. »Das Konzept Wandel durch Annäherung hat mir imponiert, weil dadurch diese irrsinnige Konfrontation … im deutsch-deutschen Verhältnis, aber auch im innereuropäischen Verhältnis überwunden werden sollte«, begründete Steinbrück in dem Interview mit dem Bayerischen Rundfunk seine frühe Unterstützung für die Ostpolitik Willy Brandts (26.4.2011).

Obwohl Steinbrück nie als besonders emotionaler Politiker galt, berührte ihn wie Millionen anderer Deutsche eine besondere Geste, die Brandts neue Politik der Verständigung und sein Bedürfnis nach Aussöhnung und Frieden symbolisierte: Als er am 7. Dezember 1970 unmittelbar vor der Unterzeichnung des Warschauer Vertrags in der polnischen Hauptstadt die Gedenkstätte für die Opfer des Warschauer Ghettos besuchte, kniete er plötzlich und völlig unerwartet vor dem Denkmal nieder. Er habe dieses Zeichen der Demut nie geplant, versicherte Brandt später, aber gespürt, dass nach der Niederlegung des Kranzes das übliche Neigen des Kopfes nicht mehr genügen würde: »Am Abgrund der deutschen Geschichte und unter der Last der Millionen Ermordeten tat ich, was Menschen tun, wenn die Sprache versagt.« Das Bild des knienden deutschen Kanzlers ging um die Welt.

Ein Jahr später, am 10. Dezember 1971, erhielt Brandt für seine Ostpolitik in Oslo den Friedensnobelpreis. Nach Einschätzung vieler Zeithistoriker und Politologen brach damit endgültig die hohe Zeit der »Willy-Euphorie« in Deutschland an. Die SPD konnte nach ihrer Regierungsübernahme 1969, dem Jahr des Beitritts von Peer Steinbrück, allein 100 000 neue Mitglieder verbuchen. 1972 kamen sogar 150 000 Neuzugänge hinzu, 1976 überschritten die Sozialdemokraten die Millionengrenze. Gerne zeigte man sein politisches Bekenntnis nach außen. Populär waren Anstecker mit dem Slogan »Bürger für Brandt« oder »Willy wählen«. Vor allem bei der Jugend wehte der Zeitgeist kräftig aus der linken Richtung – Peer Steinbrück konnte sich also in guter oder zumindest in großer Gesellschaft fühlen.

Aber es war nicht nur die Faszination für die charismatische Figur Brandt, die Steinbrück zu den Sozialdemokraten gezogen hatte. Für ihn ist die SPD bis heute die einzige politische Kraft, die für die diversen Katastrophen der deutschen Geschichte in den letzten 150 Jahren nicht verantwortlich war, wie er betont. Die Konservativen, die Kommunisten und selbst liberale Kräfte waren in die beiden deutschen Diktaturen des 20. Jahrhunderts, das Dritte Reich und die DDR, verstrickt oder haben Kriege begonnen, findet Steinbrück. Diese sehr persönliche Sichtweise spielte für ihn eine erhebliche Rolle in einer Zeit, in der die Kinder ihre Eltern immer drängender nach ihrem Verhalten während der Nazizeit befragten. »Wie konnte das passieren, warum habt ihr nichts dagegen unternommen? Oder habt ihr am Ende sogar mitgemacht?« So oder so ähnlich wurde in den Sechzigerjahren gefragt. Vor allem die Vätergeneration stand im Verdacht der immer misstrauischer und bohrender nachfragenden Jugend: »Was habt ihr im Krieg getan, habt ihr auch mitgemacht bei der Verschleppung und Tötung von Juden, oder habt ihr euch in der Nazizeit sogar besonders engagiert?«

Für Steinbrück gab es persönlich zwar keinerlei Anlass, innerhalb der eigenen Familie Nachforschungen über eventuelle Verstrickungen anzustellen. Doch was ihn als jungen Mann bedrückte, war die Tatsache, dass damals immer mehr Fälle von alten Nazis bekannt wurden, die im Nachkriegsdeutschland nahtlos weiter Karriere gemacht hatten. Es sei empörend gewesen, dass sogar richtige Verbrecher offenkundig völlig unbehelligt von der Justiz über Jahre hinweg das Leben eines anständigen Bürgers führen konnten, erinnert sich Steinbrück. Auch die schleppenden Ermittlungen einer noch von NS-Juristen durchsetzten Justiz regten ihn mächtig auf. Mit dem Prinzip des Wegschauens und Verschweigens wollte er nichts zu tun haben. Und deshalb war es für ihn als jungen Mann sehr wichtig, sich für eine Partei engagieren zu können, deren Führungskräfte und Anhänger in der NS-Diktatur keinen Platz an der Sonne eingenommen hatten, sondern im Gegenteil verfolgt worden waren. Die SPD habe in ihrer langen Geschichte als älteste deutsche Partei seit 1863 sicher viele Fehler begangen, räumt Steinbrück ein. »Aber man kann ihr keine Schuld aufladen für die Katastrophen der deutschen Geschichte.« (BR, 26.4.2011)

KAPITEL 4

ZWISCHEN DIENEN UND HERRSCHEN

Es ist wieder einmal spät geworden in der großen Wohngemeinschaft in der Kieler Innenstadt. Bis tief in die Nacht hinein haben die Studenten in der Küche der geräumigen Altbauwohnung diskutiert und dabei wie üblich einiges an Bier und Wein verbraucht. Man streitet zwar häufig über ernste Themen und tritt gelegentlich auch als Weltverbesserer in Erscheinung, aber Kinder von Traurigkeit sind die WG-Genossen nicht. Im Gegenteil: Bei allem politischen Idealismus wollen sich die jungen Leute vor allen Dingen amüsieren und das freie Studentenleben an der Universität Kiel genießen.

Peer Steinbrück, der hochgewachsene Student der Volkswirtschaftslehre, ist wie üblich Moderator, Ideengeber und Wortführer der nächtlichen Diskussionsrunde. Wenn der Hamburger mit dem trockenen und gerne auch deftigen Humor in Stimmung gerät, kann er die gesamte Runde mit allerlei Geschichten unterhalten. Bei den Pointen lacht er dann dröhnend mit und steckt alle anderen an. Sarkastisch ist er oft, der Peer, dabei immer gut informiert und rhetorisch geübt, das merken seine Kommilitonen schnell.

Allerdings war ihm bei den vielen Debatten nicht der intellektuelle Austausch wichtig. »Er wollte die Diskussionen immer gewinnen«, erinnerte sich später eine Mitbewohnerin, »und möglichst jede Streitfrage zu seinen Gunsten entscheiden.« Dabei überließ der Student Steinbrück nichts dem Zufall. In einem Zettelkasten sammelte er in kurzen Stichworten alles, was er zu einzelnen politischen Themen für relevant hielt. Wurde dann am Küchentisch der Wohngemeinschaft etwa über das militärische Wettrüsten in Ost und West gestritten, konnte er seine Mitbewohner mit der genauen Anzahl der russischen und amerikanischen Atomsprengköpfe konfrontieren und durch profundes Detailwissen glänzen.

So ging es ständig, denn Steinbrück erweiterte und perfektionierte das Zettelkastensystem kontinuierlich. Er las viel, redete, diskutierte und schrieb alles gleich auf, was ihm wichtig erschien. Seine Bereitschaft, sich überall zu informieren und unablässig Wissenswertes aufzusaugen, führte dazu, dass er die anderen WG-Bewohner nach kurzer Zeit in Grund und Boden argumentierte. Er liebte diesen Augenblick, wenn er als Einziger die entscheidenden Fakten wie ein Trumpfass präsentieren und so die Debatte für sich entscheiden konnte, erzählt später ein Studienfreund. An diesem unbedingten Willen, gut vorbereitete Arbeitssiege zu erringen, sollte sich fortan nichts mehr ändern. Auch in seinem Berufsleben machte Steinbrück es sich zum Prinzip, besser informiert zu sein als andere, die Materie tiefer zu durchdringen und so Anerkennung und Erfolg vor allem über die Kraft des Arguments zu erringen.

Politisch radikal ist keiner der acht Studentinnen und Studenten, die sich in der weitläufigen Altbauwohnung unweit der Kieler Förde die acht Zimmer sowie Küche und Bad teilen. »Ich war von allen noch die linkeste Bazille«, hat Steinbrück einmal schmunzelnd erwähnt. In der WG hängen weder Che-Guevara-Plakate, noch finden sich Mao-Bibeln oder Aufrufe zur Unterstützung irgendeiner radikalen Splittergruppe. Man hat sich auch nicht zusammengefunden, um eine Kommune zu gründen oder alternative Lebensformen auszuprobieren, sondern um Geld zu sparen und gemeinsam eine schöne Zeit zu verbringen. Während sich in anderen WGs der Abwasch auftürmt, lösen Steinbrück und seine Mitbewohner das Problem auf höchst konventionelle Weise: Die Studenten kaufen eine Spülmaschine der Marke Bauknecht. Ansonsten gilt nur eine eiserne Regel: das Rotationsprinzip beim Kochen. Anfang der Siebzigerjahre sind davon inzwischen Männer wie Frauen gleichermaßen betroffen, zumindest in linksliberalen Studentenkreisen. Steinbrück mogelt sich allerdings gerne mit Toast Hawaii an seiner wöchentlichen Kochpflicht vorbei – die Definition eines »warmen Abendessens« ist fließend. Die WG-Bewohner sind klug, aber nicht intellektuell verstiegen. Neben ihrer Fachliteratur lesen sie Romane oder Krimis und gelegentlich ein paar Sachbücher über aktuelle Zeitfragen. Nur in Steinbrücks Zimmer stapeln sich dicke Bände über Philosophie, Politikwissenschaften und Marinegeschichte. Ansonsten gibt es nichts Auffälliges in der Achter-WG. Seine vier Wände hat Steinbrück mit klassischen Schiffsmotiven verziert – keine besonders extravagante Dekoration für einen gebürtigen Hamburger mit Wohnsitz in Kiel. Wenn er sein Zimmer reinigt, schiebt er den Staubsauger in parallelen Linien vor und zurück, einmal längs und einmal quer. So, wie er staubsaugt, wird Steinbrück später Politik machen: effizient, schnörkellos und systematisch.

Erschöpft von der langen nächtlichen Diskussion und müde vom Wein schlafen die Studenten der Wohngemeinschaft noch tief und fest, als am 31. Mai 1972 gegen sechs Uhr morgens heftig an der Tür geklingelt wird. Schlaftrunken steht Veronique Lundgren, eine der Mitbewohnerinnen, auf. Als sie die Tür öffnet, stürmen zwei Dutzend bewaffnete Polizisten in die Wohnung, begleitet von Beamten des Verfassungsschutzes und der Staatsanwaltschaft. Einer der Uniformierten hält Steinbrück die Maschinenpistole vor den Bauch. Bei einem ähnlichen Einsatz wenige Wochen zuvor in Hamburg ist ein Polizist ums Leben gekommen. Deshalb ist die Stimmung bei der Aktion in der Kieler Studentenwohnung recht angespannt. Die Beamten sind nervös, die WG-Bewohner völlig überrumpelt. Steinbrück fängt sich nach kurzer Zeit wieder. »Haben Sie überhaupt einen Durchsuchungsbefehl?«, fragt er den Leiter des Trupps. Doch der lässt sich nicht stören. Die Polizisten stellen in der Wohnung alles auf den Kopf, schauen in Schränke, Schubladen und Regale. Am Ende finden sie nichts – bis auf ein Morsealphabet, das dem Marineliebhaber Steinbrück gehört. Das Buch wird kurzerhand beschlagnahmt. Offenkundig dachte der Verfassungsschutz, wenigstens ein Beweismittel für illegalen Funkkontakt nach Moskau oder Ostberlin gefunden zu haben.

Als die Durchsuchung beendet ist und die Polizisten abziehen, vergisst einer der Beamten seine Aktentasche in der Wohnung. Den Studenten steckt der Schreck noch in den Gliedern, als sie die Tasche entdecken. Was fängt man jetzt damit an? Möglicherweise, meint einer, sei ein Abhörgerät darin versteckt. Steinbrück zuckt mit den Schultern. »Ich wäre für aufmachen«, erklärt er und hat die Tasche schon in der Hand. Die anderen stimmen nach kurzer Beratung zu. In der Mappe finden sie den richterlichen Durchsuchungsbefehl für ihre Wohnung sowie die ausführliche Begründung.

Nach der Lektüre wussten die Studenten, was Sache war. Die ganze WG stand im Verdacht, in ihren Räumen eine Terroristin der

RAF versteckt zu halten. Auslöser dafür war offenbar eine Nachbarin, die sich schon öfters über Lärm seitens der Studenten beschwert hatte. Eines Tages ging die verärgerte Frau schließlich zur Polizei und gab dort zu Protokoll, dass eine häufige Besucherin der WG starke Ähnlichkeiten mit einer steckbrieflich gesuchten Terroristin aufweise. Weil zuvor eine Gruppe radikaler Vertreter des Sozialistischen Deutschen Studentenbunds (SDS) genau diese Wohnung angemietet hatte, war vom Verfassungsschutz nach Eingang der Meldung eine dreimonatige Observation angesetzt worden. Danach erfolgte die überfallartige Durchsuchung, obwohl sich der Verdacht auf Unterstützung einer terroristischen Organisation durch die verdeckte Beobachtung nicht hatte erhärten lassen.

Steinbrück und seine Mitbewohner beschwerten sich anschließend vergeblich bei der Polizei über die Durchsuchungsaktion. Sie wurden als Zeugen vernommen, erhielten jedoch nie eine befriedigende Antwort auf ihre Fragen. So verlief die merkwürdige Aktion des Verfassungsschutzes schließlich im Sand. Die WG-Bewohner setzten unterdessen ihr Studium fort und bereiteten sich nach und nach auf ihre Examen vor.

Auch Steinbrück kniete sich in den Stoff. Wenn er nicht gerade Wirtschaftswissenschaften büffelte oder politische Debatten führte, verdiente er sich etwas dazu. Wählerisch konnte er nicht sein in einer relativ kleinen Stadt wie Kiel, wo viele Studenten händeringend einen Nebenverdienst suchten. Mal arbeitete er auf dem Bau, mal bei einem Eheanbahnungsinstitut, half bei einer Lotto-Annahmestelle aus und jobbte als Parkwächter. Das lockere Leben eines Bummelstudenten führte er nie. Im Gegenteil: Mit jedem Semester spürte er, wie ihm die Zeit durch die Finger rann. Er wollte sein Examen in Volkswirtschaftslehre mit Nebenfach Soziologie möglichst zügig ablegen. Durch seine

Schulwechsel und »Ehrenrunden« hatte er schließlich einiges an Zeit verloren, und das bedrückte ihn. Hinzu kamen die zwei Jahre als Offizier bei der Bundeswehr. Im Vergleich zu anderen fühlte Steinbrück sich fast schon alt. Er fürchtete Nachteile beim späteren Berufseinstieg und gab ordentlich Gas. Mit Erfolg: Nach acht Semestern stellte er seine Diplomarbeit über das Für und Wider von Kosten-Nutzen-Analysen bei Stadtentwicklungsprojekten fertig und schloss das Studium im Dezember 1974 als Diplom-Volkswirt ab – mit einer Prädikatsnote.

Es dauerte nicht lange und Steinbrück erhielt ein erstes Jobangebot. Der renommierte Kieler Ökonom Herbert Giersch schlug dem frisch diplomierten Studenten vor, beim Institut für Weltwirtschaft in Kiel als wissenschaftlicher Mitarbeiter einzusteigen. Steinbrück, der gerne promovieren wollte und bereits eine Doktorarbeit begonnen hatte, überlegte sich das Angebot des Professors gründlich. Giersch galt als Kapazität, hielt im Audimax der Universität Vorlesungen über weltökonomische Fragen und war in der Politik glänzend vernetzt. Gerne flocht er in Vorlesungen seine prominenten Gesprächspartner ein, unter anderem Helmut Schmidt. Der Spitzname des weltläufigen Ökonomieprofessors lautete denn auch »Peter Stuyvesant«, was auf den Werbeslogan der Zigarettenmarke vom »Duft der großen weiten Welt« anspielte.

Giersch hatte sich im Laufe seiner Lehrtätigkeit deutlich vom damals vorherrschenden Geist der Kieler Ökonomen gelöst. Sein Vorgänger Erich Schneider galt noch klar als keynesianisch orientierter Wirtschaftstheoretiker und lehrte das Modell des Ökonomen John Maynard Keynes als mathematisch beweisbare Theorie. Der Staat solle sich eben nicht nur als neutraler Rahmensetzer betätigen, wie die ordoliberalen Theoretiker das forderten, sondern die Wirtschaft aktiv steuern und lenken. Vor allem in der SPD fand und findet dieses Modell bis heute viele Anhänger. Karl Schiller, der ebenfalls in Kiel ausgebildete legendäre Wirtschaftsminister der ersten Großen Koalition, schaffte es denn auch, die damalige Konjunkturkrise der Bundesrepublik mit klassischen keynesianischen Methoden in den Griff zu bekommen, was jahrelang als eine Art historischer Beweis für deren Tauglichkeit galt.

Schneiders Nachfolger Giersch wiederum setzte sich nach und nach von der Idee der dirigistischen Staatsrolle im Wirtschaftsleben ab. Die Rezession 1973 war mit der Lehre von Keynes nicht mehr zu bekämpfen. Giersch wendete sich stärker den globalen Wirkungsmechanismen der zunehmend verflochtenen Weltökonomie zu und entwickelte daraus eine strikt an marktwirtschaftlichen Grundsätzen ausgerichtete Wirtschaftstheorie. Auf Steinbrück hatte Giersch sicherlich mehr Einfluss als der Keynes-Anhänger Schneider. Den hatte der Student Steinbrück nämlich nicht mehr in Vorlesungen gehört, sondern nur noch nachlesen können.

Das Angebot, als wissenschaftlicher Mitarbeiter bei Giersch zu beginnen, war also verlockend. Aber Steinbrück wand sich. Dafür gab es mehrere Gründe. So hatten sich seine beruflichen Ziele im Laufe der letzten Jahre immer wieder verändert. Als er das Studium begann, wollte er noch Journalist werden. Die Arbeit an der Schülerzeitung hatte ihm gefallen, das Schreiben, das Politische, daneben die Aufmerksamkeit, die man als Autor bereits in jungen Jahren für provokante Artikel erzielen konnte. Auch während des Studiums schrieb er. Seine Gedanken verarbeitete er in essayistischen Splittern, fasste seine politischen oder wirtschaftlichen Überlegungen in Notizen oder Aufsätzen zusammen, veröffentlichte jedoch nie etwas davon. Irgendwann im Laufe der eilig absolvierten Studienzeit kam ihm der Berufswunsch des Journalisten wohl abhanden. Jedenfalls bemühte er sich nie darum, seine Texte an Zeitungen zu verkaufen oder sich durch andere Veröffentlichungen eine publizistische Tür zu öffnen. Auch Ferienpraktika oder einen Job als freier Mitarbeiter bei der Presse strebte er nicht an. Und nach dem glänzend bestandenen Examen verspürte Steinbrück sowieso keine Lust mehr, noch ein Volontariat zu durchlaufen oder sich als journalistischer Anfänger bei einem Medienunternehmen ganz hinten anzustellen.

Der wirkliche Dreh- und Angelpunkt für alle weiteren beruflichen Überlegungen war jedoch höchst menschlicher Natur: Auf der Party eines Freundes in der Eifel hatte Steinbrück nämlich eine junge Dame kennengelernt. Sie hieß Gertrud Isbary und wurde später seine Ehefrau. Die Studentin der Universität Bonn war nicht auf den Mund gefallen und ließ sich von dem wortgewandten Norddeutschen nicht so leicht einwickeln. Steinbrück gefiel das. »Wir hatten einen regelrechten Schlagabtausch«, erinnert er sich mit einem Schmunzeln. Gertrud wurde 1949 in einem Nest namens Hohenberg-Krusemark in Sachsen-Anhalt geboren. Ihr Vater war Professor für Geografie und zog 1952 mit seiner Familie ins Rheinland. Seine Tochter wollte ursprünglich Ärztin werden, schaffte aber den strengen Numerus clausus für Medizin nicht und schrieb sich schließlich an der Universität Bonn für Biologie ein.

Als sie Peer Steinbrück in der verschneiten Eifel traf, promovierte sie gerade und verspürte keinerlei Interesse, der Liebe wegen von Bonn aus in den hohen Norden zu ziehen. Gertrud fühlte sich wohl in der beschaulichen Stadt am Rhein, in der die Familie Steinbrück bis heute wohnt. Als sie schließlich im Begriff standen, ein Paar zu werden, machte sie Peer unmissverständlich klar, dass es eine gemeinsame Zukunft entweder in Bonn oder gar nicht geben würde.

Steinbrück stand also vor einer schweren Wahl. Der angebotene Einstieg beim Kieler Institut für Weltwirtschaft reizte ihn, doch andere Reize erwiesen sich schließlich als stärker. Also verließ der Hanseat die vertraute norddeutsche Heimat und zog Anfang 1975 ins Rheinland. Dass er dort für Jahrzehnte bleiben und später sogar einmal Ministerpräsident und »Landesvater« der Rheinländer und Westfalen werden sollte, hätten damals weder er noch seine Frau Gertrud gedacht.

Für den Neuankömmling Steinbrück eröffnete sich in der damaligen Bundeshauptstadt Bonn ein beruflicher Einstieg beim Bundesbauministerium. Zwar handelte es sich nicht um eine feste Stelle, sondern nur um eine freiberufliche Tätigkeit. Aber ein Anfang war immerhin gemacht mit einem Werkvertrag über 20 000 DM. Gegenstand der Vereinbarung war die Erstellung eines volkswirtschaftlichen Gutachtens zu Raumordnungsfragen binnen 14 Monaten. Die größte Arbeit bestand in der Erhebung statistischer Daten – schließlich gab es noch keine Computer. Die Honorierung war nicht üppig, aber zusammen mit dem Assistentengehalt, das seine Frau von der Universität Bonn erhielt, kam das junge Paar ganz gut über die Runden.

Als Steinbrücks Werkvertrag auslief, waren die Herren im Bauministerium so zufrieden mit der abgelieferten Arbeit, dass sie ihm eine feste Anstellung bieten wollten. Allerdings unter dem Vorbehalt einer winzigen Kleinigkeit, nämlich der bei Bundesbehörden und Ministerien üblichen Sicherheitsüberprüfung. Reine Routine, dachten alle, doch wenige Tage später wurde Steinbrück zu einem dringenden Gespräch ins Ministerium einbestellt. Anstatt des erhofften Dauervertrags erhielt er eine Absage. Zwei

Herren in grauen C&A-Anzügen erklärten dem völlig verdutzten Volkswirt, dass er die avisierte Stelle leider nicht erhalten könne. Die Regelanfrage beim Verfassungsschutz habe nämlich ergeben, dass er ein Sicherheitsrisiko für die Bundesrepublik Deutschland darstelle. Als Steinbrück empört nachfragte, wie sie zu diesem Befund gekommen seien, hüllten sich die beiden Herren in Schweigen. »Wir sind nicht befugt, Ihnen Auskunft zu geben.«

Von einer Minute auf die andere ist Steinbrück wieder draußen. Abserviert. Arbeitslos. Ende der Karriere, bevor sie überhaupt begonnen hat. Als amtlich festgestelltes Sicherheitsrisiko gibt es keine Chance mehr für ihn, zumindest nicht im öffentlichen Dienst. Und erst recht nicht im Herzen der politischen Administration der Bonner Bundesregierung. Steinbrück ist verzweifelt. Erinnert sich wieder an die völlig überzogene Durchsuchungsaktion des Verfassungsschutzes in der Kieler Studenten-WG und fühlt Ohnmacht und Wut gleichermaßen in sich aufsteigen.

Zwei Umstände machen das Unglück zusätzlich schlimmer, als es ohnehin schon ist. Mit der Doktorarbeit, die er aus Kiel mitgebracht hat, kommt er seit Monaten nicht mehr so richtig voran. Es ist unendlich mühsam, neben der anspruchsvollen Tätigkeit für das Bauministerium nach Feierabend noch wissenschaftlich zu arbeiten und die Promotion voranzutreiben. Im Stillen gesteht er sich sogar ein, dass er diesem Kraftakt nicht gewachsen ist. Das hohe, selbst gesteckte Ziel, nach dem Prädikatsexamen den eigenen Namen noch mit einem Doktortitel zu schmücken, gerät in akute Gefahr. Das ist Gift für seinen Ehrgeiz und für sein bis dahin ungetrübtes Selbstbewusstsein. Zum anderen erfolgt die Ablehnung durch das Bauministerium zu einem denkbar ungünstigen Zeitpunkt, denn seine Frau Getrud ist schwanger und steht kurz vor der Geburt ihres ersten Kindes.

Verzweifelt versucht Steinbrück, sich gegen das existenzgefährdende Stigma des Verfassungsfeinds zur Wehr zu setzen. Er schreibt an die zuständige Staatsanwaltschaft in Kiel und schafft es immerhin, sich einen »Persilschein« zu besorgen. Schließlich wurde er damals nur als Zeuge vernommen und nie als Beschuldigter erwähnt. Darüber hinaus blieb die Observierung und Durchsuchung ohne jedes Ergebnis. Doch alle rationalen und juristischen Argumente führen nicht weiter. Er wendet sich an andere Behörden, an die Staatsanwaltschaft in Bonn und sogar direkt an den Verfassungsschutz. Doch trotz aller Bemühungen scheint er in einen Wattesack zu boxen.

Steinbrück fühlt sich bald wie der unglückliche Bankprokurist Josef K. in dem unvollendeten Roman *Der Prozess* von Franz Kafka. Darin wird ein junger Mann angeklagt, ohne dass er sich irgendeiner Schuld bewusst wäre. Der Mann gerät immer tiefer in das albtraumhafte Labyrinth einer surrealen Justizbürokratie und eines nie erkennbaren Gerichts, das ihn am Ende gleichwohl verurteilt. So sehr sich die Romanfigur auch wehrt, jede Gegenwehr ist zwecklos.

In seiner Not mobilisierte Steinbrück schließlich einflussreiche Leute in Wissenschaft und Politik, die ihm helfen sollten, dem kafkaesken Kreis aus Verdacht, Ablehnung und Schweigen zu entfliehen. Es war Anfang der Siebzigerjahre nämlich äußerst schwierig, gegen die einmal getroffene amtliche Feststellung vorzugehen, man sei ein Verfassungsfeind oder stelle zumindest ein »Sicherheitsrisiko« für die Bundesrepublik Deutschland dar.

Hintergrund war der sogenannte »Radikalenerlass«. Damit wollten Bund und Länder damals verhindern, dass Angehörige oder Anhänger verfassungsfeindlicher Organisationen in den Staatsdienst aufgenommen wurden. Dass ausgerechnet der von

Steinbrück so verehrte Willy Brandt diesen Extremistenbeschluss als Bundeskanzler 1972 herbeiführte, sieht Steinbrück auch heute noch kritisch. Obwohl seinerzeit die RAF ihr Unwesen trieb und den Rechtsstaat in der Tat herausforderte, zielte der Radikalenerlass in erster Linie auf die Deutsche Kommunistische Partei (DKP). Das Problem für die Betroffenen bestand darin, dass bereits »Zweifel an der Verfassungstreue« genügten, um ihnen den Zugang zum öffentlichen Dienst zu verwehren.

Die Beurteilung einer tadellosen demokratischen Gesinnung erfolgte eben durch den Verfassungsschutz. Dort mussten alle Behörden vor der Übernahme eines Bewerbers eine entsprechende »Regelanfrage« stellen. Das größte Problem bei diesem Verfahren lag in der mangelnden Transparenz. Es war kaum nachvollziehbar, wie eventuelle Zweifel an der Grundgesetztreue eines Aspiranten zustande gekommen waren und mit welchen Fakten sie begründet wurden.

Sehr viele angehende Lehrer waren von der überaus kritisch diskutierten Maßnahmen betroffen. Da sie praktisch nur als Beamte eine Stelle fanden, wurde die Regelung auch als »Berufsverbot« bezeichnet. Als sich in der Folge die grotesken Fälle häuften, beschlichen die Regierungsfraktionen von SPD und FDP wachsende Zweifel an der Rechtmäßigkeit ihres Erlasses. Nachdem selbst ein Urteil des Bundesverfassungsgerichts 1975 keine Klarheit brachte, setzte die Bundesregierung den Radikalenerlass ein Jahr später für ihre Behörden einseitig außer Kraft. Willy Brandt bezeichnete den Extremistenbeschluss später offen als »Fehler«.

Bis zur endgültigen Abschaffung der Regelanfrage in den Ländern Ende der Achtzigerjahre wurden beim Verfassungsschutz insgesamt 1,4 Millionen Personen überprüft, und es gab 11 000 Verfahren. In rund 1100 Fällen verwehrte man Bewerbern den

Zugang zum öffentlichen Dienst beziehungsweise entfernte sie aus dem Beschäftigungsverhältnis. Helmut Schmidt räumte später als Kanzler ein, man habe »mit Kanonen auf Spatzen geschossen«.

Steinbrück aber steckt 1975 mittendrin in dem Schlamassel. Da er sich nicht mehr anders zu helfen weiß, spielt er jetzt die politische Karte und bittet einflussreiche Sozialdemokraten um Hilfe. Der erste ist Reimut Jochimsen, den Steinbrück schon lange kennt. Er hatte bereits als Student Vorlesungen bei ihm gehört, als Jochimsen noch Dekan der Rechts- und Staatswissenschaftlichen Fakultät der Universität Kiel war. Danach wurde der Wissenschaftler Leiter der Planungsabteilung im Kanzleramt und Staatssekretär im Bundesbildungsministerium.

Der zweite wichtige Helfer ist Klaus Matthiesen, der spätere Landwirtschafts- und Umweltminister in Nordrhein-Westfalen. 1975 hat er gerade als SPD-Spitzenkandidat knapp die Wahl in Schleswig-Holstein verloren und sitzt nun im Kieler Landtag als Fraktionschef und Oppositionsführer. Der dritte im Bunde der Steinbrück-Helfer schließlich ist Norbert Gansel, der langjährige Kieler Bundestagsabgeordnete und spätere Oberbürgermeister der schleswig-holsteinischen Landeshauptstadt.

Die drei Parteifreunde sind strategisch geschickt ausgesucht. Alle drei verfügen über beste Beziehungen in Kiel, wo das ganze Unglück begonnen hat. Aber auch in Bonn bei der Bundesregierung und in der Fraktion der regierenden Sozialdemokraten kann jeder aus dem Trio seinen Einfluss geltend machen. Obwohl Steinbrück damals nur ein arbeitsloser Referent mit einem ausgelaufenen Werkvertrag ist, stellt er schon eine erstaunlich prominente Riege aus Fürsprechern zusammen. Jedenfalls hilft die Partei, zu der Steinbrück später oft demonstrative Distanz halten sollte, dem jungen Genossen bereitwillig aus der Patsche. Die Herren Jochimsen, Matthiesen und Gansel machen ordentlich Dampf. Das wirkt. Sie wenden sich mit präzisen und unbequemen Fragen an den Verfassungsschutz in Schleswig-Holstein, an das Bundesamt in Köln, an die Justiz- und Innenministerien sowie an die entsprechenden Dienststellenleiter in Kiel. Wie es denn sein könne, dass der unbescholtene Zeuge Steinbrück aus einer völlig ergebnislosen Ermittlungssache plötzlich als Staatsfeind und »Sicherheitsrisiko« hervorgehe? Vor allem Matthiesen hat als Mitglied der PKK, der Parlamentarischen Kontrollkommission zur Überwachung der Geheimdienste, direkten Zugang zu den Akten. Da die ganze Geschichte ohnehin hanebüchen gelaufen ist und bei Licht betrachtet eine ziemliche Blamage für den Verfassungsschutz und die Staatsanwaltschaft darstellt, wird die Angelegenheit irgendwann diskret bereinigt.

Das dauert allerdings einige Monate, und in dieser Phase der Ungewissheit leidet Steinbrück fürchterlich, ist so niedergeschlagen, dass seine Frau sich schon ernste Sorgen macht. Er bangt um seine Karriere, sieht seine Rolle als Ernährer der jungen Familie gefährdet und spürt erstmals so etwas wie nagende Selbstzweifel.

Mitten in dieser unglücklichen Lage meldet sich ein Kollege des Bundesministeriums für Forschung und Technologie bei ihm. Das BMFT, wie das Haus im Amtsdeutsch heißt, suche noch einen tüchtigen Volkswirt für die Planungsabteilung. Ob er sich da nicht einmal vorstellen wolle? Ohne große Hoffnung dreht Steinbrück seine Runden durch die Ministerialbürokratie des Forschungsressorts, bis er am Ende im Büro des damaligen Parlamentarischen Staatssekretärs Volker Hauff sitzt. Dem Parteifreund schüttet Steinbrück sein Herz aus, berichtet, dass er beim benachbarten Bauministerium gerade aus Gründen der nationalen Sicherheit abgelehnt worden sei und deshalb jetzt nicht wisse, wie er das Angebot des Forschungsressorts bewerten solle.

Hauff denkt eine Weile nach und sagt dann zu Steinbrück: »Ich stelle Ihnen jetzt nur eine einzige Frage. Überlegen Sie sich die Antwort sehr gut, denn davon hängt viel ab für Sie und auch für mich: Ist da etwas dran, was der Verfassungsschutz Ihnen vorwirft, oder ist da nichts dran?«

Wie aus der Pistole geschossen antwortet Steinbrück, dass da »null Komma nix« dran sei. Schnell will er zur Illustrierung seiner Unschuld noch die Geschichte von der ergebnislosen Durchsuchung in der Kieler Studenten-WG erzählen, doch Hauff winkt bereits ab. Sein Wort genüge ihm, sagt der Staatssekretär. »Sie haben den Job.«

Noch heute ärgert sich Steinbrück, wenn er von seinen Erlebnissen mit dem Verfassungsschutz erzählt. Nicht nur ihm wäre es beinahe an den Kragen gegangen damals. Auch einige seiner früheren Mitbewohner bekamen erheblichen Ärger. Ihnen erging es wie Tausenden anderen, die beim Start ins Berufsleben zu Unrecht in irgendeinen Verdacht gerieten und diesen verhängnisvollerweise nicht mehr loswurden. Einer der Kieler WG-Genossen wäre um ein Haar nicht als Amtsarzt im Kreis Lauenburg eingestellt worden wegen dieser »dämlichen Sache«, erinnert sich Steinbrück. Und er weiß auch, dass er sich ohne die Hilfe der drei einflussreichen Parteifreunde und ohne den couragierten Volker Hauff damals kaum aus der ganzen Verstrickung hätte lösen können. Steinbrücks Meinung über die Fähigkeiten des Verfassungsschutzes steht seitdem fest. Er gebraucht dafür Worte, die allerdings nicht zitierfähig sind.

Mit dem neuen Job im Forschungsressort fasste Steinbrück schnell neuen Mut. Er freute sich über sein gelungenes Comeback im Bonner Ministerialdienst, auch wenn er zunächst nur als Hilfsreferent anfing. Entscheidend für ihn war, dass er die erste Niederlage oder, besser gesagt, den ersten wirklichen Rückschlag in seinem Leben überwunden hatte. Er musste kämpfen, ja, auch leiden, aber er gab nie auf und stand jetzt als Sieger da. Diese Erfahrung sollte er nie wieder vergessen. Sie stärkte auch bei späteren Rückschlägen seinen unbedingten Willen, sich nicht unterkriegen zu lassen und so lange weiterzukämpfen, bis aus den Niederlagen irgendwann wieder Siege wurden.

Im Planungsstab des Bundesforschungsministeriums feilte Steinbrück ab 1975 an Strategievorschlägen und Redeentwürfen für die Hausleitung. Eines der Topthemen, damals wie heute, war der Stellenwert der forschenden Unternehmen für die industrielle Entwicklung in Deutschland. Steinbrück arbeitete viel, doch es waren nicht die sorgfältig formulierten Vermerke, die den Blick des damaligen Forschungsministers Hans Matthöfer auf den neuen Hilfsreferenten lenkten. Vielmehr fiel Steinbrück erst auf, als er bei einer voll besetzten Veranstaltung in der Friedrich-Ebert-Stiftung seinen Minister in aller Öffentlichkeit mit sachkundigen und wohl auch recht unbequemen Fragen nervte. Nach der dritten Wortmeldung beugte sich Matthöfer stirnrunzelnd zu einem Referenten hinüber und fragte, wer denn um Himmels willen dieser hartnäckige Fragesteller im Publikum sei. »Das ist ein Mitarbeiter aus Ihrem Ministerium«, lautete die Antwort. »Dann will ich den in meinem Stab haben«, ordnete Matthöfer kurz entschlossen an. »Holt ihn ins Zelt, damit er künftig rauspinkelt und nicht rein.«

Und so geschah es. Kurz darauf wurde Steinbrück persönlicher Referent des Ministers und rückte damit in den innersten Kern der politischen Machtausübung vor. Von allen Spitzenpolitikern, denen Steinbrück fortan dienen sollte, hat er Hans Matthöfer vermutlich am meisten geschätzt. Der gebürtige Bochumer kam aus einfachen Verhältnissen, war Soldat im Weltkrieg gewesen, machte danach über den zweiten Bildungsweg seine Ausbildung als Ökonom, fügte ein englisches Übersetzerdiplom hinzu und arbeitete lange für die Gewerkschaftsbewegung, ehe er 1961 in den Bundestag einzog. Im Gegensatz zu vielen Genossen schaute Matthöfer aufgrund mehrjähriger Tätigkeit auch in Washington und Paris über den heimischen Tellerrand hinaus. Das imponierte Steinbrück, dem die Neigung der deutschen Politik zur nationalen Nabelschau schon früh aufgestoßen war. Matthöfer stand nicht zuletzt auch wegen seines Weitblicks und seiner Integrität bei den Kanzlern Willy Brandt und Helmut Schmidt hoch im Kurs.

Allerdings dauerte die Zusammenarbeit nicht lange, denn bei der Kabinettsumbildung im Frühjahr 1978 übernahm Matthöfer auf Wunsch von Kanzler Schmidt das Finanzressort. Obwohl Matthöfer Peer Steinbrück schätzte, nahm er ihn nicht mit in das neue Ministerium, sondern setzte dort auf Leute, die das Haus schon besser kannten. So blieb Steinbrück im Forschungsressort und wurde als persönlicher Referent von dem neuen Minister übernommen. Der hieß Volker Hauff, war zuvor Staatssekretär gewesen und hatte seinem Adlatus Steinbrück bereits vertraut, als an diesem noch der Makel des »Sicherheitsrisikos« haftete.

Der Job eines persönlichen Referenten, den Steinbrück über Jahre hinweg bei drei Ministern ausübte, ist eine spannende, mitunter jedoch sehr undankbare Aufgabe. Man ist von morgens früh bis abends spät mit dem Minister unterwegs, bekommt hinter den Kulissen der großen Politik viel mit, muss aber immer im Hintergrund bleiben und wird trotzdem für alles verantwortlich gemacht. Zusammen mit dem Ministerbüro koordiniert man die vielen Gesprächs- und Rückrufwünsche, die so im Laufe des Tages eintreffen, und wimmelt alle ab, die nicht als wichtig genug erscheinen. Außerdem muss täglich ein nicht enden wollender Strom von Akten und Nachrichten aufbereitet werden und auch auf Reisen quer durchs Land stets verfügbar sein.

Spitzenpolitiker verlangen eine perfekte Organisation von ihrem Stab. Ihre Terminkalender sind vollgepresst bis oben hin. Schon bei einer unvorhergesehenen Verzögerung oder Abweichung kann der ganze Tagesplan durcheinandergeraten. Zudem stehen die meisten Minister unter Daueranspannung. Störungen jedweder Art werden in der Regel nicht besonders freundlich aufgenommen. Der persönliche Referent ist derjenige, der am nächsten dran ist und den Unmut des Chefs als Erster zu spüren bekommt. Man ist in einer solchen Funktion alles: Ratgeber und Vertrauter, Blitzableiter und Problemlöser, Kummerkasten und Kofferträger. Dabei muss »der Persönliche«, wie diese Leute intern verkürzt genannt werden, äußerst klug sein, fleißig und stressresistent. Und ständig den Überblick behalten, sonst geht er unter. Vor allem aber braucht er eine hohe Frustrationstoleranz und darf nur geringe Ansprüche an die eigene Freizeitgestaltung stellen. Anrufe und Aufträge am Wochenende bilden die Norm und nicht die Ausnahme. Das CSU-Urgestein Michael Glos hat die Anforderungen an einen persönlichen Referenten in seiner unnachahmlichen Art einmal so beschrieben: »Für den Job brauchen Sie ein Gemüt wie ein Fleischerhund.«

Die nötige Energie und Nervenstärke hat Steinbrück seit jeher besessen, und offenbar brachte er die anderen erforderlichen Eigenschaften ebenfalls mit, um als langjähriger »Persönlicher« den hohen Ansprüchen der Spitzenpolitiker zu genügen. Als ein »Diener« seiner Minister will er sich allerdings nie gesehen haben, auch später nicht als Büroleiter des NRW-Ministerpräsidenten Johannes Rau. Auf die Frage »Können Sie dienen?« schüttelt Steinbrück heute noch entschieden den Kopf. Nein, er hat sich nie als Diener gesehen, das entsprach offenbar zu keiner Zeit seinem Selbstverständnis. Er war zwar Bundeswehroffizier und hat Befehle befolgt, und er war auch lange persönlicher Referent und Büroleiter, aber das Wort »dienen« mag Steinbrück trotzdem nicht, das klingt ihm zu servil. Ebenso kann er der Wortkombination »Staatsdiener« für Beamte nur wenig abgewinnen. Das würde ja bei strenger Auslegung bedeuten, völlig unkritisch zu sein, ohne eigene Meinung und ohne eigenen Kopf zu arbeiten. Nein, so hat er seine Karriere im Staatsdienst nie verstanden, und so hat er es selbst nie gehalten. Wenn Steinbrück rückblickend auf seine Jahre als Beamter schaut, dann ordnet er sich eher als sachkundigen Helfer ein, als Zuarbeiter und gelegentlichen Ratgeber. Natürlich habe er sein gesamtes Zeitbudget nach dem jeweiligen Minister ausgerichtet und bis in die Nacht hinein geschuftet, ja, das stimme. Doch so wenig er sich damals als Mitarbeiter des inneren Machtzirkels in der Rolle eines »Mitregierenden« oder gar als Teil der Herrschenden gefühlt hat, so wenig verstand er sich in dieser Zeit auch als bloßer Diener.

Bei Volker Hauff blieb Steinbrück bis Juni 1978. Dann wurde er ins Kanzleramt entsandt, um dort im »Spiegelreferat« des Bundesministeriums für Forschung und Technologie zu arbeiten. Man kann diesen Wechsel durchaus als eine Art Beförderung verstehen, denn die jeweiligen Ressorts schicken nur ihre besten Leute in die Schaltzentrale des Regierungschefs. Das Kanzleramt ist so organisiert, dass es alle Fachministerien der Bundesregierung vom Familien- bis zum Finanzressort »widerspiegelt«. Deshalb werden die jeweiligen Abteilungen auch »Spiegelreferate« genannt. Durch diesen Verwaltungsaufbau verfügt der Regierungschef in allen Politikbereichen über eigene Beamte und damit über eigene Expertisen, die ihn unabhängig machen von der Zuarbeit der Ministerien. Helmut Kohl hat zwar einmal darüber geklagt, dass die Ministerialräte bei der Umsetzung politischer Ideen die schlimmsten Widersacher seien. In Wahrheit jedoch ist das Kanzleramt eine gut geölte Machtmaschine, in der nur die besten Leute der jeweiligen Administration arbeiten.

Als Steinbrück sein Büro im Kanzleramt einrichtete, hieß der Hausherr dort Helmut Schmidt. Der Hamburger war wegen seiner ungeheuren Energie, Detailkenntnis und Akribie beim Aktenstudium zwar geachtet, aber bei den Mitarbeitern des Amtes auch gefürchtet. Es dauerte ein gutes halbes Jahr, bis Steinbrück Anfang 1979 das erste Mal persönlich bei Schmidt vorsprechen musste. Zuvor hatte er bereits an einigen Vermerken mitgearbeitet, die auf dem Tisch des Kanzlers landeten. Und auch bei Kabinettssitzungen konnte er Schmidt schon erleben, wenn er dort Protokoll führen musste. Jetzt wollte der Chef jedoch persönlich Rücksprache halten, und das ist ein besonderer Moment für jeden Mitarbeiter des Kanzleramts.

Richtigen Bammel habe er nicht gespürt, versichert Steinbrück rückblickend, wohl aber »gehörigen Respekt«. In seinem Spiegelreferat für Forschung und Technologie ging es damals unter anderem um die Themen Kernenergie, Hochtemperaturreaktoren sowie um die Entsorgung des Nuklearabfalls – eine bis heute ungelöste und höchst kontroverse Frage. Schmidt brauchte von Steinbrück eine fachliche Vorbereitung für eine Bund-Länder-Konferenz der Regierungschefs, bei der unter anderem die Entsorgungsfrage auf der Tagesordnung stand. Der Widersacher des Kanzlers in dieser brenzligen Sache war zu jener Zeit der niedersächsische Ministerpräsident Ernst Albrecht, der Vater der heutigen Bundesarbeitsministerin Ursula von der Leyen. Der CDU-

Politiker nutzte wegen des Standorts Gorleben jede Chance, um sich mit dem sozialdemokratischen Kanzler öffentlich zu streiten, was dem wiederum ziemlich auf die Nerven ging.

Schmidt war also nicht gerade bester Laune, als er sich auf den Weg zur Bund-Länder-Konferenz nach Niedersachsen machte. Er studierte das Briefing erst im Flugzeug, und Steinbrück saß in gehörigem Abstand ein paar Reihen weiter und wartete. Als der Kanzler ihn rief und gezielte Nachfragen zum Entsorgungsthema stellte, fühlte Steinbrück sich arg auf die Probe gestellt. Schmidt machte seinem legendären Ruf als detailbesessener Aktenfresser wieder einmal alle Ehre. »Er hat mich regelrecht examiniert«, berichtete Steinbrück später über diese erste Begegnung. Er habe sich bemüht, die Fragen des Kanzlers so knapp und präzise wie möglich zu beantworten. Langatmige Ausführungen, so hatte man ihn vorher gewarnt, könne Schmidt nicht ausstehen. Als der Regierungschef dann eine längere Zeit schwieg, dachte Steinbrück, die Unterredung sei zu Ende. Er erhob sich, um zu gehen, doch Schmidt blickte nur kurz von der Akte auf und fragte: »Wer hat Ihnen gesagt, dass Sie aufstehen können?«

Die zweite Begegnung fand im Büro des Kanzlers im Beisein ausländischer Gäste statt. Wahrscheinlich ging es um forschungspolitische Fragen, Steinbrück weiß es heute nicht mehr. Woran er sich hingegen noch genau erinnert, war, wie gut Schmidt improvisieren konnte. Der Kanzler hatte aus Zeitmangel das Briefing für den Besuchstermin nicht lesen können. Das Papier lag unberührt vor ihm auf den Tisch. Schmidt umsorgte seine Gäste mit großer Freundlichkeit, ließ sie reden und vermittelte ihnen das Gefühl, den Lauf des Gesprächs zu bestimmen. In der Zwischenzeit überflog der von Tabakqualm umhüllte Kanzler, wie Steinbrück beobachten konnte, unauffällig mit einem halben Auge das Briefing. Als er damit fertig war, stellte er die zwei, drei entscheidenden Fragen, gab sein Statement ab und dann – zack, zack – waren die Besucher schon wieder draußen. Da Steinbrück die Leute zum Ausgang begleitete, erhielt er ein unmittelbares Feedback. Man war tief beeindruckt, wie gut der deutsche Regierungschef über alles informiert war und wie liebenswürdig er doch die ausländischen Besucher empfangen hatte.

Nach knapp vier Jahren im Kanzleramt ereilte Steinbrück, der 1978 in das Beamtenverhältnis übernommen worden war, die sogenannte »Kinderlandverschickung«. Damit wird im Beamtenjargon ironisch die zeitweilige Versetzung auf einen anderen Dienstposten beschrieben, weil es eine befristete Vakanz zu füllen gilt. Für Steinbrück bedeutete das 1981 eine halbjährige Entsendung nach Ostberlin in die Ständige Vertretung der Bundesrepublik Deutschland. Viel ist ihm aus dieser grauen Zeit in der tristen »Hauptstadt der DDR« nicht mehr in Erinnerung geblieben. An den Wochenenden flog er, wann immer es ging, zurück nach Bonn zu seiner Familie.

Einmal während seiner Zeit in der DDR besuchte er, weil in der Wirtschaftsabteilung der Ständigen Vertretung eingesetzt, die Leipziger Messe. Der Rückstand der Ostblockwaren gegenüber den Westangeboten fiel ihm sofort ins Auge. Man müsse blind gewesen sein, um das zu übersehen, behauptet er heute. Im Gegensatz zu manchen linken Sozialdemokraten in Westdeutschland zeigte sich Steinbrück jedenfalls seit seinem Einsatz in Ostberlin völlig desillusioniert von der Fortschrittsfähigkeit des Sozialismus. Eindrücklich spürte er auch die bleierne Stimmung bei den DDR-Bürgern. Der gesellschaftliche und wirtschaftliche Mehltau, der sich unter der Altherrenriege der SED mit Erich Honecker an der Spitze über das Land gelegt hatte, verfehlte seine

Wirkung auf den Bonner Beamten nicht. Wenn Steinbrück heute die Politikunfähigkeit der SED-Nachfolgepartei »Die Linke« in scharfen Worten geißelt und jedes rot-rote Gedankenspiel ablehnt, dann hat das auch mit seinen deprimierenden Erfahrungen in Ostberlin zu tun.

Im Herbst 1981 erhielt er dann den Rückruf in sein »Stammhaus«. Der neue sozialdemokratische Forschungsminister Andreas von Bülow wollte erfahrene Mitarbeiter um sich scharen und bat Steinbrück darum, erneut als persönlicher Referent in das BMFT zurückzukehren. Die vorausgegangene Bundestagswahl im Oktober 1980 hatte in einem emotionsgeladenen Wahlkampf gegen den Unionsspitzenkandidaten Franz Josef Strauß zwar zu einer Bestätigung der sozialliberalen Koalition geführt, doch es knisterte bereits hörbar im Gebälk des rot-gelben Regierungsbündnisses.

Steinbrück arbeitete noch gut eineinhalb Jahre für Andreas von Bülow bis zum Ende der Regierung Schmidt im Spätsommer 1982. Dem Spross eines mecklenburgischen Adelsgeschlechts gelang in dieser Zeit nicht mehr viel. Das lag zum einen daran, dass die auseinanderdriftende Koalition mehr und mehr mit internen Streitigkeiten beschäftigt war und sachpolitische Entscheidungen kaum noch getroffen wurden. Zum anderen konnte in einem politischen Querschnittsthema wie Forschung und Technologie nur dann etwas bewegt werden, wenn die für die Bildungs- und Wissenschaftspolitik zuständigen Länder mitzogen. An ihnen hängen nämlich in aller Regel auch die Hochschulen, ohne deren Kooperation wiederum kein Bundesforschungspolitiker etwas in Gang setzen kann. Dem Minister von Bülow blieb da nur wenig Spielraum: Gegen Ende der sozialliberalen Koalition war eine fruchtbare Zusammenarbeit des Bundes mit den unionsgeführten Ländern kaum noch möglich.

Außerdem lag Andreas von Bülow das neue Ressort nicht wirklich. Der promovierte Jurist hatte zuvor das Verteidigungsministerium geführt und interessierte sich wesentlich mehr für Außen- und Sicherheitspolitik und später für die Geheimdienste. So veröffentlichte er nach seinem Ausscheiden aus der Politik mehrere Sachbücher über verdeckte Operationen von BND, CIA und anderen Diensten. Eines der Bücher gipfelt in der These, die US-Regierung habe die Anschläge auf das World Trade Center am 11. September 2001 geplant und vom CIA und Mossad ausführen lassen. Seitdem gilt von Bülow als sensationsheischender Verschwörungstheoretiker.

Steinbrück fühlte in jener Zeit als von Bülows persönlicher Referent schon, dass es mit der Regierung Schmidt allmählich bergab ging – nicht nur weil im eigenen Ministerium nicht mehr viel passierte. In den Reihen der Sozialdemokraten mehrten sich Anfang der Achtzigerjahre laute Klagen über den liberalen Koalitionspartner, der unverkennbar die Auseinandersetzung mit der SPD suchte. Bereits 1981 sorgte ein Brief von Außenminister Hans-Dietrich Genscher an die FDP-Mitglieder für Aufregung. Darin stimmte er die Liberalen unverblümt auf bevorstehende Konflikte mit der SPD in wirtschafts- und sozialpolitischen Fragen ein. Mit dem berühmten Lambsdorff-Papier, das am 6. September 1982 in Auszügen in der *Bild*-Zeitung erschien, wurde dann die Trennung eingeleitet. In seinem »Konzept für eine Politik zur Überwindung der Wachstumsschwäche und zur Bekämpfung der Arbeitslosigkeit« hatte der damalige FDP-Wirtschaftsminister Otto Graf Lambsdorff in plakativer Form einen wirtschaftsliberalen Forderungskatalog zusammengestellt, der von der SPD als gezielte Provokation verstanden wurde. Letzten Endes ging das vom damaligen Abteilungsleiter und späteren

Bundesbankpräsidenten Hans Tietmeyer konzipierte »Lambsdorff-Papier« als Scheidungsurkunde der sozialliberalen Koalition in die Geschichte ein.

Es lohnt sich durchaus, das Papier heute noch einmal zu lesen und mit Passagen aus Peer Steinbrücks Buch *Unterm Strich* zu vergleichen. Dabei merkt man schnell, dass die Problemanalyse sowie die Lösungsempfehlung von Lambsdorff 1982 und Steinbrück 2011 gar nicht so weit auseinanderliegen: Eine zunehmende Verschuldung des Staates, die Ausweitung der Sozialleistungen bei gleichzeitiger Anhebung der Tarifgehälter, die Steigerung der Lohnnebenkosten, die wachsende Bürokratisierung und die Vernachlässigung des investiven Anteils der Staatsausgaben galten damals wie heute als Grund für vermindertes Wachstum und steigende Arbeitslosigkeit. Auch die Gegenrezepte ähneln sich: Stabilisierung der Lohnnebenkosten, Absenkung der Zumutbarkeitsgrenzen für Arbeitslose, Erhebung eines Eigenanteils der Versicherten an den explodierenden Gesundheitskosten, Verlängerung der Lebensarbeitszeit, Anpassung der Rentenformel an die steigende Zahl der Rentner, Flexibilisierung der Arbeitszeit, Konsolidierung der Staatsfinanzen und Verringerung der Staatsquote – all diese Empfehlungen des »Lambsdorff-Papiers« von 1982 waren auch Bestandteil der rot-grünen Agenda 2010 sowie der Regierungspolitik der Großen Koalition unter Mitwirkung von Peer Steinbrück. Der Ökonom und Publizist Albrecht Müller, einst Redenschreiber von Karl Schiller und dann SPD-Bundestagsabgeordneter, kam schon 2004 im Streit um die Agenda 2010 bei der neuerlichen Lektüre des »Lambsdorff-Papiers« zu dem Schluss, dass »unsere heutigen Modernisierer die eigentlichen Traditionalisten sind« (Albrecht Müller/Wolfgang Lieb, *Nachdenken über Deutschland*). Steinbrück würde dieser Auffassung heute allerdings energisch widersprechen. Damals jedoch verstand und empfand er die Streitschrift von Lambsdorff als Kriegserklärung an die SPD.

Als im Spätsommer 1982 die sozialliberale Ära schließlich zu Ende geht, landet der Referent Steinbrück mit dem SPD-Parteibuch »postwendend in der Tiefgarage«, wie er sich knurrend erinnert. Wirklich erstaunlich ist das nicht: Nach der Wahl von Helmut Kohl zum Bundeskanzler veranstalten die neuen Amtsinhaber in den übernommenen Bundesministerien erst einmal eine »Nacht der langen Messer«. Sämtliche sozialdemokratischen Abteilungsleiter werden ohne weitere Begründung in den einstweiligen Ruhestand versetzt. Auch die Referenten der früheren Minister und Staatssekretäre und andere politisch exponierte Mitarbeiter können nicht auf Gnade hoffen. Das ist zwar nicht ungewöhnlich bei Regierungswechseln, jedoch wird nach der Wende 1982 seitens der Union besonders gründlich aufgeräumt. Die lange, karge Wartezeit in der Opposition hat offenkundig einen wahren Heißhunger auf die Fleischtöpfe der Macht entfesselt.

Steinbrück steht wieder einmal vor der Tür. Das bisherige Büro wird von seinem Nachfolger besetzt, und die neue Hausleitung hat »vergessen«, ihm einen anderen Arbeitsplatz zuzuweisen. Drei Monate lang kümmert sich niemand um ihn. Er könnte genauso gut zu Hause Däumchen drehen – den neuen Führungsleuten im Ministerium scheint das egal zu sein. Die haben einfach kein Interesse mehr an ihm.

Was für andere in seiner Lage Anlass für eine Zäsur wäre, nimmt Steinbrück zähneknirschend hin. Acht Jahre lang hat er als Referent gearbeitet, ja geschuftet, sich viele Abende und Wochenenden mit drei Ministern um die Ohren geschlagen. Eine besondere Beförderung ist nicht dabei herausgesprungen. Sein

Parteibuch hat ihm geholfen, gewiss, aber eine Blitzkarriere sieht anders aus. Und jetzt ist er wieder bei null angelangt. Zudem ahnt Steinbrück, dass die SPD so schnell nicht wieder aus der Opposition herausfinden wird. Und als Sozialdemokrat kann er kaum auf einen weiteren Aufstieg hoffen – zumindest nicht im Bonn von Helmut Kohl.

Was also tun? Etwas Neues versuchen außerhalb der Politik? Er ist ja erst 35 Jahre alt, hat ein glänzendes Diplom in der Tasche und gilt als heller Kopf. Warum nicht bei einer Bank oder Versicherung anheuern oder bei einem der großen Beratungsunternehmen? Viele in seiner Situation würden wohl darüber nachgedacht haben, nicht so Steinbrück. Er habe keinen einzigen Gedanken daran verschwendet, etwas anderes zu machen, versichert er später. Ganz im Gegenteil: Die Politik hat ihn gepackt, und er ist bereits so tief in diese Leidenschaft eingetaucht, dass er sich dazu überhaupt keine Alternative vorstellen mag.

Also schaut er sich während seiner wochenlangen Zwangspause nach einem neuen Job in der Politik um. Er hat schließlich gelernt, dass es selbst nach Niederlagen immer irgendwie weitergeht. Aufgeben – nein, undenkbar. Schließlich kommt er Anfang 1983 in der SPD-Bundestagsfraktion unter. Er wird wieder als Referent eingestellt und koordiniert in der Folge einen Arbeitskreis, der sich um Wirtschaft und Technologiefragen kümmert. Schnell aber merkt Steinbrück, dass eine andere Zeit begonnen hat. »Opposition ist Mist« – dieses schnörkellose Bekenntnis von Franz Müntefering gilt auch 1982 für die von der Regierungsbank vertriebene SPD. Ohne wirkliche Macht lässt sich eben keine einzige der vielen klugen Ideen umsetzen, die Steinbrück und andere in ihren Papieren für die Fraktion entwickeln. Auf Dauer arbeitet man in der Opposition für den Papierkorb. Für einen Machertypen wie ihn wirkt das frustrierend. Außerdem ist Steinbrück dem Rang nach immer noch Referent, obwohl er seine Beamtenlaufbahn eines Tages mit der höchstmöglichen Dienststufe zu krönen beabsichtigt und als Staatssekretär in Pension gehen will. Doch alle seine schönen Pläne scheinen mit einem Mal weit weg und lösen sich in Luft auf. Die politische Perspektivlosigkeit in Bonn nagt an dem ehrgeizigen Sozialdemokraten.

Also hörte er sich in den Regionen um, in denen die SPD noch regierte. Die einfachste Möglichkeit stellte Nordrhein-Westfalen dar. Zum einen war die Politik im bevölkerungsreichsten Bundesland nicht ganz so provinziell wie in den kleinen Ländern oder gar in den Stadtstaaten, wo sich das Regieren zumeist auf die Lokalpolitik beschränkte. Zum anderen lag die Landeshauptstadt Düsseldorf fast vor der rheinischen Haustür. Da die Familie Steinbrück sich im Laufe der Jahre in Bonn eingelebt hatte und dort auch bleiben wollte, spielte die Entfernung zum neuen Dienstort eine große Rolle. Nach gut eineinhalb Jahren in der SPD-Bundestagsfraktion quittierte Steinbrück seinen Dienst, um ein Angebot im Düsseldorfer Landesministerium für Umwelt, Raumordnung und Landwirtschaft anzunehmen. Jetzt war er wenigstens wieder in der Regierung angelangt und schmorte nicht länger in der Opposition.

Im sozialdemokratisch regierten Nordrhein-Westfalen nahm seine Karriere Fahrt auf. Die auf der Bundesebene gesammelten Erfahrungen kamen Steinbrück im etwas weniger hektischen Landesdienst sehr zupass. Er hatte auf dem glatten Bonner Parkett eine Menge gelernt und fiel damit in Düsseldorf, wo nicht ganz so scharf geschossen wurde, sofort als Überflieger auf. Nach nur einem Jahr hatte sich das bis zum Ministerpräsidenten herumgesprochen. Johannes Rau, eher Seelenleser und Menschenfänger als Administrator und Politikmanager, suchte 1986 händeringend einen Büroleiter, der ihm den Laden organisierte und den Rücken freihielt. Das war auch bitter nötig. Zum einen war Rau neben seinem Amt als Ministerpräsident lange Jahre stellvertretender Bundesvorsitzender der SPD. Zum anderen fuhr »Bruder Johannes« am liebsten kreuz und quer durch das weitläufige Land und sprach wie ein Prediger zu den Leuten. Das Aktenstudium am Schreibtisch schätzte der Landesvater alten Stiles weit weniger, was allerdings seiner enormen Popularität keinen Abbruch tat.

Jemand wie Steinbrück kam dem Büroflüchtling und Aktenhasser Johannes Rau deshalb gerade recht. Mit seinen Erfahrungen als persönlicher Referent von drei Bundesministern und als Mitarbeiter des Kanzleramts hatte der effiziente und fleißige Hamburger das Büro des Ministerpräsidenten in Düsseldorf schnell auf Vordermann gebracht.

Fast vier Jahre lang blieb Steinbrück bei Rau, bis 1990. Für einen Beamten eigentlich keine große Zeitspanne, doch in Steinbrücks Karriere stellte es die bislang längste Verwendung dar. In der Rückschau ist das eher erstaunlich, denn Rau und Steinbrück waren vom Charakter her gänzlich unterschiedliche Typen. In Düsseldorf lernte der kühle und distanzierte Norddeutsche, wie man als Politiker an Rhein und Ruhr auf die Menschen zugeht. Er sah, dass ein paar persönliche Worte, ein freundliches Lachen und ein fröhlich erzählter Witz politische Anliegen oft besser rüberbringen konnten als ein perfekt ausgearbeiteter Aktenvermerk.

Rau war, wie Steinbrück sagt, ein »begnadeter Witzeerzähler«. Er arbeitete wie kaum ein anderer die Pointen heraus und verfügte über einen unendlichen Fundus. Der Ministerpräsident benutzte Witze im Übrigen auch, um seinen Gesprächspartnern etwas zu signalisieren, zu übermitteln. Etwa was man in bestimmten Situationen tun oder besser lassen sollte. Er liebte diese Art von pädagogischer Unterweisung. Es waren kleine Botschaften, fein verpackt in Humor.

Nicht jeder allerdings verstand seine Art. Mancher Besucher von Rau klagte später, dass er lieber Klartext mit ihm gesprochen hätte – ein Wunsch, den der Klartext-Liebhaber Steinbrück gut nachvollziehen konnte. Die Neigung von Rau, sich in offenen Situationen ins Ungefähre zu flüchten oder in ausführlich erzählte Anekdoten auszuweichen, war im Arbeitsalltag nicht immer leicht zu ertragen. Außerdem hatte die ständige Nähe zu Rau für seinen Büroleiter den Nachteil, dass er nach und nach die meisten Witze des Chefs kannte. Zudem konnte der Ministerpräsident »sich dranhalten«, wie man im Rheinland sagt. »Er fand beim Witzeerzählen gelegentlich nur schwer ein Ende«, räumte Steinbrück einmal ein.

Zur echten Belastungsprobe entwickelte sich der Ausflug des Ministerpräsidenten in die Bundespolitik. Steinbrück wurde Zeuge, wie sich ein chancenloser Johannes Rau bei der Bundestagswahl 1987 als Spitzenkandidat aufrieb und dennoch klar gegen Helmut Kohl unterlag. In seinem Buch schreibt Steinbrück, dass dieser Wahlkampf »an einer fehlenden konkreten Machtperspektive« gescheitert sei. Rau konnte nicht auf die FDP als Koalitionspartner zählen, da die Liberalen nach der Wende 1982 fest an der Seite der Union standen. Das Verhältnis der SPD zu den Grünen war zu der Zeit äußerst angespannt, an eine Koalition im Bund war nicht zu denken. Das Wahlziel, Bundeskanzler zu werden, ließ sich also nur erreichen, wenn Rau die SPD zur stärksten Partei gemacht hätte. Lediglich eine Legislaturperiode nach der Abwahl Helmut Schmidts ein unrealistisches Unternehmen.

Rau kämpfte also einen aussichtslosen Kampf – auch gegen Mutlosigkeit und Defätismus in den eigenen Reihen. Berühmt-berüchtigt wurde eine ebenso spöttische wie hilflose Bemerkung von Willy Brandt. Der formulierte mitten im Wahlkampf 1987 den verhängnisvollen Satz: »42 Prozent sind auch ein schönes Ergebnis.« Am Ende wurden es bloß 37 Prozent. Steinbrück fällt über Brandts Kommentar in seinem Buch ein vernichtendes Urteil. Damit »brach die Strategie, in Ermangelung einer realistischen Alternative hochstapelnd auf Sieg zu spielen, in sich zusammen«. Heute, so fügt Steinbrück hinzu, wären »42 Prozent in der Tat ein sehr schönes Ergebnis«. Damit macht er klar, dass die Wahl 2013 für die SPD nur zu gewinnen ist, wenn sie über eine echte Machtperspektive, sprich: über einen oder besser zwei potenzielle Koalitionspartner verfügt.

Darüber hinaus beging die SPD auch nach 1987 immer wieder den Fehler, Kanzlerkandidaten aus den Ländern aufzustellen, obwohl diese im Bund entweder nicht genügend Erfahrung besaßen oder wie Rau aus anderen Gründen keine Chance hatten. Bei der Wahl im Vereinigungsjahr 1990 trat der saarländische Ministerpräsident Oskar Lafontaine an. Danach versuchte 1994 der rheinland-pfälzische Regierungschef Rudolf Scharping sein Glück, nachdem im Jahr zuvor der eigentlich designierte Björn Engholm von allen Ämtern zurückgetreten war. Keiner erreichte sein Ziel. Mit Ministerpräsidenten als Kanzlerkandidaten war der SPD nach Willy Brandt lange kein Erfolg mehr beschieden. Erst der Niedersachse Gerhard Schröder konnte 1998 das Blatt wieder wenden. Auch diese Erfahrung mag ein Grund dafür sein, dass sich die heutige Ministerpräsidentin von Nordrhein-Westfalen, Hannelore Kraft, und der Regierende Bürgermeister von Berlin, Klaus Wowereit, nach Kräften bemüht haben, nicht ernsthaft in die Debatte um die Kanzlerkandidatur für 2013 hineingezogen zu werden.

Nach der verlorenen Bundestagswahl 1987 kehrte Rau wieder nach Nordrhein-Westfalen zurück und widmete sich der Landespolitik. Er war enttäuscht, konnte aber nicht lange seine Wunden lecken. Die Krisen in der Montanindustrie, der Strukturwandel der Industrie und die schwierige Lage des hoch subventionierten Steinkohlebergbaus an der Ruhr forderten seine ganze Aufmerksamkeit. Steinbrück verharrte in dieser Zeit als Büroleiter wie gewohnt in der zweiten Reihe. Er lernte das Land kennen und knüpfte innerhalb der SPD viele Kontakte, dabei seiner angestammten Rolle als Ratgeber und Zuarbeiter treu bleibend. Noch.

Der lange erhoffte Anruf, der ihn endlich auf die oberste Karrierestufe befördern wird, erreicht ihn 1990 und kommt ausgerechnet aus Kiel. Zu jener Zeit regiert dort noch Björn Engholm als sozialdemokratischer Ministerpräsident. Die Welle des Barschel-Skandals von 1987 rollt zwar schon wieder auf die SPD zurück, aber die sogenannte »Schubladenaffäre«, die Engholms politische Laufbahn 1993 beenden sollte, ist noch nicht in Sicht. Die Kieler Landesregierung bietet Steinbrück an, Staatssekretär im Ministerium für Natur, Umwelt und Landesentwicklung zu werden.

Steinbrück nimmt das Angebot sofort an, muss gar nicht erst überlegen. Lange genug hat er zugearbeitet, beraten, sich im Hintergrund gehalten und als Beamter seine Pflicht getan. Jetzt ist er 43 Jahre alt und will endlich selbst entscheiden, selbst Politik machen und nicht nur die politischen Entscheidungen anderer umsetzen. Steinbrück sagt freudig zu – und beginnt einen neuen Lebensabschnitt. Aus dem Staatsdiener ist ein Politiker geworden.

KAPITEL 5

VOM BEAMTEN ZUM POLITIKER

Das »Land zwischen den Meeren«, wie Schleswig-Holstein gerne genannt wird, ist nicht gerade der Nabel der Welt. Zwar werden die Küsten an Nord- und Ostsee zu Recht als reizvolle Urlaubsziele geschätzt. Ansonsten aber besteht das zweitkleinste Flächenland der Bundesrepublik vor allen Dingen aus flachen Wiesen mit weitem Horizont und hohem Himmel. Die abgeschiedenen Geest- und Marschlandschaften entfalten einen eher spröden Charme, und die Menschen in dieser Gegend gelten als nüchtern und wortkarg. Bedingt durch die nördliche Randlage und die vergleichsweise dünne Besiedlung ist die Wirtschaftsstruktur schwach. Neben dem Agrarsektor und dem Fischfang dominieren Tourismus sowie Seehandel und Schiffsbau, während viele andere Erwerbszweige eine rückläufige Entwicklung aufweisen.

Wer unter diesen Bedingungen Politik machen will, braucht Ausdauer, Sturheit und den unbedingten Willen, den Reiz des Regierens im Mikromanagement zu finden. Peer Steinbrück kennt Schleswig-Holstein zur Genüge. Er weiß von Anfang an, worauf er sich einlässt. Dennoch wird er sich später über das »politische Klein-Klein auf Pepitaniveau« beklagen, das ihm die Arbeit in der Landeshauptstadt Kiel zunehmend verleidet habe. 1990 aber, als aus Kiel das erhoffte Angebot kommt, mit 43 Jahren Staatssekretär zu werden, gibt es für ihn kein Zögern. Er will etwas erreichen und Karriere machen, egal wo. Zudem gilt Ministerpräsident Björn Engholm zu dieser Zeit als kommender Mann der SPD. Als designierter Bundesvorsitzender der Sozialdemokraten strahlt »der schöne Björn«, wie der hedonistische Pfeifenraucher halb spöttisch, halb bewundernd genannt wird, über die Grenzen Schleswig-Holsteins hinaus politische Bedeutung und durchaus ein gewisses persönliches Flair aus.

Wie sehr Steinbrück ein öffentliches Amt im Kabinett von Engholm reizt, lässt sich schon an der Tatsache ablesen, dass er am 5. Mai 1990 noch als Büroleiter von Johannes Rau den *Kieler Nachrichten* ein Interview gibt, obwohl er erst im Juni als Staatssekretär im Kieler Ministerium für Natur, Umwelt und Landesentwicklung beginnen soll. Er kann es offenbar nicht abwarten, in der Öffentlichkeit in seiner neuen Position wahrgenommen zu werden.

Wie man sich als Politiker richtig in Szene setzt und bei den Bürgern beliebt macht, hat Steinbrück beim populären Landesvater Rau in Nordrhein-Westfalen ausgiebig studieren können. Und so versucht er gleich zu Beginn seiner Politikerkarriere, in der Presse ein paar freundliche Töne anzuschlagen. Den Lesern der größten Zeitung Schleswig-Holsteins teilt der künftige Staatssekretär Steinbrück freudestrahlend mit, dass seine Familie schon ein Haus in Kronshagen gekauft habe und sich »auf das Leben an der Küste« freue. Ob das Gertrud Steinbrück, die sehr an Bonn und dem Rheinland hängt, ebenfalls so gesehen hat, darf bezweifelt werden. Am Anfang ihrer Beziehung setzte sie ja bekanntlich durch, dass ihr Künftiger in die alte Bundeshauptstadt umzog. Dieses Mal aber kann die passionierte Rheinländerin die Wahl des Wohnorts nicht zu ihren Gunsten entscheiden. Schließlich geht es bei ihrem Mann nicht mehr darum, zwischen einem Assistentenjob in Kiel oder einem Referentenposten in Bonn zu wählen. Jetzt wird er Staatssekretär, und da bleibt ihr nichts anderes übrig, als die Koffer zu packen und mit der ganzen Familie in den hohen Norden ziehen.

In diesem ersten Interview mit den *Kieler Nachrichten* präsentiert sich das künftige Kabinettsmitglied Steinbrück bereits als heimatverbundener Musterknabe. Auf die kritische Frage, was ihn als gebürtigen Hamburger mit Karrierestationen in Bonn und Düsseldorf eigentlich mit Schleswig-Holstein verbinde, antwortet er geradezu vorbildlich: »Ich habe in Kiel studiert, in Travemünde meinen Keuchhusten auskuriert, in der Schlei bei Arnis das Schwimmen gelernt und auf Föhr zum ersten Mal ein Mädchen geküsst.« Hut ab, kann man da aus medialer Sicht nur sagen, keine schlechte Botschaft für den Anfang! Noch bevor Steinbrück in Kiel überhaupt eingetroffen ist, empfiehlt er sich seinen künftigen Mitbürgern bereits als nordelbischer Lokalpatriot.

Wie eng indes der Horizont seiner ersten Aufgabe gesteckt ist, lässt sich in dem Interview auch schon erkennen. Ob er für Müllverbrennung oder Recycling sei, lautet eine der Fragen. Das Thema ist zu dieser Zeit nicht ohne Brisanz. Anfang der Neunzigerjahre tobt um die Abfallpolitik fast ein Glaubenskrieg. Der Sinn und Unsinn von Mülltrennung und gelben Tonnen wird in Talkshows und Stammtischrunden leidenschaftlich diskutiert. Vorsichtig redet sich Steinbrück in dem Zeitungsgespräch deshalb um eine klare Antwort herum: »Ich bin kein Pyromane«, antwortet er dem Reporter ausweichend. »Aber bei solchen wichtigen umweltpolitischen Themen will ich jetzt nicht naseweis sein und Patentrezepte liefern. Ich höre erst einmal zu und rede viel mit meinem Minister.«

Doch so brav, wie er sich da gab, sollte Steinbrück dann nicht agieren. Sein Chef, der schleswig-holsteinische Umweltminister

Berndt Heydemann, war eher Wissenschaftler als Politiker und gilt bis heute als philosophischer Kopf und umweltpolitischer Vordenker. Der parteilose Hochschullehrer und Autor zahlreicher Sachbücher hatte nach einer Gartenbaulehre Zoologie, Botanik, Biologie, Chemie, Physik und Ökologie studiert und 1953 über die agrarökologische Problematik promoviert. Heydemann sprach bereits zu einer Zeit über Umweltschutz, als die Flüsse in Deutschland von Bauern und Fabrikanten noch als natürliche Kloaken benutzt wurden und sich niemand darüber aufregte. Schon 1956 begründete er an der Universität Kiel das Fach »Biologische Küstenforschung/Angewandte Ökologie«.

Als die SPD 1988 die Wahl in Schleswig-Holstein gewann, holte Björn Engholm den grünen Avantgardisten gleich als Umweltminister in sein Kabinett. Leider stieß der Professor mit den gewellten schlohweißen Haaren in den Niederungen der Landespolitik schnell auf Widerstand. Vor allem Landwirte und Fischer wollten von seinen Umweltschutzplänen oft nichts wissen. Obwohl bei diesen Debatten viel Ignoranz im Spiel war, konnte es sich in einem Land wie Schleswig-Holstein die Regierung nicht auf Dauer leisten, mit wichtigen sozialen Gruppen wie den Bauern und Seeleuten über Kreuz zu liegen. Die Landbevölkerung stellte schließlich die Mehrheit. Auch die Wirtschaft beschwerte sich, weil der erhöhte Umweltschutz ihr mühsame und vor allen Dingen kostspielige Verhaltensänderungen abverlangte.

Für Peer Steinbrück ging vieles, was in seinem Ministerium mit Billigung des intellektuellen Chefs erdacht und verfügt wurde, in die falsche Richtung. Schnell gerieten der visionäre Minister und sein nüchterner, mitunter hemdsärmeliger Staatssekretär aneinander. »Der Minister und ich sind übereingekommen, dass wir gemeinsam den Zwang zum Erfolg haben«, erklärte Steinbrück schon zu Beginn seiner Amtszeit merkwürdig gestelzt. Tatsächlich gab es in der alltäglichen Zusammenarbeit recht schnell Ärger. Das lag an den grundverschiedenen Persönlichkeiten von Minister und Staatssekretär, vor allem aber am unterschiedlichen Politikstil. Steinbrück empfand das Wirken seines Chefs als missionarisch und mitunter lebensfremd – überhaupt entsprach das ganze Denken von Heydemann nicht seinem Empfinden. Er hatte in der Bonner Ministerialbürokratie gelernt, dass Politik nicht nur aus schönen Vorschlägen und guten Vorsätzen besteht. Vielmehr liegt zwischen der ersten politischen Idee und einem gültigen Gesetz ein langer, steiniger Weg. Gegner müssen mühsam überzeugt, Mehrheiten geduldig erkämpft werden. Und selbst wenn das Gesetz am Ende einer langen Debatte endlich erlassen ist, muss es von der Administration noch umgesetzt und in das wirkliche Leben der Bürger übertragen werden.

Steinbrück war das ganze Vorgehen in Heydemanns Ministerium zu kleinteilig. Der Umweltschutz wurde in immer detailliertere Verwaltungsregeln und Durchführungsverordnungen aufgespalten. Er empfand das als lebensfremd. Die Kontrollpflichten der Landesämter und kommunalen Stellen wuchsen ständig an. »Mensch, wer soll das alles verstehen, befolgen und am Ende noch umsetzen?« Solche Fragen gingen dem frisch ernannten Staatssekretär durch den Kopf, wenn er die immer zahlreicheren und komplizierteren Vorschriften las, die in seinem Ministerium erlassen wurden. Vor allen Dingen stellte er sich die Frage, ob ein Umweltschutz, der nur in Gesetzbüchern steht, überhaupt beherzigt und akzeptiert würde.

Steinbrück ist heute vor allem als ehemaliger Bundesfinanzminister und Kenner weltökonomischer Fragen bekannt. Das Image als »Kassenwart der Krise« prägt sein Profil. Umweltschutz hingegen zählt erkennbar nicht zu seinen politischen Kernanliegen.

In seinem fast 500 Seiten starken Buch *Unterm Strich* spielen grüne Themen praktisch keine Rolle. Auch Steinbrücks Verhältnis zu den Grünen war stets von einer Abneigung geprägt, die sich über Inhalte hinaus bis ins Habituelle erstreckt. Dennoch greift man zu kurz, würde man Steinbrück einfach nur als ökologischen Ignoranten abstempeln. Er hat sich im Laufe seines Berufslebens immer wieder mit Umweltthemen und ökologischen Fragen beschäftigt. Im Bauministerium spielte die Zersiedlung der Landschaft eine Rolle, im Forschungsressort die Atomkraft ebenso wie erneuerbare Energien und in Düsseldorf die ganze Palette der Landesumweltpolitik einschließlich der Bergbaufolgen. Auch in Kiel landete das gesamte Spektrum der Umweltpolitik auf seinem Schreibtisch: von Müllverbrennung über Hafenschlick bis hin zu Küstenschutz und Gülleverordnung.

Steinbrück legte schon immer großen Wert darauf, die Umweltfragen nicht losgelöst von anderen Politikfeldern zu betrachten, wie das seiner Meinung nach bei den Grünen und den Naturschutzverbänden zu oft geschieht. In der SPD-Bundestagsfraktion hatte er noch als Referent für Volker Hauff und den früheren Juso-Chef Wolfgang Roth das Thema »Arbeit und Umwelt« in ein gleichlautendes Konzept gegossen. Dieses Papier spiegelt bis heute viel von dem wider, was Steinbrück als sein umweltpolitisches Credo bezeichnen würde. Entscheidend ist für ihn die Frage, wie man eine Versöhnung und eine Verbindung von Ökonomie und Ökologie hinbekommt. Umweltschutz um seiner selbst willen lehnt er ab. Und wenn es um Arbeitsplätze und notwendige Infrastrukturen geht, neigt er als Sozialdemokrat und Wirtschaftspolitiker im Zweifel eher dazu, den Menschen Jobs zu verschaffen, als unberührte Naturreservate zu erhalten.

Vor diesem Hintergrund war in Kiel der Konflikt mit dem visionären Ökologieprofessor Berndt Heydemann programmiert.

Da auch andere Politiker dem Umweltminister zusetzten und der Rückhalt in den Reihen der SPD mit der Zunahme der Proteste gegen die neuen Umweltauflagen schwand, gab Heydemann Ende 1993 sein Amt auf. Deprimiert und desillusioniert von der Politik, zog er sich auf seine Lehrtätigkeit an der Universität Kiel zurück. Später klagte er darüber, dass ihm in der Regierungspartei die erforderliche Unterstützung versagt geblieben sei.

Sein Staatssekretär Steinbrück hatte schon vorher die Nase voll. Nach nicht einmal zwei Jahren verließ er 1992 das Kieler Umweltministerium und folgte dem Ruf, als Staatssekretär in das Ressort Wirtschaft und Verkehr zu wechseln. Ein Politikfeld, das ihm thematisch wesentlich mehr lag. Allein das Selbstverständnis des Hauses, als Anwalt der Wirtschaft und der Unternehmen im Land aufzutreten, war so recht nach Steinbrücks Geschmack.

Schon ein Jahr später stand der nächste Karrieresprung in der noch jungen Politikerlaufbahn an. Am 3. Mai 1993 trat Ministerpräsident Björn Engholm von allen politischen Ämtern zurück. Ihm wurde zur Last gelegt, in einem Untersuchungsausschuss zur Barschel-Affäre eine Falschaussage gemacht und wahrheitswidrig erklärt zu haben, dass er vor der Landtagswahl 1987 nichts über die Spitzeltätigkeit von Uwe Barschels Medienreferent Reiner Pfeiffer wusste. Es war nämlich herausgekommen, dass Engholms Sozialminister Günther Jansen an Pfeiffer rund 50 000 DM in bar gezahlt hatte. Angeblich habe der Minister nur helfen wollen, weil Pfeiffer infolge des Barschel-Skandals arbeitslos und bedürftig gewesen sei. Der ehemalige CDU-Ministerpräsident hatte im Wahlkampf eine Bespitzelung seines Kontrahenten Engholm in Auftrag gegeben und war nach Aufdeckung der Affäre unter bis heute nie ganz geklärten Umständen in der Badewanne eines

Genfer Hotels gestorben. Jansen gab nun an, das Geld in vielen Einzelspenden erhalten und in einer Schublade gesammelt zu haben, weshalb die Angelegenheit den Namen »Schubladenaffäre« erhielt und als »Waterkant-Gate« weit über Schleswig-Holstein hinaus Aufmerksamkeit erregte.

Auf Björn Engholm folgte Heide Simonis als erste Frau an der Spitze einer deutschen Landesregierung. Als neue Ministerpräsidentin trat sie gleich mit einer runderneuerten Mannschaft an. Bei dieser Kabinettsumbildung wurde Steinbrück, dessen Redetalent und Tatkraft inzwischen vielen aufgefallen war, zum neuen Landesminister für Wirtschaft, Technik und Verkehr ernannt.

Er stürzte sich mit voller Kraft in die Arbeit und unterzog sich im ersten Übermut als oberster Verkehrspolitiker des Landes sogleich einem öffentlichen Führerscheintest. Der Rundfunksender Delta Radio legte ihm live einen Fragebogen aus der theoretischen Führerscheinprüfung vor. Steinbrück beantwortete prompt 13 von 36 Fragen falsch und fiel mit Pauken und Trompeten durch. »Desaströs« sei das Ergebnis, räumte der neue Verkehrsminister zerknirscht ein – und versprach den Hörern im gleichen Atemzug, die Anforderungen an die Führerscheinprüfung während seiner Amtszeit nicht weiter zu erhöhen. Das nennt man Situationskomik!

Um einen flotten Spruch war der frischgebackene Minister ohnehin nie verlegen. Angesichts des knappen Etats im Verkehrsressort schlug er beispielsweise vor, Radwege etwas schmaler zu bauen und auf eine Verklinkerung der Oberfläche zu verzichten. Auch beim Straßenbau könne Geld gespart werden, wenn man beispielsweise die Kurven auf niedrigere Geschwindigkeiten auslege. »Wer dann das Tempolimit missachtet, läuft Gefahr rauszufliegen«, meinte Steinbrück trocken. Der ADAC protestierte, aber der neue Minister war auf Anhieb in aller Munde.

In der SPD zuckten ebenfalls einige zusammen, als Steinbrück in einer ersten Pressekonferenz seinen künftigen Kurs als Wirtschafts- und Verkehrsminister absteckte. Die Jahre, in denen ansiedlungswillige Unternehmen »mit der goldenen Mohrrübe angelockt« wurden, seien nun vorbei, stellte er zunächst einmal fest. Er wolle neue Akzente setzen durch eine Politik der Bevorratung von Gewerbeflächen, einer besseren Beratung der Firmen und einer Beschleunigung von Planungsverfahren. »Es geht nicht an, in Sonntagsreden immer nur eine bessere Effizienz zu predigen und dann am Montag zu sagen, was alles nicht geht«, erklärte Steinbrück angriffslustig. Da fühlten sich viele politische Schönwetterredner parteiübergreifend schräg von der Seite angesprochen. Und damit keiner sagen konnte, er habe sie nicht gewarnt, fügte der neue Minister hinzu, dass ihm sehr klar sei, dass sein Kurs zu Konflikten führen werde, auch in der SPD. »Es kann sein, dass ich mir da eine blutige Stirn hole, doch dazu bin ich bereit.« Und dann führte er in dieser ersten Pressekonferenz 1993 einen Begriff ein, den er seitdem immer wieder verwendet, wenn es um die SPD geht: »Wer eine Gerechtigkeitspartei sein will, muss gleichzeitig auch Wertschöpfungspartei sein.«

So klingt Peer Steinbrück heute noch. Das Zusammenspiel von Wertschöpfung und Gerechtigkeit ist ein fester Bestandteil seines politischen Bekenntnisses und seiner Reden. Auch sein Anspruch an die SPD, solche Selbstverständlichkeiten doch bitte schön zu akzeptieren, stammt bereits aus seiner Anfangszeit als Landesminister in Kiel. Es sei schließlich »völlig logisch«, stärker auf die Wertschöpfung zu achten, wenn es insgesamt weniger zu verteilen gebe, forderte Steinbrück schon 1993. »Ich erwarte, dass die politische Debatte auch eher in meine Richtung gehen wird als zu denen, die den Status quo festschreiben wollen« (*Kieler Nachrichten*, 10. 6. 1993). Schon dieses frühe Zitat zeigt, dass sich ein gewisses Konfliktmuster bis heute erhalten hat. Dem »Modernisierer« Gerhard Schröder erging es nicht anders. Die Einsicht, dass alles, was verteilt werden soll, vorher erarbeitet sein muss, weckt bei der SPD bis heute keine Begeisterung.

Die Entschlossenheit und Konfliktbereitschaft, mit der Steinbrück als Minister in Kiel auftrat, ließ in den nächsten vier Jahren nicht nach. Seine Amtszeit war geprägt von zahlreichen Auseinandersetzungen. Die Opposition spielte dabei kaum eine Rolle. Die schwierigsten Kämpfe führte er mit dem grünen Koalitionspartner und der schleswig-holsteinischen SPD, die damals noch zu den eher linken Landesverbänden der deutschen Sozialdemokratie zählte.

Der erste Gegner jedoch, den Steinbrück sich zur Brust nahm, war kein Politiker, sondern ein Musiker mit großem Sendungs- und Selbstbewusstsein. Justus Frantz hatte 1986 das Schleswig-Holstein Musik Festival gegründet und feierte damit große Erfolge. Jahr für Jahr lockte der umtriebige Dirigent internationale Künstler und Spitzenorchester in das Land, das bis dahin nicht zu den Leuchttürmen der deutschen Musikkultur gezählt hatte. Das Festival zog Tausende Besucher an und wurde vom Fernsehen übertragen, begeisterte auf diese Weise auch eine breite Masse einfacher Bürger für klassische Musik. Ein Umstand, dem die SPD hohen Respekt zollte.

Die Probleme begannen, als das Spektakel immer mehr Geld verschlang und Steinbrück, der für die Landesregierung als Aufsichtsratsvorsitzender der Festivalgesellschaft fungierte, die Millionensummen nicht mehr klaglos zahlen wollte. Der Streit mit dem beliebten Intendanten Justus Frantz war unvermeidbar, aber nicht ohne Risiko. Steinbrück, gerade frisch ins Amt gekommen, legte sich immerhin mit einem Mann an, der seit neun Jahren ein populäres Fest mit überregionaler Ausstrahlung organisierte und auf allen Kanälen präsent war. Der mediengewandte und wortgewaltige Künstler hatte es im Laufe der Zeit verstanden, sich ein Image als Säulenheiliger der deutschen Klassikszene aufzubauen, das ihn vor Angriffen aus den Niederungen der Landespolitik weitgehend schützte.

Doch Steinbrück, dessen Lust am Kampf mit der Größe des Gegners zu wachsen pflegt, war nicht bereit, das barocke Finanzgebaren des Festivalleiters weiterhin zu akzeptieren. Angesichts des Millionendefizits weigerte er sich kurz vor der Ausrichtung des nächsten Musikfestes einfach, den neuen Dreijahresvertrag des Intendanten zu unterschreiben. Daraus entwickelte sich eine öffentliche Schlammschlacht. Frantz drohte dem Land Klagen an und auf Steinbrück wurde aus allen medialen Rohren geschossen. Der behielt die Nerven, griff allerdings tief in die politische Trickkiste. In den Zeitungen tauchten plötzlich detaillierte Berichte über die luxuriöse Unterbringung und die horrenden Gagen der Künstler auf. Auch teure Provisionen für Sponsorenwerbung und eine finanzielle Verquickung des Festivals mit dem von Frantz geleiteten Philharmonieorchester wurden thematisiert. Da Steinbrück sich stur weigerte, den neuen Intendantenvertrag zu unterschreiben, blieb Justus Frantz schließlich nur der Rücktritt im Zorn. Er inszenierte das dramatische Finale als Königsmord auf offener Bühne. Damit allerdings überzog der populäre Musiker und wurde am Ende gar als »künstlerischer Stellvertreter Leonard Bernsteins auf Erden« verspottet (*Kieler Nachrichten*, 23.1.1994). Ein anderer Kommentator verglich seinen Rücktritt mit dem schnöden Rauswurf eines Fußballcoachs: Es war ein »lärmend trauriger Abgang, stil- und würdelos, wie man es bisher nur von Trainerwechseln kannte« (*Schleswig-Holsteinische Landeszeitung*, 23.1.1994).

Steinbrück hingegen erhielt Beifall dafür, dass er im Interesse der Steuerzahler eingeschritten war und das »Schickimickiflair« des Intendanten nicht weiter finanzieren wollte. Ein halbes Jahr tobte der Streit, an dessen Ende Steinbrück seine erste große Schlacht als Politiker gewonnen hatte.

Die nächste Herausforderung ließ nicht lange auf sich warten. Von seinem Amtsvorgänger hatte Steinbrück das Vorhaben übernommen, einen Teil der sogenannten »Ostseeautobahn« A 20 zu bauen. Die auch »Küstenautobahn« genannte Strecke führt von Bad Segeberg im Westen über Lübeck, Rostock, Greifswald bis zum Kreuz Uckermark in Brandenburg. Obwohl von der insgesamt 280 Kilometer langen Autobahn gerade einmal 39 Kilometer durch Schleswig-Holstein gehen, entbrannte in der rot-grünen Koalition in Kiel ein heftiger Streit um das Projekt. Mit allen möglichen Tricks versuchten die Grünen, die Trassenführung zu verändern und den Bau nach Möglichkeit zu verhindern.

Der Streit fokussierte sich schließlich auf eine Region südlich von Lübeck. Der grüne Landesumweltminister Rainder Steenblock setzte alles daran, das Wakenitztal als Naturschutzgebiet auszuweisen und den Straßenbauern so ein Schnippchen zu schlagen. Es wurden Gutachten in Auftrag gegeben, Prozesse angestrengt und ungezählte Koalitionsrunden einberufen. Am Ende hatten Steenblock wie Steinbrück ihre jeweiligen Positionen zu einer Frage der eigenen politischen Glaubwürdigkeit hochstilisiert. Zwei Züge rollten aufeinander zu, und die Lokführer legten täglich Kohlen nach, um das Tempo zu erhöhen. Steinbrück ließ sich von SPD, CDU, FDP und der gesamten Wirtschaft des Landes für seinen kompromisslosen Kampf feiern, während die Grünen auf die politische Unterstützung der Naturschutzverbände und der eigenen Anhängerschaft setzten. Doch es war nicht zu übersehen, dass Steinbrück, wo immer es ging, ungerührt Fakten schuf. Schließlich beschwerten sich die Grünen bei Ministerpräsidentin Simonis. Die SPD müsse ihren Wirtschafts- und Verkehrsminister stoppen, da sonst die Koalition platze. Es sei nicht akzeptabel, dass Steinbrück den grünen Umweltminister Steenblock ständig »demütigen« und »in die Knie zwingen« wolle, um damit »jedem zu zeigen, wer in dem Bündnis den Ton angibt« (*Kieler Nachrichten*, 17.1.1998).

Die Situation eskalierte. Steenblock drohte offen mit Rücktritt und ließ auf einem Parteitag der Grünen demonstrativ einen Beschluss zur A 20 in seinem Sinne herbeiführen. Obwohl die rot-grüne Koalition dicht vor dem Scheitern stand, gab Steinbrück sich gänzlich ungerührt. »Wackeln wir in dieser Frage, werden wir politisch zerfetzt«, warnte er Simonis. Ein Zurückweichen sei »nur um den Preis der Selbstverstümmelung drin«.

Schließlich rettete das Bundesverwaltungsgericht indirekt die taumelnde Koalition, als die Richter über ein 6,3 Kilometer langes Teilstück der Autobahn im Sinne Steinbrücks entschieden. Die Bagger durften endlich anrollen, und die Grünen mussten eine schmerzliche Niederlage hinnehmen. Nach außen gelang es, einigermaßen das Gesicht zu wahren, weil man das Urteil der Bundesrichter so oder so akzeptieren musste. Steinbrücks Verhältnis zu den Grünen aber war seitdem ebenso belastet wie seine Beziehung zur Ministerpräsidentin. Heide Simonis stand politisch zwar hinter der A 20, war jedoch wenig begeistert, dass ihr Wirtschaftsminister die Koalition in seiner harten und kompromisslosen Art an den Rand des Scheiterns geführt hatte.

Trotz allem ließ Steinbrück sich nicht beirren, auch nicht bei anderen Streitigkeiten, von denen es genug gab. Bei keiner wich er zurück. So versuchte er im Streit mit Berlin und Brüssel, die Schließung des Marinestützpunkts Olpenitz mit 1500 Soldaten ebenso zu verhindern wie den Beschluss der EU, den zollfreien Einkauf auf Schiffen und in Flugzeugen abzuschaffen. Das Ende des Duty-free-Handels hatte nämlich für die Küstenländer den erheblichen Nachteil, dass die zahlreichen »Butterschiffe« um ihre Existenz bangen mussten. Allerdings konnte Steinbrück weder die Standortschließung noch das EU-Projekt stoppen – es gab also auch ein paar Kämpfe, die er nicht gewinnen konnte.

Erfolgreicher stritt er dagegen um den Erhalt der bedrohten Werften, wenngleich er in diesem Zusammenhang seine kritische Haltung gegenüber Subventionen aufgeben musste. Neben der Bundeshilfe für die Werftindustrie machte das Land Schleswig-Holstein auf Betreiben seines Wirtschaftsministers hohe zweistellige Millionenbeträge locker, um das Überleben des Schiffsbaus zu sichern. Eine Alternative war nicht in Sicht. Selbst Steinbrück wagte es nicht, das Ende dieses traditionsreichen Industriezweigs durch die Verweigerung öffentlicher Förderung zu provozieren.

Dafür legte er sich quer, als die CDU-geführte Bundesregierung unter Helmut Kohl versuchte, für die Magnetschwebebahn Transrapid eine Referenzstrecke zwischen Berlin und Hamburg zu bauen. Auch hier war Schleswig-Holstein nur zu einem kleinen Teil betroffen, doch Steinbrück hielt das Projekt für Geldverschwendung. Zum einen sei das prognostizierte Fahrgastaufkommen von jährlich 14,5 Millionen Passagieren viel zu hoch. Zum anderen fand er es unverantwortlich, Steuergelder in Milliardenhöhe zu investieren, wenn der Zeitvorteil des Transrapid gegenüber einer verbesserten ICE-Hochgeschwindigkeitsstrecke nur wenige Minuten betragen würde. Daneben spielte wohl die Sorge Steinbrücks eine Rolle, dass die für den Transrapid ausgegebenen Milliarden am Ende bei anderen Verkehrsprojekten fehlen würden, nicht zuletzt im strukturschwachen Schleswig-Holstein.

Nach vier Jahren gemeinsamer Regierungszeit wird in Kiel viel über das angespannte Verhältnis zwischen Steinbrück und Ministerpräsidentin Simonis getuschelt. Sie kommt schlecht mit der forschen Art und dem krachenden Selbstbewusstsein ihres Wirtschaftsministers zurecht. Angeblich soll sie ihn einmal einen »Amokläufer« genannt haben, weil er ohne Rücksicht auf Verluste in jeden Kampf hineinlaufe. Das Zitat wird später bestritten, doch die Bezeichnung sollte sich lange halten. Steinbrück hingegen vermisst bei der Ministerpräsidentin ein ordentliches Regierungsmanagement und eine straffere Zügelführung. Simonis neigt stark dazu, sich vor allem in der SPD-Fraktion nach allen Seiten abzusichern – eine mitunter zeitraubende Taktik, die jemandem mit Steinbrücks Naturell erheblich auf die Nerven geht. Desgleichen sorgt die allgemeine Wahrnehmung, dass der Wirtschaftsminister ein Aktivposten in einem ansonsten eher schwachen Kabinett sei, bei der Regierungschefin nicht unbedingt für Heiterkeit.

Der Bruch zwischen den beiden deutet sich schließlich an, als Steinbrück zusammen mit Europaminister Gerd Walter ein Strategiepapier zur Zukunft der Ostseeregion vorlegt. Darin sind aus Sicht der Grünen zahlreiche verkehrspolitische Provokationen enthalten. Andere, teils brisante Vorschläge, greifen tief in die Zuständigkeit anderer Ressorts ein. Die größte Aufregung entsteht dadurch, dass Steinbrück in dem Papier die Idee eines »Nordstaats« ins Spiel bringt, der aus Schleswig-Holstein, Mecklenburg-Vorpommern, Niedersachsen und den beiden Stadtstaaten Hamburg und Bremen bestehen soll. Angesichts der boomenden Entwicklung der schwedisch-dänischen Öresundregion und der Kooperation Kopenhagen-Malmö könnten die deutschen Ostseeländer nicht mit ihrer »Kirchturmpolitik« fortfahren, schreibt Steinbrück in dem Papier.

Heide Simonis gerät in Rage und macht aus ihrem Ärger keinen Hehl. Zum einen ist sie eine strikte Gegnerin des Nordstaats, zum anderen hat sie das Thema »Entwicklung der Ostseeregion« bereits auf die Tagesordnung der nächsten Kabinettssitzung gesetzt. Wenn Steinbrück dann ohne Rücksprache eine Woche vorher ein eigenes Konzept präsentiert, muss sie darin eine gezielte Provokation sehen. Die Krone setzt der Wirtschaftsminister dem Ganzen auf, als er sein öffentliches Vorpreschen mit den berühmt gewordenen Worten begründet, er habe einen Kontrapunkt gegen das »politische Klein-Klein auf Pepitaniveau« setzen wollen. Was Simonis gar nicht mehr anders denn als harsche Kritik an ihrer Regierungspolitik verstehen kann.

Es rauschte fortan kräftig im Blätterwald. Gerüchte über einen Abgang des »Vorzeigeministers« werden ebenso gestreut wie ein angeblicher Plan, ihn mit dem Posten des Landessparkassenpräsidenten ruhigzustellen. Steinbrück verweigert jeden Kommentar, aber er hat endgültig genug von den Politpossen in Schleswig-Holstein. Als er an einem Wochenende mit regionalen Wirtschaftsvertretern eine Klausurtagung auf Mallorca absolviert, wird er plötzlich ans Telefon gerufen. Am anderen Ende ist Wolfgang Clement, der Ministerpräsident von Nordrhein-Westfalen. Es soll »ziemlichen Wirbel bei euch da oben an der Küste« geben, beginnt er das Gespräch. Vielleicht habe der liebe Kollege Peer ja Lust, zurück an den Rhein zu kommen? Er könne ihm ein attraktives Angebot machen, lockt Clement. Für das bevölkerungsreichste Bundesland mit zahlreichen großen und bekannten Unternehmen sucht er kurzfristig einen neuen Minister für

Wirtschaft, Energie, Technik und Verkehr. Clement bittet seinen Parteifreund darum, doch einmal darüber nachzudenken. »Ich brauche Bedenkzeit«, antwortet Steinbrück. »Wie lange?«, will der Düsseldorfer Regierungschef wissen. Steinbrücks Antwort kommt prompt: »Nur eine Sekunde.«

KAPITEL 6

EIN NORDLICHT AN RHEIN UND RUHR

Wie eine Festung überwölbt das 20 Stockwerke hohe »Stadttor« die Bundesstraße 1 in Düsseldorf. Die schiere Größe des Gebäudes zwingt die Vorbeigehenden zum Aufschauen und die Autos in den Untergrund. Bevor der tosende Verkehr dem gläsernen Hochhaus zu nahe kommt, verschwindet er in einem Tunnel.

Hierher, mitten hinein in das schicke Hafenviertel der Landeshauptstadt Düsseldorf, hat Wolfgang Clement die Staatskanzlei von Nordrhein-Westfalen verlegt. Das moderne Ungetüm aus Stahlbeton und Glas steht gegenüber von Fernsehturm und Landesparlament. Direkt daneben liegt der Rheinhafen mit Medienmeile, Galerien, trendigen Bars, Designeroutlets und den chromglänzenden Gehry-Bauten. Clement schätzt dieses urbane Ambiente. Es verkörpert den Strukturwandel und die neue Zeit an Rhein und Ruhr besser als die vielen restaurierten Zechen und Stahlwerke, in denen am Wochenende bestenfalls noch Rockkonzerte oder Flohmärkte stattfinden.

Die ehrwürdige Villa Horion, nur 500 Meter entfernt, findet der moderne Macher zu altbacken. Hier haben vor ihm zwar fast alle Ministerpräsidenten des Landes residiert, aber diese Art traditioneller Beständigkeit ist Clement fremd. Die neoklassizistische Architektur des Palais, das der Landeshauptmann der Rheinprovinz Johannes Horion 1911 erbauen ließ, strahlt dem neuen Chef einfach zu viel Vergangenheit aus. Außerdem stört es Clement, dass der alte Regierungssitz im baulichen Schatten des benachbarten Mannesmann-Hochhauses steht, in dem heute die Deutschlandzentrale des Telefonriesen Vodafone untergebracht ist. Clement ist kein Typ, der sich versteckt. Er residiert lieber hoch oben im Glaspalast in einem nüchternen Designerbüro mit bodentiefer Fensterfront und einem weiten Blick über den Rhein und die Stadt.

Als Peer Steinbrück im Herbst 1998 Kiel verlässt und zurück nach Düsseldorf kommt, besucht er schnell noch einmal seine frühere Wirkungsstätte in der alten Staatskanzlei. Der Umzug von der Villa Horion in das gläserne Stadttor ist bereits in Vorbereitung, doch noch sind die Spuren von Johannes Rau in den vertrauten Räumlichkeiten am Mannesmannufer zu erkennen. Vier Jahre lang diente Steinbrück dem alten Landesvater hier als Büroleiter. Die Möbel stehen noch da, nur die Bilder wurden ausgetauscht.

Mit Clement hat ein neuer Regierungsstil Einzug gehalten in NRW, wie das Land kurz und knapp genannt wird. Der gelernte Journalist und ehemalige Parteisprecher ist ein ungeduldiger Mann. Er verbirgt seine Meinung höchst ungern hinter schönen Worten und sozialdemokratischen Floskeln. Lieber spricht er in schnörkelloser Offenheit aus, was Sache ist. Damit eckt er bei den Genossen an, was Clement nicht weiter stört. Er weiß, dass seine direkte Art wenig Anklang findet in der gefühligen, sozialromantischen Ruhrgebiets-SPD. Die Ungeduld des neuen Ministerpräsidenten hat ihren Grund: Sechs Jahre lang musste Clement als Chef der Staatskanzlei in Düsseldorf zuschauen, wie Johannes Rau durch das Land reiste, ohne die Probleme so entschlossen anzupacken, wie es seiner Meinung nach erforderlich gewesen wäre.

Aus dieser Zeit bei Rau kennen sich Clement und Steinbrück. Sie haben sich von Anfang an verstanden. Beide wohnten mit ihren Familien in Bonn und nicht an ihrem Arbeitsplatz in der Landeshauptstadt, mieteten deshalb Ende der Achtzigerjahre eine gemeinsame Wohnung unweit der Düsseldorfer Staatskanzlei an, in der sie unter der Woche übernachteten. Am Ende der langen Arbeitstage führte der Weg die beiden oft noch auf ein Bier in die benachbarte Altstadt. Was Steinbrück bis heute imponiert, ist das geringe Schlafbedürfnis von Clement. Der las nämlich selbst nach dem nächtlichen Kneipenbummel noch Akten und machte frühmorgens bereits wieder Krach, während Steinbrück noch Ruhe suchte. Auch später in Berlin blieben sie einander durch eine Wohnung verbunden: Steinbrück übernahm 2005 Clements Apartment am Tiergarten, als dieser nach der Wahl Merkels sein Amt als Bundeswirtschafts- und Arbeitsminister verlor und Steinbrück in der neu gebildeten Großen Koalition das Finanzressort erhielt.

Von Anfang an waren Steinbrück und Clement sich einig, dass gute Politik aus der sauberen Umsetzung rationaler Entscheidungen besteht. Das Emotionale bei Parteiveranstaltungen und Wahlkämpfen war und ist ihnen lästig. Sie verstehen, worum es geht, können es aber selbst nicht liefern. Das Bad in der Menge haben beide immer nach Kräften vermieden. Die Rolle des »Oma-Knutschers« liegt weder Clement noch Steinbrück. Schon früher haben sie hinter der Bühne oft gemeinsam mit den Augen gerollt, wenn Landesvater Rau auf dem Podium in seiner pastoralen Art die Zuhörer einlullte und sich wieder einmal um unangenehme Entscheidungen drückte. Dabei fiel der Strukturwandel kaum irgendwo in Westdeutschland schmerzhafter aus als in der alten Industrieregion an Rhein und Ruhr. Es dauerte Jahrzehnte, bis das Ruhrgebiet aus seiner strukturellen Abhängigkeit von Kohle und Stahl befreit werden konnte.

Das qualvolle, durch Milliardensubventionen immer wieder hinausgezögerte Dahinsiechen des Bergbaus hat den Stolz einer ganzen Generation von Kumpeln gebrochen. Das wirkt nach, auch wenn die heutige Generation nicht mehr unter Tage einfährt – inzwischen wohnen Lehrer und Softwareprogrammierer in den alten, hübsch renovierten Siedlungshäuschen der Bergarbeiter. Die Vorstellung aber, was soziale Gerechtigkeit ausmacht, haben die Kinder trotzdem von der Generation ihrer Eltern übernommen. »Nordrhein-Westfalen ist ein durch und durch sozialdemokratisches Land, ganz gleich wer hier regiert«, hat Stefan Willeke in einem sehr einfühlsamen ZEIT-Dossier über Nordrhein-Westfalen geschrieben (12.5.2005). »Wem der Ruf anhaftet, das Soziale in der Demokratie zu gefährden, der hat zwischen Rhein und Ruhr einen schweren Stand.«

Entsprechend ließ sich der notwendige Strukturwandel nicht so einfach umsetzen. Nach reinen Marktgesetzen hätte man die unrentablen Bergwerke und viele der alten Stahlhütten schließen müssen. Was allerdings nur um den Preis der sozialen Verelendung einer ganzen Region machbar gewesen wäre. Es gab deshalb über Jahrzehnte hinweg mit allen Bundesregierungen den Konsens, den Bergbau an Ruhr und Saar mit Subventionen zu unterstützen und ihn nach und nach allmählich auslaufen zu lassen. Die lange Übergangszeit sollte genutzt werden, um die Ansiedlung neuer Industrien und Dienstleistungen zu ermöglichen.

Clement und Steinbrück indes merkten rasch, dass die vereinbarten Hilfszahlungen den dringend gebotenen Veränderungsprozess letztlich lähmten. Ihnen ging der gesamte Strukturwandel nicht schnell genug voran. Egal wo sie hinkamen – sie wollten Tempo, Bewegung, Wandel. Mit dieser Grundhaltung haben die beiden in Nordrhein-Westfalen in allen ihren Ämtern Politik gemacht: als unbequeme Fragesteller und vorwärtsdrängende Macher. Bei der traditionellen NRW-SPD stießen sie damit auf Unverständnis, ja Abwehr.

In der »Herzkammer der Sozialdemokratie«, wie Herbert Wehner das Ruhrgebiet einmal genannt hat, war man andere Töne aus der Düsseldorfer Regierungszentrale gewöhnt. Ob der wortgewaltige Ministerpräsident Heinz Kühn, der gütige Sozialminister Hermann Heinemann oder der zugewandte Johannes Rau – zur Kulisse ihrer Macht gehörte stets die demonstrative Liebe zu den Leuten sowie eine emotionale und verklärte Ruhrgebietsromantik. Wer den feuerroten Himmel beim Stahlanstich über den Hochöfen nicht schön fand, gehörte eigentlich nicht dazu. Diese Referenz der Mächtigen an das einfache Leben »im Pott« hatte, zusammen mit einer tiefen Verankerung in der Bevölkerung, die Genossen als Vertreter der Arbeiter über Jahrzehnte hinweg ebenso erfolgreich wie selbstgewiss gemacht.

Bergmannslieder und Kohlenstaub waren eine scheinbar unauflösbare Verbindung mit der SPD eingegangen. Doch die rapide Veränderung des modernen Arbeitslebens und das Entstehen neuer Beschäftigungszweige vor allem im Dienstleistungssektor führten zu einer langsamen, unaufhaltsamen Erosion der festgefügten Milieus. Weil die Auflösung der industriellen und gesellschaftlichen Strukturen nicht nur soziale Folgen zeigte, sondern auch mit dem Schwinden traditioneller politischer Vertretungsmacht einherging, stemmten sich die führenden SPD-Leute mit aller Kraft dagegen, dem Wandel die Hand zu reichen. Die meisten ahnten zwar, dass in der digitalen Welt die Veränderungen und Umwälzungen nicht mehr aufzuhalten waren. Aber man wollte entweder nichts davon wissen oder den ganzen Prozess wenigstens so lange wie möglich hinauszögern.

Gegen diese Beharrungskräfte musste Clement als Ministerpräsident regieren. Er war deshalb froh, in Steinbrück einen Mitkämpfer und Geistesverwandten zu finden. Das Amt des Wirtschaftsministers, das Steinbrück 1998 übernahm, hatte zuvor einige wenige Monate in den Händen von Bodo Hombach gelegen. Auch er zählte zu den Leuten, die ganz nach Clements Geschmack waren: zupackend, ideenreich und, wenn es sein musste, rücksichtslos. Der gelernte Fernmeldetechniker hatte sich auf dem zweiten Bildungsweg über die Postgewerkschaft bis in die erste Reihe der Landespolitik durchgekämpft. Hombach galt als genialer Wahlkampfmanager und Gestalter politischer Botschaften. Der identitätsstiftende Slogan »Wir in Nordrhein-Westfalen« stammte aus seiner Feder. Die entsprechende Kampagne dazu stellte in dem »Bindestrichland« erstmals so etwas wie ein Zusammengehörigkeitsgefühl der Rheinländer und Westfalen her. Hombach, genannt der »Sultan von der Ruhr« (Tina Hildebrandt, *DIE ZEIT*, 48/2008), verfügt als Verlagsmanager und Moderator des Initiativkreises Ruhr bis heute über großen Einfluss. Als Landeswirtschaftsminister hingegen vermochte er keine Spuren zu hinterlassen – er war damals vollauf damit beschäftigt, Gerhard Schröder als Berater und »Spin Doctor« im Wahlkampf gegen Helmut Kohl zu dienen. Außerdem half er der SPD, das noch unklare Konzept der »neuen Mitte« und der »Modernisierung« in greifbare Politik zu übersetzen. Nach dem klaren Wahlsieg im Herbst 1998 holte Schröder seinen Berater Hombach als Chef des Kanzleramts in die rot-grüne Bundesregierung.

Nach dem Ruhrsultan zieht also ein Nordlicht ins Düsseldorfer Wirtschaftsministerium ein. Dort ist Steinbrück lediglich aus seiner Zeit als Büroleiter von Rau bekannt, und so wird auf den Fluren anfangs skeptisch gefragt, wie ernst man denn den »Kofferträger vom alten Chef« nehmen müsse. Doch die Zweifler werden schnell eines Besseren belehrt. »Der Zwilling von Clement« (Jürgen Zurheide im *Tagesspiegel*, 26.10.1998) macht in Nordrhein-Westfalen genauso weiter, wie er zuvor in Schleswig-Holstein aufgehört hat. Äußerlich freundlich, aber hart in der Sache, vertritt er in NRW die Interessen der Wirtschaft – oft genug gegen die Widerstände der Grünen, die auch in Düsseldorf der SPD als Koalitionspartner dienen.

Von Anfang an zeigt Steinbrück der Umweltpartei, wo seiner Meinung nach der Hammer hängt. Er könne es nicht leiden, wenn in einem Land mit Strukturproblemen und hoher Arbeitslosigkeit eine »Politik auf Wolke sieben« betrieben werde, lässt er die Grünen gleich zu Beginn wissen. Und mit bedrohlichem Unterton fügt er hinzu, dass er in Kiel »dieses Konfliktmuster ja schon einmal erlebt« habe. »Wer die Spielregeln einer globalisierten Wirtschaft ignoriert, der meldet sich aus der wirtschaftspolitischen Debatte ab.«

Das wird zu Recht als unverhüllte Warnung an die Grünen und die Sozialromantiker in den Reihen der SPD verstanden. Aber desgleichen erhalten die Unternehmer zwischen Aachen und Paderborn bei Steinbrücks Start eine unmissverständliche Ansage – die gleiche übrigens wie zuvor in Schleswig-Holstein: Eine Förderpolitik »mit der goldenen Mohrrübe« könne es wegen der angespannten Haushaltslage nicht geben, stellt der neue Minister klar. Das ist sicher deutlich, indes nicht besonders originell. Selbst Peer Steinbrück erfindet eben nicht jeden Tag die Welt aufs Neue. Und zur Wahrheit gehört ebenfalls, dass Steinbrück wie alle anderen Politiker recht gut von der ständigen Wiederholung einprägsamer Sprüche und Begriffe lebt.

Steinbrück schätzt seine Düsseldorfer Position sehr. Als Minister für Wirtschaft, Technologie und Verkehr im bevölkerungsreichsten Bundesland laufen die wichtigsten Fäden für eine moderne Infrastruktur- und Wirtschaftspolitik bei ihm zusammen. Betrachtet man seinen Regierungsstil, dann hat er in gewisser Weise das »Zettelkastensystem« aus der Kieler Studentenzeit auf sein späteres Politikmanagement übertragen. Er stellt Zusammenhänge zwischen den einzelnen Sachgebieten her, aktualisiert ständig seinen Fundus an Wissen und versucht, in ressortübergreifenden Strukturen zu denken. Vor allem das Zusammenspiel zwischen der Technologieförderung und der anwendungsgetriebenen Forschung an den Hochschulen hat er in NRW als Nährboden für die Gründung neuer Unternehmen und Wirtschaftszweige verstanden und ausgebaut.

Die erste Kraftprobe mit den Grünen in Düsseldorf lässt nicht lange auf sich warten. Deren starke Figur ist zu dieser Zeit Landesumweltministerin Bärbel Höhn. Die hochintelligente Diplom-Mathematikerin verbindet mit Steinbrück die Kampfeslust und die Herkunft aus dem Norden. Doch damit enden die Gemeinsamkeiten der beiden auch schon. Höhn überprüft mithilfe eines wachsenden Behördenapparats alle Industrie- und Verkehrsprojekte in NRW auf ihre Umweltverträglichkeit. Im geschickten Zusammenspiel mit Naturschutzverbänden, betroffenen Anwohnern und einer entsprechend kritisch eingestimmten Lokalpresse versteht sie es dabei recht gut, jedem größeren Bauvorhaben im Land gleich den Anschein einer drohenden Umweltkatastrophe zu verleihen.

Steinbrück bringt das auf die Palme, ebenso seinen Ministerpräsidenten Clement. Es dauert nicht lange und die Koalition gerät in schweres Fahrwasser. Während in Bonn das soeben begonnene »rot-grüne Projekt« eine neue Ära nach Kohl einläuten soll, gibt es einige Kilometer rheinabwärts ständig Streit zwischen den Koalitionären. Als größter Zankapfel erweist sich ein Braunkohletagebau bei einem Ort namens Garzweiler. Dieses zwischen Aachen und Neuss gelegene Gebiet entstand 1983 als Großtagebau durch den Zusammenschluss bereits bestehender Abbaufelder. Da die qualitativ hochwertige Braunkohle hier nur wenige Meter unter der Oberfläche liegt, wird sie seit Jahrzehnten abgebaggert und vom Energiekonzern RWE zur Stromproduktion genutzt. Im Gegensatz zur wesentlich tiefer liegenden Steinkohle kommt die Braunkohle ohne öffentliche Subventionen aus.

Das Schürfen im Tagebau ist seit jeher ein profitables Geschäft. Da in der Gegend um Garzweiler noch Reserven von 1,3 Milliarden Tonnen vorhanden sind, wurde einige Jahre zuvor eine signifikante Erweiterung der Abbaufläche unter dem Projektnamen Garzweiler II beschlossen. Allerdings müssen dafür ganze Ortschaften umgesiedelt werden. Zwölf Dörfer und 7600 Einwohner sind von dem Vorhaben betroffen. Häuser, Schulen, Straßen, Kirchen – ganze Gemeinden tragen die riesigen Baggerschaufeln ab. Für die Menschen bedeutete das, ihre Heimat und ihre von Kindesbeinen an vertraute Umgebung für immer zu verlieren. Außerdem werden bei der Erschließung eines Tagebaus riesige Löcher in die Landschaft gerissen und Tausende Hektar Natur zerstört. Zwar hat RWE es stets geschafft, die abgebaggerten Krater anschließend in ausgedehnte Seen und Naherholungsflächen zu verwandeln, doch stellt diese Renaturierung in den Augen der Naturschützer nur die nachträgliche, oberflächliche »Begrünung« einer im Kern zerstörten Landschaft dar. Und für die betroffenen Bewohner ist selbst der schönste Baggersee kein Ersatz für das verlorene Heimatdorf.

Die nordrhein-westfälischen Grünen solidarisierten sich nun mit den Dorfbewohnern im Gebiet von Garzweiler II und stemmten sich mit aller Macht gegen die Erweiterung des Tagebaus. Der grüne Landtagskandidat in dem Gebiet erhielt 40 Prozent der Stimmen. Der BUND kaufte dort eine große Obstwiese, um vor Gericht als klagebefugter Betroffener auftreten zu können. Die Auseinandersetzungen zogen sich über Jahre hin und beschäftigten alle Instanzen.

Als Minister für Wirtschaft und Verkehr musste Steinbrück das umstrittene Projekt durchziehen. In der Folge wurden etliche Straßen, ja sogar ganze Autobahnabschnitte verlegt. Dafür waren aufwendige Planungen erforderlich, die das grüne Umweltministerium unter Führung von Bärbel Höhn nach Kräften zu verhindern oder aufzuhalten suchte. Es entwickelte sich ein zähes Tauziehen zwischen den beiden Ressorts. Die verbissen geführten Kämpfe erinnerten Beobachter an die »Stellungskriege« im Ersten Weltkrieg: Sie forderten viele Opfer, brachten aber keinen Geländegewinn.

Bis schließlich Wolfgang Clement der Kragen platzte und er mit brutaler Entschlossenheit die Koalitionsfrage stellte. Für ihn war klar: Lieber eine Neuwahl riskieren, als auf die beschlossene Erweiterung des Braunkohletagebaus zu verzichten. Zumal sich die SPD im Kohleland NRW an drei Fingern ausrechnen konnte, dass sie eher besser als schlechter aus einer solchen Neuwahl hervorgehen würde. Die Grünen hätte man nämlich im ganzen Land als Industriefeinde und Arbeitsplatzvernichter hinstellen können. Außerdem bestand aus Sicht von Clement und Steinbrück ja immer noch die Möglichkeit, gegebenenfalls mit der FDP zu koalieren. Die Liberalen waren zumindest wirtschaftsfreundlicher eingestellt als die Grünen.

Doch so weit sollte es gar nicht erst kommen. Bärbel Höhn und ihre Partei hatten die verfahrene Lage mit ähnlichen Ergebnissen analysiert wie Clement und knickten schließlich ein. Die Aussicht, nach nur kurzer Regierungszeit wieder auf den harten Bänken der Opposition zu landen, war für die Umweltpartei noch unerfreulicher als der Verzicht auf ihren unermüdlichen Kampf gegen die Braunkohle.

Steinbrück selbst war allerdings nur 16 Monate dafür verantwortlich, Garzweiler II und andere Infrastrukturprojekte gegen die Grünen durchzukämpfen. Dann stand sein Wechsel ins Finanzministerium an. Fast wäre seine Zeit als Wirtschaftsminister in NRW noch kürzer ausgefallen, denn bereits im September 1999 wollte Gerhard Schröder ihn unbedingt in sein Kabinett nach Berlin holen. Er bot ihm den Posten von Bundesverkehrsminister Franz Müntefering an, der sein Regierungsamt aufgegeben hatte, um nach dem Rückzug des Parteilinken Ottmar Schreiner die Bundesgeschäftsführung der SPD zu übernehmen. Schröder wertete diesen Posten später begrifflich auf: Von da an trugen die Manager der SPD den Titel »Generalsekretär«. Schröder fragte mehrfach bei Clement nach, ob er Steinbrück nicht ziehen lassen wolle, aber der Ministerpräsident, selbst in höchsten Personalnöten, legte sich quer.

Steinbrück hätte zwar liebend gerne den Ruf in die Bundespolitik angenommen, sah aber ein, dass er seinen Freund und politischen Zwilling Clement nach einer so kurzen Zeit in Düsseldorf nicht schon wieder im Stich lassen konnte. Wie richtig diese Entscheidung war, sollte sich nur fünf Monate später erweisen. Gleich zu Beginn des Wahljahrs 2000 trat Finanzminister Heinz Schleußer zurück, was die rot-grüne Landesregierung erneut ins Wanken brachte. Steinbrück, inzwischen erprobt als »Feuerwehrmann« und »politische Allzweckwaffe«, sprang sofort ein und übernahm das Finanzministerium.

Schleußer musste gehen, weil er sich in der »Düsseldorfer Flugaffäre« in immer tiefere Widersprüche verwickelt hatte. Hintergrund dieses Skandals waren die zahlreichen Reisen, die Johannes Rau und sein langjähriger Vertrauter Schleußer mit der Firma Privat-Jet-Charter (PJC) unternommen hatten. Diskret beglichen wurden die teuren, teilweise stark überhöhten Rechnungen von der Westdeutschen Landesbank.

Zu ihren besten Zeiten eines der größten Kreditinstitute Deutschlands, stand die WestLB 20 Jahre lang unter dem Kommando von Friedel Neuber. Der als »roter Pate« oder schlicht als »die Macht vom Rhein« bezeichnete Banker hatte sich über eine politische Karriere im Landtag bis ganz nach oben an die Spitze der Landesbank gekämpft. Dort half er der NRW-SPD, ihre Standortpolitik zu finanzieren und den Übergang der Wirtschaft von der Schwerindustrie zu zukunftsfähigeren Strukturen zu begleiten. Aber auch zur Union pflegte Neuber beste Kontakte. Fusionen wie die von RWE und VEW oder von Hoesch und Krupp fielen ebenso in seine Amtszeit wie der Aufbau der LTU am Düsseldorfer Flughafen oder die Übernahme von Horten durch die Metro.

Nicht alles jedoch gelang dem hemdsärmeligen Banker. Der Umbau der Babcock Borsig AG beispielsweise endete in der Insolvenz. Und im Zusammenhang mit der Pleite des Baukonzerns Philipp Holzmann wurde Neuber sogar angeklagt. Ebenso scheiterte die Ausweitung der WestLB von einer landeseigenen Förderanstalt zu einer weltumspannenden Investmentbank spätestens in dem Augenblick, als die EU-Kommission die öffentlich-rechtlichen Garantieprivilegien der Bank als wettbewerbswidrig verwarf. Mit der Gewährträgerhaftung verlor die WestLB ihren wichtigsten Vorteil gegenüber der privaten Bankkonkurrenz und damit ein entscheidendes Geschäftsmodell.

Trotz all dieser Höhen und Tiefen konnte Neuber seine wirtschaftliche und politische Macht fast unumschränkt ausüben.

Mit Rau war er eng befreundet, und den langjährigen Finanzminister Schleußer kannte der Bankmanager schon aus gemeinsamen Juso-Tagen. Und keiner der Herren schien etwas dabei zu finden, die teuren Privatjets für dienstliche Reisen und sonstige Ausflüge zu buchen, selbst wenn der private oder parteipolitische Charakter eindeutig im Vordergrund stand. Der Skandal um die Flüge, in den auch CDU-Politiker verstrickt waren, kam erst durch eine Indiskretion ins Rollen, als Johannes Rau schon Bundespräsident war.

Als harter Kritiker Raus profilierte sich damals übrigens der Oppositionsführer im niedersächsischen Landtag, der CDU-Politiker Christian Wulff. Er warf Rau wegen der Inanspruchnahme der Flüge »moralisches Fehlverhalten bis hin zur Korruption« vor und forderte lautstark den Rücktritt des Bundespräsidenten. Während Rau alle Vorwürfe zurückwies und die Reisen als reine Dienstangelegenheiten verteidigte, verstrickte sich Schleußer zunehmend in Ungereimtheiten. Das Pikante an den Flugreisen war nämlich, dass sich bei einigen Trips wechselnde junge Damen an Bord befanden. Am Ende der ganzen Affäre blieb Rau Bundespräsident, während Schleußer seinen Posten als Landesfinanzminister räumen musste.

Clement, dem der ganze rote Filz um WestLB-Chef Friedel Neuber immer schon unheimlich war, geriet dadurch kurz vor den Landtagswahlen in eine veritable Regierungskrise. In der Folge sorgte er für die Ablösung Neubers an der Spitze der Landesbank und bat seinen Freund Steinbrück, das schwierige Amt des Finanzministers zu übernehmen.

Die Kassenlage des Landes war geprägt von hohen Schulden und geringen Investitionen. Die CDU machte deshalb mächtig Druck gegen den ihrer Meinung nach verfassungswidrigen Etat.

Der neue Finanzminister Peer Steinbrück kündigte zwar sogleich eine Sanierung an, verfügte jedoch nur über minimalen Bewegungsspielraum. Der Löwenanteil eines Landeshaushalts ist in der Regel für soziale Leistungen verplant, der Rest geht an die Beamten und Angestellten des Landes. Einsparmöglichkeiten gibt es nur in engen Grenzen: Wer will schon an Polizei, Justiz und Lehrern sparen, wer auf den Bau lange geplanter Umgehungsstraßen verzichten?

In seiner Not kramte Steinbrück zu Beginn seiner Finanzministerzeit wieder eine Auswahl seiner kernigsten Sprüche hervor, was ihm jedoch keinen Pfennig mehr Geld in die leeren Kassen spülte. »Auf realwirtschaftlichen Druck kann man nicht mit den Tempelweisheiten sozialer Bannerträger« reagieren, sagte er beispielsweise, um die unvermeidlichen Ausgabewünsche aus den eigenen Reihen abzuwehren. Gerne bekannte er in dieser Zeit auch, dass ihm der Begriff »Eigenverantwortung« wichtiger sei als das Wort »Versorgung«. Ebenfalls aufs Korn nahm er den teuren Sozialstaat: Es gebe da »diverse Merkwürdigkeiten«, äußerte er, etwa wenn der Staat Jobsuchenden »die Entfernung von Tätowierungen bezahlt, weil das karrierehemmend sein könnte«.

Während die SPD bei solchen Äußerungen ihres kantigen Peer leise aufstöhnte, wurden die Zitate bei CDU und FDP so verstanden, wie sie gemeint waren. Steinbrück wollte nach den schlechten Erfahrungen mit den Grünen hinsichtlich der bevorstehenden Landtagswahl 2000 das Tor zur FDP weit aufstoßen und als wirtschaftsfreundlicher, pragmatischer Realpolitiker auch im Lager der konservativen Wählerschaft um Zustimmung werben. Mit Ernst Schwanhold, seinem Nachfolger im Amt des Wirtschaftsministers, verband ihn die gemeinsame Idee, den Unternehmen in der Steuer- und Abgabenpolitik mehr Freiräume zu schaffen. Die beiden Ressorts, so kündigten Schwanhold und

Steinbrück an, sollten künftig zusammenarbeiten wie »zwei kommunizierende Röhren«.

Die Schwerpunkte seiner wiederum nur kurzen Amtszeit als Finanzminister lagen neben der Sanierung des Haushalts bei zwei anderen Themen: dem Länderfinanzausgleich und der Neustrukturierung der angeschlagenen Landesbank. Die WestLB war nämlich zwischenzeitlich wegen Fehlspekulationen und ihrem überhasteten Ausbau in Turbulenzen geraten. So gut Steinbrück später als Bundesfinanzminister die Krise um die Pleitebank Hypo Real Estate (HRE) und die bedrohte Commerzbank meistern sollte, so wenig gelang es ihm als Landesfinanzminister, bei der Sanierung der WestLB einen Durchbruch zu erzielen. Die Zeit reichte einfach nicht aus, zumal sein erstes Jahr in der Schleußer-Nachfolge ganz im Zeichen des Landtagswahlkampfs stand.

Die Wahl 2000 endete schließlich mit einem erneuten, wenngleich glanzlosen Sieg der SPD. Bemerkenswert fiel allerdings das Ergebnis der FDP aus, die sich von 4,8 Prozent auf fast 10 Prozent steigern konnte. Trotzdem wagte Clement es nicht, den Wechsel zu den erstarkten Liberalen zu vollziehen. Was vor allem mit dem sprunghaften und exaltierten Wesen von Jürgen Möllemann zusammenhing, der die FDP in Nordrhein-Westfalen zwar zu neuer Größe geführt hatte, aber als unberechenbar und populistisch galt. Außerdem tendierte die Stimmung an der sozialdemokratischen Basis eher in Richtung Rot-Grün. Die Vorbehalte gegen die FDP waren einfach zu groß, um sie ignorieren zu können. Also entschied sich Clement schweren Herzens für die Fortführung des von ihm und Steinbrück so wenig geliebten Bündnisses mit Bärbel Höhns Grünen.

Zwar startete die neue Landesregierung mit viel Schwung, jedoch folgten den Ankündigungen meist keine Taten. Clement, der rastlose Exjournalist, sorgte jeden Tag für Schlagzeilen. Ständig präsentierte er neue Projekte und Ideen. Nicht zu Unrecht erntete er dafür Kritik von der Opposition. Als Regierungschef war er schließlich nicht für spektakuläre Forderungen, sondern für konkrete Ergebnisse zuständig. Eines der vielen Negativbeispiele war der von Clement groß angekündigte »Kampf gegen die Geißel der Bürokratie«. Er berief dafür Kommissionen ein, organisierte mit Beteiligten aus Wirtschaft und Politik mediengerechte »Bürokratiegipfel«, doch die Resultate ließen auf sich warten. Auch die von Clement erfundenen »Leuchttürme« strahlten weniger hell als erhofft. Gemeint waren damit Vorhaben wie etwa die »NRW Medien GmbH« oder die »Projekt Ruhr GmbH«. Viele der stolz angekündigten »Denkfabriken« erwiesen sich als nutzlos oder litten an einer deutlichen Diskrepanz zwischen Nutzen und Kosten.

Die landeseigene Wirtschaftsförderung produzierte ebenfalls Schlagzeilen. Der Grund dafür waren nicht etwa spektakuläre neue Industrieansiedlungen, sondern diverse Machenschaften, die sogar einen Untersuchungsausschuss beschäftigten. Eines konnte man Clement allerdings nie vorwerfen: Dass er Veränderungen nicht mutig anpackte und zu wenig Ideen produzierte. Sein Problem bestand darin, dass er von den vielen Dingen, die er anfing, zu wenig zu Ende brachte.

Trotz der gemischten Bilanz von Wolfgang Clement fand der Bundeskanzler Gefallen an ihm, denn er hielt bereits Ausschau nach Leuten für eine zweite rot-grüne Legislaturperiode. Nach dem Umzug des Kanzleramts vom Rhein an die Spree regierte Gerhard Schröder jetzt in Berlin im »Basta-Stil«. In dem vorwärtsdrängenden NRW-Ministerpräsidenten erkannte er sein Alter Ego und einen wirtschaftsfreundlichen, resoluten Kandidaten für das Amt des Wirtschaftsministers, der ihm dabei half, die in Grundzügen bereits erkennbare »Agenda 2010« gegen den absehbaren Widerstand der SPD durchzuboxen. Nachdem Schröder die Bundestagswahl 2002 erneut gewonnen hatte, holte er den »Modernisierer« Clement als Superminister für Wirtschaft und Arbeit nach Berlin. In dieser Rolle entwickelte sich dieser zum energischen Vollstrecker der ungeliebten »Hartz-Reformen«, was ihn von der SPD entfernte und wohl auch die Grundlage für sein späteres Zerwürfnis mit der Partei legte.

Steinbrück wurde 2002 recht früh von Schröder über den bevorstehenden Wechsel Clements in die Bundespolitik informiert, damit er sich darauf vorbereiten konnte, in Düsseldorf den Job des Ministerpräsidenten zu übernehmen. Der gebürtige Hamburger war erst überrascht und anschließend einem Wechselbad der Gefühle ausgesetzt. Konnte er, das Nordlicht, hier an Rhein und Ruhr den knapp 18 Millionen Menschen mit starkem Hang zum Lokalpatriotismus wirklich als glaubwürdige Identifikationsfigur dienen? Steinbrück hatte in den letzten zehn Jahren in drei Städten gelebt und dabei fünf verschiedene Ämter in zwei Bundesländern ausgeübt. Seine Identität ließ sich also nicht so ohne Weiteres definieren. Würde er hier als Ministerpräsident akzeptiert? Allein sein Vorname! Die Leute im Ruhrpott hießen Peter oder Paul, aber bestimmt nicht Peer. »Genosse Peer« – wie das schon klang. Der nordische Vorname kostete ihn in seinem Landtagswahlkreis Unna II am Ostrand des Ruhrgebiets jedes Mal zwei Prozent der Stimmen, glaubten alteingesessene Genossen. Und wenn der »Härr Schteinbrück«, wie man ihn hier ansprach, in Wanne-Eickel oder Bottrop mit hanseatisch spitzer Zunge über »Sssteinkohle« statt über »Schteinkohle« sprach, dann waren die nächsten zwei Prozent futsch.

Steinbrück war lange genug mit Johannes Rau kreuz und quer durch Nordrhein-Westfalen gefahren, um genau zu wissen, dass von einem Ministerpräsidenten mehr erwartet wurde als von einem sachkundigen Staatssekretär oder einem fleißigen Fachminister. Und ihm war auch nicht entgangen, dass den Leuten sogar beim gebürtigen Bochumer Wolfgang Clement Wärme und Ausstrahlung fehlten. Davon würde er, der ewige Hamburger, wohl noch viel weniger aufbieten können. Den meisten SPD-Mitgliedern galt Rau nach wie vor als Idealverkörperung des Landesvaters: gütig, mitfühlend und nachsichtig gegenüber seinen Landeskindern. »Mit pastoralen Anekdötchen, einem frisch gezapften Pils und einer lockeren Hand beim Skat hatte Rau sein Wahlvolk 20 Jahre lang bei Laune gehalten«, schreibt Peter Dausend über die Ära von »Bruder Johannes« in der *Welt* (9.4.2003). Von Steinbrück durfte man Ähnliches nicht erwarten. Allerdings war diese gute alte Zeit bereits mit Clements Amtsantritt vorbei gewesen. Würde da die Herausforderung für einen Ministerpräsidenten Steinbrück nicht sogar darin bestehen, sich in diesen neuen ernsten Zeiten vom überholten Bild des fürsorgenden Landesvaters zu lösen? War es nicht an ihm, die Rolle des Ministerpräsidenten zu modernisieren, sie der härter gewordenen Wirklichkeit anzupassen?

Peer Steinbrück kannte seine Stärken und Schwächen. Er sah sich schon damals als guter Politikmanager und nicht als begnadeter Politikdarsteller. Mochten ihm in NRW auch der Stallgeruch und ein landestypischer Zungenschlag fehlen – er kannte das Land und seine Probleme besser als die große Mehrzahl der Einwohner. Und an administrativer und fachlicher Kompetenz mangelte es ihm gewiss nicht. Im Gegenteil: Als politischer Feuerwehrmann hatte er schon vielen Herren gedient und dabei zahlreiche Brände gelöscht.

Später erzählte Steinbrück einmal, dass er nach dem ersten vertraulichen Gespräch mit Schröder und Clement im Sommer

2002 in den Spiegel geschaut und sich eine Menge Fragen gestellt habe. Die entscheidende lautete: »Mensch, kannst du das?« Wie lange die Selbstprüfung vor dem Spiegel gedauert hat, ist nicht überliefert. Doch das Ergebnis stellte keine Überraschung dar. Natürlich traute er sich den Job zu.

Sein Ehrgeiz allein reichte allerdings nicht aus. Parteitaktisch war das Manöver mit einigen Risiken verbunden. Die SPD sah den Kronprinzen von Clement weniger in Steinbrück, sondern ganz klar in ihrem Landesvorsitzenden Harald Schartau. Und den durfte man nicht unterschätzen.

Der Mann mit dem Schnauzbart und dem gemütlichen Duisburger Akzent war einer der typischen Vertreter der Ruhrgebiets-SPD. Schartaus Vater arbeitete als Stahlarbeiter in Huckingen, und der Junge stieß früh zu den »Falken«, der sozialistischen Jugendbewegung. Als 1968 SDS-Genossen im Sommerlager der »Falken« über Marxismus diskutieren wollten, bewies der junge Harald seinen Sinn fürs Praktische: »Wer im Trockenen Marx lesen will, muss erst mal ein Zelt aufbauen können«, beschied er die linken Lehrmeister.

Nach einer Ausbildung als Chemielaborant und einer Tätigkeit als Personalreferent bei Mannesmann schloss Schartau über den zweiten Bildungsweg ein Studium der Betriebswirtschaft ab und gelangte über Stationen beim Deutschen Gewerkschaftsbund und der IG Metall in die Politik. Clement war es, der den einflussreichen Leiter des IG-Metall-Bezirks Nordrhein-Westfalen im Jahr 2000 zum Minister für Arbeit und Soziales, Qualifikation und Technologie ernannte. Damit saß Schartau in einer sozialdemokratischen Schlüsselposition: Einst oberster Gewerkschafter des Landes führte er nun den mit Abstand größten Landesverband der SPD und war zudem der für die arbeitende Bevölkerung wichtigste Minister. Diese Bilderbuchkarriere wies nur einen einzigen Schönheitsfehler auf und der wurde Schartau schließlich zum Verhängnis: Niemand hatte daran gedacht, ihm bei seinem Weg in die Politik ein Landtagsmandat zu verschaffen. Das nämlich fordert die Landesverfassung in NRW von jedem, der sich anschickt, Ministerpräsident zu werden.

Clement war diese Besonderheit der Landesverfassung erst aufgefallen, als er sich wegen des bevorstehenden Wechsels nach Berlin mit der Regelung seiner Nachfolge in Düsseldorf beschäftigte. Doch da war es für Harald Schartau bereits zu spät. Auf die Schnelle ließ sich für ihn kein Landtagsmandat aus dem Hut zaubern. Außerdem liegt die Vermutung nahe, dass Clement seinen politischen Seelenverwandten Steinbrück ohnehin bevorzugt hätte. Und es dürfte ihm nur recht gewesen sein, den Gesinnungsgenossen allein deshalb ohne größere Widerstände durchsetzen zu können, weil der klare Parteifavorit Schartau aus formaljuristischen Gründen nicht infrage kam.

Steinbrück wurde also mit den Stimmen der rot-grünen Landtagsmehrheit am 6. November 2002 zum Ministerpräsidenten des bevölkerungsreichsten Bundeslands gewählt. Er war klug genug, den verhinderten Regierungschef Schartau anschließend zum Superminister für Wirtschaft und Arbeit zu ernennen. Damit kopierte er den Aufgabenzuschnitt, den Schröder für Clement in Berlin ersonnen hatte. Da Schartau gleichzeitig Landesvorsitzender der SPD blieb, stieg er zur starken Figur im Kabinett auf. Es gab nicht wenige, die aufgrund der Machtverteilung sogar von einer »Doppelspitze« Steinbrück – Schartau sprachen, die sich bestens ergänze. Hier der Technokrat, da der Arbeiterversteher, einer mehr für die Krise, der andere mehr zum Anfassen – eine optimale Mischung aus Brillanz und Bodenständigkeit. Doch es gab auch Eifersüchteleien und Misstrauen zwischen den beiden, Missverständnisse und echte Meinungsunterschiede. Sprüche des neuen Ministerpräsidenten wie »Jeder Job ist besser als keiner« stießen dem früheren Gewerkschafter sauer auf.

Steinbrück und seine neue Regierung erben ein Land mit zahlreichen Baustellen. Clement hat viel hinterlassen, aber wenig fertiggestellt. Also macht sich der neue Ministerpräsident vom Start weg an die mühsame Aufgabe, begonnene Projekte entweder abzuschließen oder abzuschießen. Letzteres gilt für viele von Clements »Leuchttürmen« und »Denkfabriken«, die sich einfach als zu teuer und zu uneffektiv erweisen. Steinbrück ackert sich durchs Land, arbeitet Punkt für Punkt ab und gefällt sich darin, statt großer Versprechungen lieber kleine Erfolge zu produzieren. Ein bisschen mehr Ganztagsschule und erheblich mehr Bildungsausgaben stehen ganz oben auf seiner Liste. Es folgen Projekte wie das Logistikzentrum in Duisburg-Ruhrort, dem größten Binnenhafen Europas. Er setzt die Privatisierung und Erweiterung des Flughafens Düsseldorf durch, hilft beim Bau des Technologieparks Dortmund und bildet ein Cluster innovativer Firmen rund um die RWTH Aachen, die führende technische Hochschule des Landes. Als neuer Ministerpräsident rennt er nicht wie Clement in Siebenmeilenstiefeln durchs Land, sondern verkleinert die Schritte. Dadurch gelingt ihm vieles, und im Gegensatz zum Vorgänger lässt er nichts mehr fallen, was er einmal angefasst hat. Steinbrück wird schnell als »Reformmotor« gelobt und als »ein Clement, der die Dinge zu Ende bringt« (*Die Welt*, 9.4.2003).

Aber der gute Start als Ministerpräsident wird bald getrübt durch dunkle Wolken, die bedrohlich am politischen Horizont aufziehen. In Berlin braut sich Ungemach zusammen, weil Schröder nicht nur die ungeliebten Hartz-Reformen gnadenlos durchpeitscht, sondern auch seine große Steuerreform vorziehen will. Das würde sowohl beim Bund, als auch in den Ländern zu erheblichen Einnahmeausfällen führen. Insgesamt soll die Steuerreform ein Volumen von 17 Milliarden Euro umfassen. Steinbrück hält es für »illusorisch«, diese Summe über den Abbau von Subventionen einzusparen.

Im Sommer 2003, als er gerade einmal ein gutes halbes Jahr in NRW regiert, legt er sich fest. Entschlossen kündigt Steinbrück als einziger sozialdemokratischer Ministerpräsident im Bundesrat eine strikte Blockade gegen den Plan der Bundesregierung an, die Steuerreform vorzuziehen. Dabei greift er Kanzler Schröder ganz persönlich an. Dieser betreibe in Berlin ohne jede Abstimmung mit den Ländern eine »egomane Politik« (*Berliner Zeitung*, 26.6.2003), klagt Steinbrück deutlich vernehmbar. Damit spricht er zwar anderen SPD-Landeschefs aus dem Herzen, aber die besitzen nicht den Mumm, ihrer Meinung öffentlich Ausdruck zu verleihen. Prompt füllt Steinbrück als neuer »Gegenspieler des Kanzlers« die Titelseiten. Dabei hat er gute Gründe, verstimmt zu sein. Sein Landesetat steckt tief in den roten Zahlen, und weitere Mindereinnahmen durch die vorgezogene Steuerreform würden seine gesamten Planungen über den Haufen werfen.

Schröder reagiert äußerst ungnädig, weil er von Steinbrück, dem er sich politisch als wirtschaftsfreundlichem Modernisierer eng verbunden fühlt, keine so harte Attacke erwartet hätte. Bei einem gemeinsamen Besuch der Kölner Ford-Werke ist die Spannung zwischen den beiden deutlich zu spüren. Schröder spricht beim Werksrundgang nahezu mit jedem, nur nicht mit Steinbrück. Als dieser sich am Ende des Termins zu ihm ins Auto setzen will, um doch noch das Gespräch mit dem Kanzler zu suchen, schlägt Schröder ihm die Wagentür vor der Nase zu und braust davon.

Trotz dieser Brüskierung suchte Steinbrück diskret einen Ausweg aus dem Dilemma. Dabei ging er durchaus ungewöhnliche Wege: Gemeinsam mit dem hessischen Ministerpräsidenten Roland Koch (CDU) erarbeitete er im Stillen einen Katalog von Steuerprivilegien, deren Abschaffung sowohl Hessen als auch Nordrhein-Westfalen unterstützen würden.

Im Gegensatz zu den meisten anderen Sozialdemokraten schätzte Steinbrück den profilierten konservativen CDU-Politiker sehr. Der sei »schnell im Kopf«, hat er einmal über den Amtskollegen geurteilt. Dieses hanseatisch knappe Lob muss aus der Warte Steinbrücks als höchstmögliche Auszeichnung verstanden werden. Er leidet nämlich darunter, dass seine Umgebung meist nicht so schnell mitkommt, wie er denkt, und es fällt ihm schwer, dafür auch noch Verständnis zu zeigen. Intellektuelle Überlegenheit darf höchstens gefühlt, aber nie demonstriert werden – diese Lektion hat Steinbrück in der Politik lernen müssen. In dem blitzgescheiten Koch jedoch entdeckte er einen Kollegen, den er auf gleicher Höhe verortete und mit dem sich unbelastet von Parteizwängen und ideologischen Schaukämpfen vernünftig über politische Fragen sprechen ließ.

Wochenlang redeten die beiden, beauftragten einen Stab von Vertrauten in den Finanzministerien von Düsseldorf und Wiesbaden mit Recherchen und suchten Kompromisse. Vor allen Dingen aber schwiegen sie eisern, als die Presse Wind von der heimlichen schwarz-roten Verständigung bekam, die da vorbereitet wurde. Als die »Koch-Steinbrück-Liste« Ende September 2003 schließlich vorgestellt wurde, fanden sich darin spitz gerechnete und Punkt für Punkt belegte Kürzungsvorschläge in Höhe von 15,8 Milliarden Euro. Das hatte Gewicht. NRW als wichtigstes SPD-Land und Koch als stärkster CDU-Landespolitiker waren Einflussfaktoren, die selbst ein verärgerter Kanzler

Schröder nicht ignorieren konnte. Auf der anderen Seite enthielt die Liste natürlich nur zum Teil echte Einsparungen wie etwa die Verringerung der Steinkohlehilfen; ein schmerzliches Zugeständnis des NRW-Ministerpräsidenten Steinbrück. Der größte Teil des »Subventionsabbaus« bestand in versteckten oder indirekten Steuererhöhungen. Die Kürzung von Eigenheimzulage, Pendlerpauschale und Sparerfreibetrag, um nur einige zu nennen, führten ja am Ende dazu, dass die Betroffenen vom Fiskus stärker zur Kasse gebeten wurden. Teile der »Koch-Steinbrück-Liste« wurden schließlich umgesetzt, andere scheiterten im Verlauf des politischen Streits. Die vorgeschlagene Verringerung der Entfernungspauschale für Fahrten zum Arbeitsplatz verwarf das Bundesverfassungsgericht 2008 als grundgesetzwidrig.

Neben diesem Kräftemessen mit Schröder wegen der Steuerreform stand Steinbrück kurz nach seinem Start als Ministerpräsident noch ein weiterer Kampf bevor: Die Grünen legten sich wieder einmal quer. Diesmal ging es nicht um Braunkohle, Feldhamster oder Autobahnen, sondern ausgerechnet um Steinbrücks neues Lieblingsprojekt, den »Metrorapid«. Diese Auseinandersetzung sollte sich als die folgenschwerste in einer langen Reihe von Zusammenstößen erweisen und das Verhältnis zwischen Steinbrück und den Grünen dauerhaft beschädigen.

KAPITEL 7

DAS SCHANGHAI-SYNDROM

An Silvester kann es der Ministerpräsident von Nordrhein-Westfalen eigentlich immer ordentlich krachen lassen. Egal ob in Bonn, Köln oder Düsseldorf – irgendwo entlang des Rheins gibt es mit Sicherheit ein prächtiges Feuerwerk. Peer Steinbrück ist zwar kein Freund solcher Volksbelustigungen, doch bei seinem ersten Jahreswechsel als Regierungschef hätte er sich schon mit einem Glas Sekt unter die Bürger gemischt. Das gehört dazu, wenn man nicht nur oberster Politikmanager, sondern auch Landesvater sein will.

Allerdings steht in Steinbrücks Kalender am 31. Dezember 2002 ein Termin, der jede Silvesterparty in heimischen Gefilden unmöglich macht: Thyssen-Krupp, Siemens und der Oberbürgermeister von Schanghai haben deutsche und chinesische Spitzenpolitiker eingeladen, an der Einweihung des neuen Transrapid teilzunehmen, der das Zentrum der Millionenmetropole mit dem weit außerhalb gelegenen Flughafen verbindet. Und so kommt es, dass am letzten Tag des Jahres 2002 Siemens-Chef Heinrich von Pierer und Thyssen-Krupp-Vorstandsvorsitzender Ekkehard Schulz gleich vier prominente SPD-Politiker in Schanghai begrüßen können: Neben Bundesverkehrsminister Manfred Stolpe und Bundeswirtschaftsminister Wolfgang Clement hat es sich selbst Bundeskanzler Gerhard Schröder nicht nehmen lassen, an der Eröffnung der ersten Transrapidstrecke weltweit teilzunehmen. Die Medien feiern diesen sichtbaren Exporterfolg deutscher Spitzentechnik mit vielen schönen Bildern, und da will Schröder, der »Genosse der Bosse«, ganz bestimmt nicht fehlen.

Auch für Steinbrück ist die Jungfernfahrt des Transrapid in Schanghai ein Pflichttermin. Schließlich kämpft er dafür, mit dem »Metrorapid« ein ähnliches Projekt in Nordrhein-Westfalen zu verwirklichen. Dabei handelt es sich um eine Schnellverbindung zwischen Düsseldorf und Dortmund, die auf der Transrapidtechnik beruht. Die Züge sollen im Zehn-Minuten-Takt verkehren und für die knapp 80 Kilometer lange Strecke 34 Minuten brauchen, einschließlich Zwischenstopps am Flughafen Düsseldorf, in Duisburg, Mühlheim, Essen und Bochum. Trotz der zahlreichen Haltepunkte ist eine Geschwindigkeit von 300 Stundenkilometern angestrebt, und man rechnet mit 40 Millionen Fahrgästen pro Jahr.

Obwohl Steinbrück sich als schleswig-holsteinischer Wirtschaftsminister klar gegen eine Transrapidverbindung zwischen Hamburg und Berlin ausgesprochen hat, fordert er jetzt als NRW-Ministerpräsident vehement die Unterstützung des Bundes für seinen »Metrorapid« ein. Für ihn ist diese superschnelle Verbindung zwischen der Landeshauptstadt und den wichtigsten Städten entlang der Ruhrgebietsachse ein absolut vorrangiges Verkehrsprojekt. Dabei geht es ihm nicht nur um die Entlastung der stark befahrenen Straßen in der Region, sondern auch um ein »Signal für die Zukunftsfähigkeit des Landes«.

Wie immer stellt die Finanzierung der Magnetschwebebahn das größte Problem dar. Nach dem Scheitern der Hamburg-Berlin-Verbindung ist der Metrorapid eines der Alternativprojekte, denn die Industrie drängt nach wie vor darauf, zur Sicherung künftiger Exporterfolge eine heimische Referenzstrecke zu bauen. Kaum jemand im Ausland werde die neue Magnetschwebetechnik bei Siemens und Thyssen-Krupp bestellen, wenn die Deutschen weiterhin bei dem konventionellen Rad-Schiene-System blieben, lautet das Argument.

Dennoch stellte der Bau der Flughafenverbindung in Schanghai nur eine wichtige Zwischenstation dar. Erstens war die Strecke viel zu kurz, weil die wirklichen Vorteile des Schnellzugs als Alternative zum Flugzeug erst auf weiten Distanzen zur Geltung kommen. Zweitens hatte die Bundesregierung mit einem dreistelligen Millionenbetrag geholfen, den Bau des Transrapid in Schanghai zu verwirklichen. Ohne den Zuschuss des deutschen Steuerzahlers wäre das Vorzeigeprojekt in China sicher nicht entstanden.

Der Bund bot für Alternativprojekte in Deutschland ebenfalls namhafte Zuschüsse an. Insgesamt waren knapp 2,3 Milliarden Euro vorgesehen – für den Metrorapid und eine zweite Strecke in München, die den neuen Franz-Josef-Strauß-Flughafen weit vor den Toren der Stadt im Erdinger Moos mit dem Zentrum der bayerischen Metropole verbinden sollte.

Natürlich entbrannte in der Folge zwischen Bayern und NRW ein heftiger Kampf um die Aufteilung der Mittel. Keine der beiden Verbindungen konnte ohne kräftige öffentliche Zuschüsse in Bau gehen. Am Ende entschied jede Million mehr oder weniger über Sein oder Nichtsein. Ebenso wie Steinbrück erhob auch der bayerische Ministerpräsident Edmund Stoiber die Flughafenverbindung in seiner Landeshauptstadt zur Prestigefrage. Nach längerem Tauziehen zwischen Düsseldorf, München und Berlin sollten dann 1,75 Milliarden Euro für den Metrorapid und 550 Millionen Euro für die Münchner Flughafenanbindung bereitgestellt werden.

Sogleich wurden Zweifel laut, ob die Beträge denn für die jeweilige Realisierung ausreichend seien. Bahnchef Hartmut Mehdorn, der designierte Betreiber der Transrapidverbindungen, forderte schließlich, dass Bund und Länder – wie bei Schienenverbindungen üblich – die Gesamtkosten für den Fahrweg übernehmen sollten. Und in Kreisen der Bauindustrie wurden Bedenken geäußert, ob die tatsächlichen Baukosten mit den Planungen und den zur Verfügung stehenden Zuschüssen wirklich in Einklang zu bringen seien.

Steinbrück ahnte früh, dass das Geld nicht reichen würde. Zu allem Überfluss legten sich auch noch die Grünen quer und unterstützten lautstark alle Kritiker des Projekts, spielten in der öffentlichen Auseinandersetzung mit alternativen Verkehrsverbänden und anderen Gegnern des Metrorapid erkennbar über Bande. Steinbrück brachte dieses neuerliche Störmanöver zur Weißglut. Wieder einmal drohte durch den Widerstand des Koalitionspartners ein wichtiges Infrastrukturprojekt für Nordrhein-Westfalen und die deutsche Industrie zu scheitern.

Nach endlosen Verhandlungen stimmte Steinbrück mit zusammengebissenen Zähnen dem Kompromiss zu, dass der Metrorapid nur gebaut werden dürfe, wenn dadurch der Landeshaushalt nicht belastet werde. Damit wurde die Finanzierung zur Achillesferse des Projekts, denn von nun an war man ganz auf die Mittel des Bundes und den Beitrag des Industriekonsortiums angewiesen. Die Grünen nutzten das zu ihren Gunsten und schafften es am Ende, den Metrorapid ganz aus den Angeln zu heben. Bereits Ende 2002 musste der sozialdemokratische NRW-Verkehrsminister Axel Horstmann einen *Focus*-Bericht über das bevorstehende Aus für die Schnellbahn bestätigen (52/2002). Die Experten seines Ressorts hatten in einem vertraulichen Papier errechnet, dass der Metrorapid allein mit dem bisher zugesagten Bundeszuschuss von 1,75 Milliarden Euro nicht zu bauen sei. Trotzdem hatte der Verkehrsminister einen Ausweg parat: »Es spreche einiges dafür«, so Horstmann, »dass die Bundesregierung auch die 550 Millionen Euro, die für den Transrapid in München vorgesehen sind, nach NRW gibt.« Steinbrück griff die Idee auf und versuchte in der Folge, die für München vorgesehenen Mittel abzuzweigen und auf seinen Metrorapid umzulenken.

Ein Grund mehr, warum die Reise mit Schröder, Clement und Stolpe nach Schanghai für ihn von zentraler Bedeutung war. Er wollte dort die Gelegenheit nutzen, mit den Verantwortlichen in der Bundesregierung über den Deal zu sprechen und sie von seinem Plan zu überzeugen. Dabei kam ihm zugute, dass alle mit dieser Sache befassten Leute befreundete SPD-Politiker waren und vor allem Bundeswirtschaftsminister Clement alles dafür tun würde, den schon zu seiner Amtszeit diskutierten Metrorapid umzusetzen. Zum Glück störte der Konkurrent aus Bayern Steinbrücks Offensive nicht: Edmund Stoiber hatte seine Teilnahme an der Streckeneröffnung in Schanghai abgesagt.

So kommt es, dass Steinbrück, Schröder, Clement und Stolpe an Silvester 2002 in bequemen Polstersesseln sitzen und mit 430 Stundenkilometern auf Flughöhe null durch die Vororte der chinesischen Millionenmetropole Schanghai zum Pudong International Airport rauschen. Selbst bei Höchstgeschwindigkeit wackelt der Zug nicht; kein Tropfen schwappt aus den Teetassen heraus, die auf den kleinen Tischen im Abteil abgestellt sind. Egal ob auf der Versuchsstrecke im Emsland oder auf der noch schnelleren Verbindung in Schanghai: Kaum jemand, der einmal mit einem Transrapid gefahren ist, kann sich der Faszination dieser pfeilschnellen und dabei lautlos gleitenden Magnetschwebebahn entziehen. Auch die vier Topgenossen reden sich während der Eröffnungsfahrt in echte Begeisterung. Es dürfe doch einfach nicht wahr sein, dass Deutschland als Hightechland und Exportweltmeister nicht in der Lage sein solle, eine so fortschrittliche Technik im eigenen Land umzusetzen. Die anwesenden Manager pflichten den Politikern bei. Wenn man sehe, dass sich China in Lichtgeschwindigkeit entwickle und mit Riesenschritten seinen industriellen Rückstand aufhole, könne einem in Deutschland schon angst und bange werden, lautet der Tenor der Diskussion.

Es ist vor allem die Umsetzungsgeschwindigkeit, die ausländische Gäste begeistert. Insbesondere die quirlige und glitzernde Megastadt Schanghai mit ihren Wolkenkratzern und Neonfassaden zieht deutsche Manager immer wieder aufs Neue in ihren Bann. Dort wird mit unbeschreiblichem Tempo geplant und gebaut; ob Häuser, Autobahnen, Fabriken oder eben Schnellbahnverbindungen. Angesichts der langwierigen Raumordnungsverfahren in Deutschland stimmen die einfliegenden Manager dann gerne das Klagelied über die bürokratischen Fesseln in der Heimat an. Dass in China jedes Haus, das einem neuen Projekt im Weg steht, einfach weggebaggert wird, blenden die begeisterten Wirtschaftsleute lieber aus, wenn sie das Hohelied auf den chinesischen Fortschritt singen. Solange man zu Hause gegen jede Bushaltestelle klagen kann, die in Reichweite der heimischen Villa geplant wird, lässt sich im Ausland trefflich über Innovationsfähigkeit philosophieren.

Doch der »China-kann-es-besser-Virus« ist hartnäckig und befällt bei der Silvesterfahrt mit dem Transrapid prompt auch die deutsche Delegation. Vor allem Clement und Steinbrück reden sich geradezu in einen Rausch hinein. Seit Jahren führen sie mit den Grünen daheim einen zähen und frustrierenden Kleinkrieg um jedes Projekt, das der Wirtschaft wichtig ist. Und dann sehen die beiden hier im Reich der Mitte, wie rasend schnell die Dinge sich entwickeln können, wenn man nur will.

Zurück in Düsseldorf lässt Steinbrück die Grünen spüren, dass für ihn eine neue Zeit angebrochen ist, seit er den Boom und das Tempo in Asien mit eigenen Augen gesehen hat. Unwirscher denn je reagiert der Ministerpräsident, wenn der kleine Koalitionspartner seiner Meinung nach wieder einmal Sand ins Getriebe wirft. Die Grünen sprechen bereits vom »Schanghai-Syndrom«, unter dem Steinbrück seit der Chinareise leide.

In Wirklichkeit kommt bei ihm jetzt alles hoch, was er seit Beginn seiner Politikerkarriere im Ringen mit den Grünen erlebt hat. Der Streit um die Ostseeautobahn, der Braunkohletagebau in Garzweiler, der Flughafenausbau in Düsseldorf und der Metrorapid waren ja nur die Spitze des Eisbergs. Stärker noch wirken die vielen kleinen Einwendungen und Blockaden nach, die Steinbrück mehr und mehr als Nadelstiche empfunden hat. Von Anfang an mochte er das Missionarische bei den Grünen nicht, ihre Betroffenheitsethik und den Anspruch, grüne Themen als moralisch höherwertig zu beurteilen und deshalb über andere Politikfelder zu stellen. Steinbrück, der selbst im Ruhrpott mit Nadelstreifen und Krawatte herumläuft, hasst im Grunde bei seinen langjährigen Partnern auch den alternativen Schlabberlook und ihren Hang zum Gutmenschentum. Als der ganze Frust und Ärger wieder einmal aus ihm herausbricht, ahnt Wirtschaftsminister Harald Schartau, wohin das noch führen könnte. »Hör auf mit dem Mist«, warnt er den Ministerpräsidenten. »Sonst ist die Regierung am Ende.«

Der Höhepunkt der schlechten Laune ist erreicht, als Umweltministerin Bärbel Höhn nach Steinbrücks Rückkehr aus Schanghai in einer Kabinettssitzung die neue nordrhein-westfälische Stapelverordnung für Osterfeuer verteidigt, die zum Schutz der Klein- und Kriechtiere erlassen werden soll. Steinbrück sei rot angelaufen und habe regelrechten Ausschlag auf der Haut bekommen, kolportiert später ein Zeuge. Ob wahr oder nicht, die Begebenheit zeigt jedenfalls, dass sich die gegenseitige Abneigung über politische Fragen hinaus bis hin zur körperlichen Antipathie gesteigert hat.

Auch in Berlin flogen damals die Fetzen zwischen SPD und Grünen. Bei einer Sitzung der wichtigsten rot-grünen Politiker von Bund und Ländern im Kanzleramt geriet Steinbrück vor versammelter Mannschaft lautstark mit Claudia Roth aneinander. Anlass des Streits war die Antidiskriminierungsrichtlinie der EU. Die Grünen forderten bei der Umsetzung in deutsches Recht zusätzliche Regelungen, was Steinbrück brüsk ablehnte. Er habe die Nase voll von »grüner Betroffenheitspolitik«, schleuderte er Claudia Roth entgegen, er sei diese »Rituale« und dieses »Palaver« leid. Die Parteivorsitzende der Grünen ließ sich den Schneid nicht abkaufen. »So geht das nicht, Herr Steinbrück, wir erledigen hier unser Geschäft«, fauchte Roth zurück. Franz Müntefering musste schließlich eingreifen, damit die Situation nicht eskalierte.

Doch Beschwichtigungen halfen nicht mehr, das »Schanghai-Syndrom« hatte sich endgültig bei Steinbrück festgesetzt. Seit er das ungestüme Wachstum in China erlebt hatte, diese Erneuerungswut, war er es leid, in Nordrhein-Westfalen nur eine Echternacher Springprozession anzuführen. Zwei Schritte vor, einen zurück. Jedes Projekt hier, jeder kleinste Zwischenschritt musste mühsam errungen, erschlichen, erbettelt werden. Nicht nur bei den Grünen, sondern auch bei den Bezirkssekretären der allgegenwärtigen Gewerkschaften, den Umweltverbänden und Bürgerinitiativen, den Ortsverbänden der SPD, den Kreistagen und Bürgermeistern sowie der ganzen Pressemeute. Die Medienvertreter gingen ihm nicht zuletzt deshalb zunehmend auf die Nerven, weil sie ihn wegen seiner norddeutschen Herkunft zu einer Art Außerirdischem stempelten, zu einem ET im Kohlenpott.

Bei der SPD kann Steinbrück nicht viel verändern, aber mit den Grünen ist er durch. Fast zwölf Jahre lang hat er in rot-grünen Bündnissen mit in der Regierungsverantwortung gesessen, jetzt reicht es ihm. Steinbrück will sich von dem kleinen Partner, den er inzwischen nur noch als Fortschrittsfeind empfindet, politisch lösen. »Alles was sich wie Mehl über die Landschaft legt, was nach Bremsklötzen riecht, kann sich diese Koalition nicht leisten«, warnt er die Grünen. Der Blick des Ministerpräsidenten schweift wieder einmal hinüber zur FDP, die mit fast zehn Prozent der Stimmen aus der letzten Wahl hervorgegangen ist und in seinen Augen eine gute Alternative wäre. Im Sommer 2003, ein knappes halbes Jahr nach dem Besuch in Schanghai, sind die Zeitungen voll davon, dass Steinbrück ganz offenkundig einen Bruch der rot-grünen Koalition in NRW provozieren wolle. Angesichts der Probleme des Landes mit mehr als einer Million Arbeitslosen dürfe es »jetzt keine selbsttherapeutischen quälenden Prozesse mehr geben«, propagiert der Ministerpräsident und verordnet dem Regierungsbündnis in Düsseldorf einen mehrwöchigen »ergebnisoffenen Klärungsprozess« (*taz*, 13.6.2003). Nordrhein-Westfalen brauche dringend »einen Politikwechsel, damit niemand einen Regierungswechsel will«, orakelt er mit drohendem Unterton.

Die Botschaft wird verstanden, führt aber nicht zu dem von Steinbrück erhofften Effekt. Im Gegenteil beginnt in der SPD eine erschrockene Debatte über die Frage, ob man an den Grünen festhalten oder Steinbrück folgen und zu den Liberalen wechseln solle. Die FDP ist zwar seit 2002, nach dem Wechsel von Jürgen Möllemann zu Andreas Pinkwart, wieder von ihrem populistischen Kurs abgewichen, doch den meisten Genossen an Rhein und Ruhr liegt die Partei mit ihrem liberalen, wirtschaftsfreundlichen Weltbild deutlich weniger als die Grünen, deren Landesverband in NRW mehrheitlich dem linken Flügel und nicht den Realos zuneigt.

Steinbrück hingegen ist die FDP zu dieser Zeit deutlich lieber. Er spricht mit seinem Bruder Birger darüber, der in Köln wohnt und lange Mitglied der FDP war. Der Jurist ist ein klassischer Sozialliberaler, beeindruckt von den Freiburger Thesen und dem ehemaligen FDP-Generalsekretär Karl Hermann Flach, dem großen Reformer der liberalen Bewegung in Deutschland. Birger Steinbrück sind bürgerliche Freiheiten wichtiger als die später im Neoliberalismus stark betonten wirtschaftlichen Freiheiten. Die zwischenzeitliche Reduzierung der FDP auf ein rein ökonomisches Profil hat ihn enttäuscht.

Beide Steinbrück-Brüder sind politisch durch die Ablehnung althergebrachter Autoritäten sozialisiert worden. Der Aufbruch zu mehr Offenheit und das Herauslösen aus dem Muff der Adenauer-Ära haben bei ihnen wie bei vielen ihrer Generation zu einer freiheitlichen Grundhaltung geführt, die immer wieder durchscheint. Für Birger führte das konsequent zur FDP, für seinen Bruder Peer wegen Willy Brandt und seiner im Kern libertären Mission »Mehr Demokratie wagen« zur SPD. Er ist nicht aus Gründen der sozialen Gerechtigkeit in die SPD eingetreten, und sein politisches Engagement war nie von dem Ziel geprägt, als Anwalt der Schwachen aufzutreten. Der Altruismus vieler Sozialdemokraten ist ihm immer fremd geblieben. »Er ist ein Teil der Freiheits-SPD«, sagt Volker Hauff, einer der politischen Ziehväter, heute über seinen ehemaligen Mitarbeiter. Schon als Referent habe er stets offen seine Meinung geäußert und nie mit Kritik gespart, auch nicht gegenüber ihm, dem Minister. Steinbrück habe Bestehendes stets infrage gestellt, erinnert sich Hauff. Er habe etwas verändern, voranbringen wollen. Das unterscheidet ihn im Kern von den Grünen, die als Umweltpartei einen bewahrenden, strukturkonservativen Kurs verfolgen.

Doch Steinbrücks Provokationen kommen in Berlin schlecht an. Kanzler Schröder ist wegen seiner Reformpolitik selbst in einer schwierigen Lage und kann das Zerbrechen eines so wichtigen rot-grünen Bündnisses wie in NRW nicht gebrauchen. Die Signalwirkung würde über Düsseldorf hinaus bis nach Berlin reichen, mit ungewissem Ergebnis. Schröder muss in der Hauptstadt alle politischen Kräfte anspannen, um die umstrittene »Agenda 2010« gegen den verbreiteten Unmut in der SPD durchzusetzen. Allein im April 2003 haben 7300 Genossen ihr Mitgliedsbuch zurückgegeben. In seiner Not ruft der Kanzler sogar einen Sonderparteitag ein, um über Hartz-IV und andere Einschnitte abstimmen zu lassen. Dort will er das Reformwerk als rot-grünes Umbauprojekt interpretieren. Das aber ist nicht mehr möglich, wenn Steinbrück in NRW die Koalition mit den Grünen mutwillig vor die Wand fährt. Mit der FDP und einer rot-gelben Koalition in Düsseldorf würde die Agenda 2010 nicht als Reformpaket, sondern als Abbauprogramm verstanden, fürchtet Michael Müller, der Vorsitzende der nordrhein-westfälischen SPD-Abgeordneten im Bundestag. Die SPD-Linke könnte das Einverständnis der Parteispitze mit einem Schwenk zur FDP als Hinweis auf einen weiteren neoliberalen Kursschwenk interpretieren. »Wir müssen darauf achten, dass nicht durch die Koalitionskrise am Rhein ein Schatten auf die Regierungsfähigkeit in Berlin fällt.«

Auch machtstrategisch hat die rot-grüne Bundesregierung kein Interesse an einer sozialliberalen Verbindung in Düsseldorf. Im Bundesrat müsste NRW sich nämlich immer dann enthalten, wenn sich mit der FDP keine gemeinsame Line finden ließe. Ohne die sechs Stimmen vom Rhein jedoch hätte die Bundesregierung in der Länderkammer künftig eine Zweidrittelmehrheit gegen sich und würde damit jeglichen politischen Spielraum verlieren.

Als Steinbrück schließlich Schröder, Joschka Fischer und Kanzleramtsminister Frank-Walter Steinmeier trifft, ist die Ansage aus Berlin glasklar: kein Bruch der Koalition mit den Grünen in Düsseldorf, kein Wechsel zur FDP, weitermachen wie bisher und Kompromisse suchen. Selbst Johannes Rau, als Bundespräsident eigentlich zur parteipolitischen Neutralität verpflichtet, nimmt seinen ehemaligen Büroleiter ins Gebet und beschwört ihn, trotz aller Schwierigkeiten aus übergeordneten Gründen bei den Grünen zu bleiben. Mit der FDP wäre es zudem nur eine Frage der Zeit, bis sie zur CDU wechseln und die SPD in die Opposition stoßen würde, warnt Rau.

Auch Harald Schartau, der Vorsitzende der NRW-SPD, redet in diesem Sinne auf Steinbrück ein. »Der nächste Zahnarzt hat auch einen Bohrer«, mahnt er eindringlich all jene in der SPD, die sich mit den Liberalen als Partner weniger Ärger versprechen. »Mit der FDP würden wir uns zwar nicht mehr über die Krötenzäune vor der Zeche unterhalten, aber dafür nur noch über den Abbau von Arbeitsplätzen in der Zeche« (*Handelsblatt*, 30.5.2003).

Angesichts des geballten Widerstands bleibt Steinbrück keine andere Wahl, als zähneknirschend nachzugeben. Auf dem Altar der Verständigung muss der inzwischen als »Grünenfresser« bezeichnete Ministerpräsident sogar sein Lieblingsprojekt opfern: den Metrorapid. Inzwischen sieht die Bundesregierung nämlich doch keine Möglichkeit mehr, die für München vorgesehenen 550 Millionen Euro ersatzlos zu streichen und vollständig ins Ruhrgebiet umzulenken. Vor allem Bundesverkehrsminister

Manfred Stolpe lehnt den Plan ab. Für beide Projekte habe es feste Zusagen gegeben, auch gegenüber der Deutschen Bahn und der beteiligten Industrie. Angesichts der ständig wachsenden Kostenkalkulation und des anhaltenden Widerstands kommt Steinbrück nach längerer Abwägung zu dem Entschluss, dass sein Metrorapid zwischen Düsseldorf und Dortmund ein unfinanzierbarer Traum bleiben muss.

Im Sommer 2003 wurde das Zerwürfnis zwischen Steinbrück und den Grünen mit dem sogenannten »Düsseldorfer Signal« schließlich beigelegt. In dieser Erklärung »für Erneuerung und Konzentration« verpflichteten sich die Koalitionäre dazu, politische Entscheidungen rascher umzusetzen. Es solle »mehr Freiraum für wirtschaftliche Unternehmungen« geschaffen werden. Außerdem bekannten sich die Parteien dazu, dass »im Industrieland NRW Arbeit und Umwelt zusammengehören«. Insgesamt war die 16-seitige Erklärung eine Bekräftigung des Koalitionsvertrags.

Obwohl sich SPD und Grüne in den folgenden Monaten etwas mehr zusammenrissen und nicht gleich jede Meinungsverschiedenheit mit schärfster Bewaffnung austrugen, war das Tischtuch zerschnitten. Man hatte es nur mit grobem Garn notdürftig zusammengeflickt. Die heraufziehende wirtschaftliche Flaute, die steigenden Arbeitslosenzahlen und der beginnende Machtzerfall des rot-grünen Bündnisses in Berlin wirkten sich auch auf Steinbrücks Regierung aus. Das Vertrauen der Bürger in die Fähigkeit der zerstrittenen Koalition war nachhaltig erschüttert – man traute es ihr nicht mehr zu, die Probleme in den Griff zu bekommen. Am Ende hatten die beiden Streithähne kräftig Federn gelassen.

KAPITEL 8

IMMER WIEDER AUFSTEHEN

Im Berliner Prominentenlokal »Borchardts« werden unbekannte und halb wichtige Gäste meistens auf die eng stehenden Tische vorne im Restaurant verteilt. Die wirklichen VIPs hingegen dürfen etwas weiter hinten im geräumigeren Teil Platz nehmen. Dort ist man vor neugierigen Blicken besser geschützt und läuft beim Essen auch nicht Gefahr, den Ellenbogen vom Nachbarn am Nebentisch in den Rippen zu spüren.

Ministerpräsident Peer Steinbrück zählt im Frühjahr 2005 ohne Zweifel zur Kategorie der Toppromis. Er hockt im hinteren Teil der Edelkantine am Kopf einer großen Tafel und redet mit einigen Journalisten ohne große Lust über den zäh verlaufenden Wahlkampf in Nordrhein-Westfalen. Plötzlich schlendert der ehemalige Regierende Bürgermeister von Berlin, Eberhard Diepgen, vorbei. Die Herren grüßen einander freundlich, und Diepgen kann sich einen spöttischen Witz nicht verkneifen. »Wissen Sie eigentlich, was NRW heißt?«, fragt er Steinbrück. Der kennt den Scherz bereits zur Genüge und antwortet prompt: »Das heißt Noch Regieren Wir – und zwar noch lange!«

Politische Witze tragen oft einen wahren Kern in sich, das weiß nicht nur Wahlkämpfer Steinbrück. Im Frühjahr 2005 hat sich das Klima für Rot-Grün in ganz Deutschland massiv verschlechtert. Über fünf Millionen Menschen sind ohne Job und nur noch 26,5 Millionen sozialversicherungspflichtige Arbeitnehmer kommen für die sozialen Sicherungssysteme auf. Die fünf Wirtschaftsweisen rechnen bestenfalls mit einem Miniwachstum von knapp einem Prozent. Der Anstieg des Euro gegenüber dem Dollar verschlechtert die Exportchancen der heimischen Industrie. Der Preis für ein Barrel Rohöl hat mit mehr als 56 Dollar ein neues Allzeithoch erreicht. Die Kosten für Benzin steigen ebenso wie die Sozialabgaben. Die am Jahresanfang wirksam gewordene Senkung der Einkommensteuer ist bereits wieder verpufft. Die Unternehmer warten auf neue konjunkturelle Impulse und stellen solange niemanden mehr ein. Die Arbeitslosen warten ihrerseits auf neue Jobs und halten deshalb ihr Geld zusammen. Die Kaufzurückhaltung schadet wiederum der Konjunktur, auf deren Anspringen die Unternehmer warten. Ein ökonomischer Teufelskreis.

In seiner Verzweiflung lockerte Kanzler Schröder bereits 2003 alle Bremsen, um das Land des Wartens in eine Nation des Aufbruchs zu verwandeln. Sein Bündel tief greifender Reformmaßnahmen sollte Jahre später von der Union als Initialzündung für die wachsende Wettbewerbsfähigkeit Deutschlands gelobt werden, aber da war Schröder schon lange abgewählt.

Als er im März 2003 die Agenda 2010 im Bundestag vorstellte, rang sich die völlig überrumpelte SPD-Fraktion einen mühsamen Pflichtbeifall ab, während die erstaunte Union schwieg. Die SPD brauchte einige Zeit, um die Konsequenzen der Agenda 2010 wirklich zu verstehen und ihre Sprache wiederzufinden. Danach jedoch riss die Kritik der Parteilinken an der Politik des Modernisierers Schröder nicht mehr ab. Das Wort »Reform« verkam zum Negativbegriff. Es wurde mit Einschnitt übersetzt und vor allem von den normalen Arbeitnehmern, der Stammklientel der SPD, als Bedrohung verstanden. Auch die Arbeitslosen erkannten ihre SPD nicht wieder, die sich plötzlich darin gefiel, langjährige Facharbeiter, die ihren Job verloren, mit Berufsanfängern gleichzustellen. Vor allem die Älteren fürchteten, im Fall anhaltender Erwerbslosigkeit mit Hartz IV zu verarmen und als Rentner alles einzubüßen, was man sich zuvor in einem mühsamen Arbeitsleben aufgebaut hatte. Gleichzeitig erhielten die Großkonzerne Steuerfreiheit, wenn sie ihren Beteiligungsbesitz verkauften. Die Herren in den Steuerabteilungen der Unternehmen konnten ihr Glück kaum fassen. Es gab viele Umfragen in dieser Zeit. Das für Schröder schlimmste Ergebnis lautete wohl, dass nur noch fünf Prozent der Befragten dem Kanzler zutrauten, neue Arbeitsplätze zu schaffen. Nach einem solchen Misstrauensvotum gilt ein Regierungschef eigentlich als gescheitert.

Der bundesweite Negativtrend war 2005 auch in Nordrhein-Westfalen deutlich zu spüren. Steinbrück zählte allein hier im alten Industrierevier mehr als eine Million Arbeitslose. Bei der eher traditionell eingestellten Ruhrgebiets-SPD wurden die Folgen der Agenda 2010 besonders kritisch diskutiert. Aber nicht nur das verhagelte Steinbrück den Wahlkampf. Wer genauer hinschaute, erkannte, dass der schleichende Vertrauensverlust für die Sozialdemokratie an Rhein und Ruhr schon Jahre vorher in Gang gekommen war.

1995 hatte die SPD nach 15 Jahren Alleinregierung die absolute Mehrheit eingebüßt. Bei den Kommunalwahlen 1999 verlor sie erstmals rote Hochburgen wie Gelsenkirchen, Hamm oder Bielefeld. In wichtigen Städten wie Köln oder Mühlheim an der Ruhr bildeten sich schwarz-grüne Bündnisse, die der SPD-Vorherrschaft in den Rathäusern ein Ende bereiteten. Hinzu kam, dass immer mehr lokale Skandale aus dem roten Filz bekannt wurden. Als Steinbrück seinen Wahlkampf begann, hatte die SPD in NRW nur noch 160 000 Mitglieder. Die CDU unter Führung von Jürgen Rüttgers konnte dagegen auf 185 000 Menschen in ihren Reihen zählen. Es waren also letztlich zwei Negativtrends, denen Steinbrück sich 2005 gegenübersah: Die Partei zeigte nach jahrzehntelanger Machtausübung deutliche Verschleißerscheinungen, und der Gegenwind zur Agenda-Politik aus Berlin blies ihm eisig ins Gesicht.

Große Teile der Arbeitnehmerschaft wendeten sich in dieser Zeit von der Sozialdemokratie ab und flüchteten in das wachsende Lager der Nichtwähler. Andere gingen zur WASG, dem westdeutschen Ableger der SED-Nachfolgepartei PDS. Trotz wachsender Proteste hielt Schröder jedoch eisern Kurs, verschärfte damit nur noch die Auseinandersetzung. Zu seinen getreuen Gefolgsleuten zählte Peer Steinbrück. Der ließ sich sogar mit den Worten zitieren, die Agenda 2010 »geht noch nicht weit genug« (*Der Spiegel*, 33/2005). Beifall erhielt er dafür nicht.

In den Umfragen lagen Steinbrücks persönliche Werte 2005 zwar vor denen seines Herausforderers Jürgen Rüttgers, aber die SPD als Partei fiel nach den Erhebungen der Demoskopen Woche für Woche hinter die Union zurück. Damit rückte das Undenkbare erstmals in greifbare Nähe: Machtwechsel in Düsseldorf nach 39 Jahren SPD-Herrschaft!

Kurz vor der schicksalhaften Landtagswahl am 22. Mai 2005 bittet Kanzler Schröder den NRW-Ministerpräsidenten zu einem vertraulichen Gespräch. Unter strikter Geheimhaltung wird Steinbrück in den Plan eingeweiht, sofort Neuwahlen im Bund anzustreben, falls Nordrhein-Westfalen verloren gehen sollte. Zunächst ist Steinbrück erschrocken. Schlimm genug, falls er als Verlierer in NRW das Ende der sozialdemokratischen Ära verantworten muss. Dass er dann auch noch Auslöser für Neuwahlen im Bund und möglicherweise Verursacher des rot-grünen

Machtverlusts werden soll, das trifft ihn schon hart. Doch Schröder und SPD-Chef Franz Müntefering überzeugen Steinbrück, dass im Fall einer Niederlage in Düsseldorf das Weiterregieren in Berlin keinen Sinn mehr macht.

In den Sitzungen der SPD-Bundestagsfraktion spüren Müntefering und Schröder bereits die zunehmenden Widerstände. »Ich kann die Gefolgschaft nicht mehr sicherstellen«, hatte Müntefering dem Kanzler eingestehen müssen. Ein Aufstand gegen die Partei- und Regierungsspitze, so die Warnung, könne jederzeit losbrechen. Für Schröder, der bereits gegen einen schwarz-gelb dominierten Bundesrat regieren muss, ist damit das Ende der Fahnenstange erreicht. Er lässt sich weder niederstimmen, noch von den eigenen Genossen aus dem Kanzleramt jagen. Dann lieber die Flucht nach vorne antreten und Neuwahlen anstreben. In offener Feldschlacht unterzugehen entspricht eher dem Naturell des Kanzlers, als sich durch eine Revolte einfach absetzen zu lassen. »Lieber abgewählt als abgemurkst«, fasst ein Vertrauter von Schröder dessen Gemütslage zusammen. Ähnlich sarkastisch kommentiert der SPD-Innenpolitiker Dieter Wiefelspütz die Flucht in Neuwahlen. »Der Gerd wollte wenigstens den Strick selbst bestimmen, an dem er gehängt wird« (*Der Spiegel*, 22/2005).

Noch ahnt allerdings niemand etwas von Schröders Plan, alles auf eine Karte zu setzen. Als Steinbrück das Kanzleramt nach der geheimen Unterredung wieder verlässt, spürt er eine schwere Last auf seinen Schultern. Noch am gleichen Abend fliegt er zurück nach Düsseldorf, um den Kampf in NRW zu Ende zu bringen. Am Wahlsonntag, dem 22. Mai, weiß er bereits um 15.30 Uhr, dass die Sache verloren ist. Die Befragung der Bürger vor den Wahllokalen weist auf einen klaren Sieg der CDU hin. Der nächste Ministerpräsident wird nicht mehr Peer Steinbrück heißen, sondern Jürgen Rüttgers.

Das Ende kommt nicht unerwartet, aber es trifft die SPD mit voller Wucht. Als die historische Niederlage durch die 18-Uhr-Prognose auf den Fernsehschirmen bestätigt wird, ist es gespenstig still im Apollo-Theater am Düsseldorfer Rheinufer, wo sich Anhänger und Mitglieder zur Wahlparty versammelt haben. Entsetzen macht sich breit, in manchen Augen schimmern Tränen. Hier, wo sonst Roncalli sein Publikum mit Varietényummern bezaubert, enden an diesem Tag Karrieren und Traditionen. Es wird ein trauriger Abend, an dem auch Steinbrück mit starrem Gesicht seine Tour durch die TV-Wahlstudios macht und die »bittere Niederlage« ohne viel Federlesen eingesteht. »Ich habe gegeben, was ich konnte, es lag nicht an meinem Einsatz«, versichert der Verlierer fast trotzig. Es sei eben nicht gelungen, den Bürgern die erforderliche Reformpolitik verständlich zu machen.

Auch SPD-Landeschef Harald Schartau bekennt vor den frustrierten Anhängern: »Wir haben die Wahl glatt verloren.« Vorsorglich warnt er davor, nun »eine Weltmeisterschaft des Wundenleckens zu beginnen«. Schulddebatten soll es nicht geben. »Peer Steinbrück war ein erstklassiger Spitzenkandidat«, ruft Schartau unter dem Beifall der Gäste im Apollo-Theater.

Der abgewählte Ministerpräsident wirkt ernst, aber nicht geknickt. Knapp zehn Prozentpunkte liegt das SPD-Ergebnis in NRW über den Umfragewerten der Bundespartei. Das hat früher nur Johannes Rau geschafft. Doch Steinbrück weiß, dass mit ihm der rote Faden gerissen ist und er auf immer mit dieser Niederlage verbunden sein wird. Trotzdem trägt keiner es ihm nach an diesem Abend. »Er hat geschuftet wie ein Ackergaul«, lobt SPD-Generalsekretär Michael Groschek. Und auch Steinbrück selbst hat sich in diesem Wahlkampf erstmals »als richtiger Sozi gefühlt«, wie er später sagen wird.

Bis zuletzt kämpfte er für die Agenda-Politik, warb aufrecht für notwendige Veränderungen und beugte sich dabei nicht den Kritikern, um populistische Punkte zu sammeln. Das hat ihn, den kühlen Norddeutschen, emotional aufgeladen und stark mit der unglücklichen SPD verbunden, die so schwer an ihrer Reformverantwortung trägt. Selbst Franz Müntefering, der alte Haudegen aus dem Sauerland, der ihm zuvor immer ein wenig Skepsis entgegenbrachte, hat in dieser Schlacht Achtung vor Steinbrücks Kämpferherz bekommen.

Doch die Fernsehnation bleibt an diesem Abend nicht lange bei dem Wahlverlierer in Düsseldorf. Mitten im Interview mit ihm bricht das ZDF ab, um live nach Berlin zu schalten. Dort hat Franz Müntefering soeben das Willy-Brandt-Haus betreten, um die eigentliche Sensation des Abends zu verkünden: »Sozialdemokraten und Sozialdemokratinnen gehen nicht in die Knie«, ruft der SPD-Chef durch die Kameras in die Wohnzimmer von Millionen Zuschauern. »Wir suchen die Entscheidung.« Statt eines Schuldeingeständnisses oder einer Fehleranalyse tritt Müntefering, wie mit Schröder und Steinbrück abgesprochen, die Flucht nach vorne an. Die Deutschen sollen sich entscheiden, das Patt zwischen Bundestag und Bundesrat müsse aufgelöst werden, so der Parteivorsitzende. Die Nation an den Bildschirmen erstarrt. Wahlen in NRW werden zwar seit jeher als »kleine Bundestagswahl« bewertet. Dass aber einer Niederlage dort auf dem Fuß eine bundesweite Neuwahl folgt, ist dann doch überraschend.

Wenig später trat der Kanzler vor die Kameras. Er hatte vorher noch schnell mit Bundespräsident Horst Köhler telefoniert und ihn über seine Absicht informiert, in Kürze einen Antrag auf Auflösung des Bundestags zu stellen. Das war um 17.15 Uhr. Schröder wartete möglichst lange aus der Sorge heraus, Köhler könne die Nachricht vor der offiziellen Bekanntgabe diskret der CDU-Vorsitzenden Angela Merkel zuspielen. Das hätte dem ganzen Manöver den Überraschungseffekt genommen, und der war Schröder wichtiger als alles andere. Schließlich wollte er in dieser krisenhaften Zuspitzung das Heft des Handelns in der Hand behalten und zeigen, dass es ihm bei der Neuwahl um Aufbruch ging und nicht um eine Niederlage.

Nicht nur die CDU wurde völlig überrumpelt. Auch die SPD rieb sich die Augen. Die Parteilinken waren stocksauer auf Schröder und mochten sich dem hemdsärmeligen Kanzler mit seinen einsamen Beschlüssen nicht weiter unterwerfen. In der Sitzung des SPD-Vorstands am Dienstag nach der NRW-Wahl sammelten sich die Gegner und bliesen zum Angriff. Oskar Lafontaine erklärte aus Protest gegen Schröders Sozialpolitik gar den Austritt aus der SPD. Es brodelte in der Partei. Man schien trotz Schröders Befreiungsschlag nicht geneigt, Ruhe zu geben, sondern suchte die Gelegenheit zu nutzen, um die Koordinaten der SPD zurück nach links zu schieben.

»Mit was sollen wir eigentlich Wahlkampf machen? Mit Hartz IV und Agenda 2010, für die wir gerade abgestraft wurden?«, fragte empört der saarländische SPD-Chef Heiko Maas in die Runde. Michael Müller, Fraktionsvize im Bundestag und SPD-Linker, sah es ähnlich. »Eine Luther-Haltung: Hier ist die Agenda 2010 – ich kann nicht anders, das wird im Wahlkampf nicht reichen.« Andrea Nahles, zu der Zeit noch Sprecherin der SPD-Linken, warnte Schröder ebenfalls vor einem »Weiter so«. Um ihm zu demonstrieren, wie sehr er für einen erfolgreichen Wahlkampf auf die Unterstützung der Partei angewiesen war, zitierte Nahles ein afrikanisches Sprichwort: »Gerd, wenn du schnell gehen willst, dann geh allein. Wenn du aber weit gehen willst, dann geh mit anderen zusammen.«

Doch Schröder ließ sich nicht einschüchtern. Wenn die SPD-Linke einen radikalen Wechsel der Politik wolle, dann müsse sie ihn auch personell vollziehen, forderte er mit ruhiger Stimme. »Wenn das eure Politik sein soll, ist es nicht vernünftig, sie mit mir zu machen« (*Der Spiegel*, 22/2005). Die SPD-Linken hörten das Ultimatum mit nur mühsam unterdrückter Wut, aber niemand wagte es, der Aufforderung Schröders zum Königsmord zu folgen. Der Kanzler hatte wieder einmal eiskalt kalkuliert und gewonnen. Seine Demontage war abgewendet, die Gegner kuschten – zumindest vorerst.

Peer Steinbrück verfolgt den Machtkampf innerhalb der SPD mit Unbehagen, aber aus der Rolle des Zuschauers heraus. Die Last der letzten Monate ist von ihm abgefallen, der Dauerstress im Wahlkampf und die Verantwortung im Regierungsamt. Er spürt, dass Niederlagen durchaus eine befreiende Wirkung haben können.

In seinem Haus in Bonn-Bad Godesberg verbringt Steinbrück erstmals seit langer Zeit wieder ruhige Stunden, in denen er lesen und Schach spielen kann, meist gegen den Computer. Er ist inzwischen 58 Jahre alt und könnte eigentlich mit der Politik aufhören. Sich zurückziehen in die hinterste Reihe des Landtags, noch ein wenig sein Mandat ausüben, gelegentlich eine Festrede halten, ein Buch schreiben oder als Berater in die Wirtschaft wechseln.

Doch er fühlt sich noch zu jung für das kontemplative Dasein als Politikpensionär. Er habe sich in dieser Zeit ehrlich gefragt, ob er vielleicht sogar süchtig geworden sei nach der Droge Politik, wird er später einräumen. Aber das ist es nicht allein. Es geht nicht um Abhängigkeit, sondern um Freude an der Aufgabe. Er will einfach noch weitermachen mit der Politik, dabei sein, mitmischen und nicht einfach abseits stehen.

Schuld wegen der epochalen Wahlniederlage in NRW empfindet Steinbrück auch mit wachsender zeitlicher Distanz nicht. Er hat sich nicht verbogen in diesem Kampf, sondern ist sich mit vollem Einsatz treu geblieben. Die Niederlage macht nichts mit ihm, weil er nichts mit sich machen lässt. Obwohl die Wahl die größte Pleite seines bisherigen Lebens darstellt, läuft er nicht als gebrochener Mann durch die Gegend, sondern hält sich im Gegenteil sehr aufrecht. Steinbrück tröstet sich mit dem Gedanken, dass jeder andere SPD-Politiker ebenfalls verloren hätte. »An ihm hat es nicht gelegen«, betonen Schröder wie Müntefering denn auch. Landeschef Harald Schartau, der verhinderte Kronprinz der SPD, sieht es ähnlich. Er weiß, dass er an Steinbrücks Stelle ebenfalls den Kürzeren gezogen hätte. Der bundespolitische Gegenwind wegen der Agenda-Politik ist einfach zu stark gewesen. So die bis heute gängige Analyse des Resultats in NRW. Nicht Peer Steinbrück hat das Stammland der SPD verloren, sondern die Partei selbst.

Schröder, Müntefering und Wirtschaftsminister Wolfgang Clement hielten weiterhin engen Kontakt zu Steinbrück. Sie umwarben ihn als authentischen Verfechter ihrer Reformpolitik, deren Gegner täglich zahlreicher wurden. In mehreren Gesprächen drängten sie Steinbrück, er möge doch in die Bundespolitik wechseln und bei der kommenden Wahl im September 2005 ein Bundestagsmandat anstreben. Es gebe genug Abgeordnete aus NRW, die aufhören wollten, wusste Müntefering, da werde sich bestimmt ein sicherer Wahlkreis finden lassen. »Peer, wir brauchen jetzt Leute wie dich.«

Steinbrück zögerte. Er hielt sich zwar oft in Berlin auf, redete mit Parteifreunden wie mit Journalisten, besuchte Buchantiquariate und Gremiensitzungen der SPD, konnte sich jedoch nicht dazu durchringen, für den Bundestag zu kandidieren.

Kein Wunder, dass in dieser Phase schnell Gerüchte aufkamen. Das erste wurde in Düsseldorf gestreut und war ziemlich durchsichtig: Angeblich wolle Steinbrück gleichzeitig den Vorsitz der Landes-SPD und der SPD-Landtagsfraktion anstreben, um dann als Oppositionsführer den Neuaufbau zu begleiten, hieß es in einigen Zeitungen. Der Ursprung dieser Meldung darf wohl getrost bei seinen innerparteilichen Gegnern gesucht werden – sie wollten einfach einmal einen Testballon aufsteigen lassen. Steinbrück reagierte wie von ihnen erhofft: Er strebe keines der beiden Ämter an, das sei schlechter politischer Stil, erklärte er sofort. »Ich werde doch jetzt nicht Oppositionsführer gegen Rüttgers.«

Das zweite Gerücht lag schon ein wenig näher bei der Wahrheit, denn es behauptete für Steinbrück immerhin eine herausgehobene Rolle in der Bundespolitik. Er wolle den Vorsitz der SPD-Bundestagsfraktion übernehmen, um im Fall einer Niederlage im September die Opposition gegen Angela Merkel anzuführen. Aber auch hier begegnete Steinbrück offensiv den Spekulationen um seine Person, benutzte dabei allerdings eine unglückliche Formulierung, die ihm einiges an Ärger in den Reihen der SPD-Bundestagsfraktion eintrug. Er strebe keinen Sitz im Bundestag an, stellte er klar, weil er kein Mann der Legislative sei, sondern »ein Mann der Exekutive«. Auf Deutsch: Nur im Parlament sitzen und reden reichte ihm nicht – wenn schon Politik, dann regieren, so wie er es bislang in seinem ganzen Politikerleben gemacht hat. »Ich wollte ehrlich bleiben«, sagte er später dazu, »mir selbst gegenüber, weil ich mir auch eine andere Lebensplanung vorstellen konnte« (*Frankfurter Allgemeine Sonntagszeitung*, 20.1.2005).

Doch die eigene Rollenbeschreibung wurde anders verstanden. Selbst Steinbrück freundlich gesinnte Abgeordnete in der SPD-Bundestagsfraktion werteten seine Aussage als maßlose Arroganz. Zumal er bei einer Buchvorstellung in Berlin einen seiner berüchtigten sarkastischen Sprüche losließ, der durchaus als abschätzige Umschreibung parlamentarischen Handelns missverstanden werden konnte. Zur Illustration dafür, dass Bürokratieabbau oft genug im Vorfeld an regelungswütigen Abgeordneten scheitere, wählte er einen deftigen Vergleich: »Wenn der Hund des Nachbarn im Garten furzt, wollen manche sofort das Emissionsschutzgesetz verschärfen« (*Handelsblatt*, 15.9.2005). Der Unmut über den Spruch war groß, und da half es ihm wenig, wenn er kurz darauf reumütig beteuerte, er halte sich für einen Job im Parlament keineswegs für zu gut, sondern im Gegenteil für nicht geeignet.

Missverständnisse dieser Art sind typisch für Steinbrück. In der Tat sieht er, selbstbewusst wie er ist, seinen Platz in der Politik nur in einer Beteiligung an der Regierungsverantwortung. Eine Tätigkeit als eifriger und scharfzüngiger, ansonsten aber eher machtloser Debattenredner im Parlament scheidet für ihn vollständig aus. Damit ignoriert er als ehemaliger Beamter und politischer Quereinsteiger, dass im Verständnis der meisten Berufspolitiker die Ochsentour über die Partei ebenso zu einer vollständigen Karriere gehört wie eine gewonnene Wahl in einem Wahlkreis oder zumindest ein erfolgreich bestandener Kampf um einen der vorderen Listenplätze. Steinbrück hat das nie gemacht; er brauchte für seinen Weg keine parteipolitische Schornsteinkarriere. Im Stillen mag er sogar bisweilen mit Verachtung auf diesen klassischen politischen Lebensweg heruntergeblickt haben. Das spüren viele Abgeordnete, die sich vom Ortsverein über die Kommunalpolitik bis in den Bundestag hochkämpfen mussten. Das ist wohl auch der Grund, weshalb zwischen Steinbrück und der SPD-Bundestagsfraktion oft eine atmosphärische Distanz zu spüren war und ist. Zumal er immer wieder der Versuchung erliegt, seine Positionen mit beißendem britischem Humor drastisch zu verdeutlichen. Mit Beispielen wie dem furzenden Hund in Nachbars Garten erntete er zwar viele Lacher im Publikum, bei den eigenen Leuten hingegen meist nur Frust und Ärger. Deshalb sind seine ärgsten Feinde bis heute seine rhetorisch brillante Spottlust und die ausgeprägte Neigung, sich damit in der SPD um Kopf und Kragen zu reden.

Als im Endspurt des Bundestagswahlkampfs 2005 neue Gerüchte darüber auftauchten, dass Steinbrück in einer möglichen Großen Koalition die Ämter des Finanzministers und des Vizekanzlers anstrebe, wurde es SPD-Chef Müntefering zu viel. Er nahm sich Steinbrück, der diesmal den Spekulationen in den Medien nichts entgegensetzte, in einem Vieraugengespräch ordentlich zur Brust. Wenn er, der abgewählte Ministerpräsident von NRW, sich schon für ein Bundestagsmandat zu schade sei, solle er sich von der Presse jetzt nicht zum Schröder Nummer zwei ausrufen lassen, forderte Müntefering. Und er, der Genosse Peer, solle zudem nicht glauben, er könne überall in Berlin ein gewichtiges Wort mitreden. Müntefering machte unmissverständlich deutlich, dass er an seinem Führungsanspruch als SPD-Chef nicht rütteln lasse. Wenn es nach der Wahl Koalitionsverhandlungen geben sollte, dann werde er diese führen und kein anderer. Steinbrück sei sicherlich als Finanzminister geeignet, aber wenn er so weitermache, werde er auch das sicher nie.

Die Ansage war deutlich, Steinbrück verstand und nahm sich etwas zurück. Allerdings war in diesem Wahlkampfendspurt bereits klar geworden, dass auf den Kanzler selbst niemand mehr zählte. Wenn überhaupt, dann reichte es für die SPD allenfalls noch zur Juniorrolle in einer Großen Koalition. Das vermittelten zumindest die Umfragen. In der Tat wurde bei Interviews und in Talkshows nicht mehr über Rot-Grün als Option geredet, sondern nur noch über Schwarz-Gelb oder Schwarz-Rot. Die SPD setzte dem nur wenig entgegen. Damit war aus Schröders Sicht das wichtigste Gebot des Wahlkampfs verletzt. Über wenig hat sich der Kanzler in dieser Zeit so aufgeregt wie über seine Minister. Ob Otto Schily, Hans Eichel oder Wolfgang Clement; sie alle stimmten Partei und Wähler in verschiedenen Variationen bereits auf die Zeit nach Schröder ein, wenn sie weitschweifig darüber philosophierten, dass eine Große Koalition nichts Schlimmes sei. Schröder verstand das so, wie es gemeint war: Seine Prätorianergarde hatte ihn längst aufgegeben. In einer Sitzung des SPD-Vorstands ließ der Kanzler seinem Frust noch einmal freien Lauf. Es sei für ihn »nicht zumutbar, Verhandlungsmasse« zu sein, gab er zornig zu Protokoll. »Ich lasse mich nicht zum Kasper machen.«

Vielleicht war die Enttäuschung, ja Wut über diesen Verrat auch die tiefere Erklärung für den unsäglichen Auftritt, den Schröder am Wahlabend in der sogenannten »Elefantenrunde« im Fernsehen lieferte. Eigentlich nehmen die Parteivorsitzenden an dieser Runde teil, aber Schröder entschied sich kurz vor der Sendung, anstelle von SPD-Chef Müntefering selbst ins Studio zu gehen. Woraufhin Joschka Fischer ebenfalls anstelle eines Vorsitzenden seiner Partei erschien. Das Ergebnis war unerwartet knapp für Angela Merkel und die Union ausgefallen. Mit 35,2 Prozent lagen CDU/CSU nur hauchdünn vor der SPD mit 34,2 Prozent. Die Grünen kamen auf 8,1 Prozent, die FDP auf 9,8 Prozent und die Linken auf 8,7 Prozent – ein Plus von satten 4,7 Prozentpunkten übrigens, das wesentlich von enttäuschten SPD-Wählern herrührte. Damit war die Messe gesungen: Rot-Grün hatte keine Mehrheit mehr, Schwarz-Gelb ging genauso wenig, und so blieb nur die Große Koalition unter Führung der Union. Schröder, der bis zum letzten Tag entschlossen gekämpft hatte, war maßlos enttäuscht. Vor allen Dingen in den letzten Tagen habe es, so die Auskunft der Demoskopen, einen enormen Rutsch bei der Union und einen bemerkenswerten Zuwachs bei der SPD gegeben. Zwei Wochen mehr und Schröder hätte diese so aussichtslos begonnene Wahl am Ende doch noch gewonnen, spekulierte damals Forsa-Chef Manfred Güllner.

Mit diesem Gefühl, nur ganz knapp am Sieg vorbeigeschrammt zu sein und es der Union noch einmal ordentlich gezeigt zu haben, kam der Kanzler dann breitschultrig und testosteronaufgeladen in die Fernsehrunde. Obwohl er sich während des gesamten Wahlkampfs mit großer Disziplin an die Vorgabe gehalten hatte, Angela Merkel niemals so anzugehen, dass sein Angriff als unfair oder ungehörig gegenüber einer Frau verstanden werden konnte, ließ er plötzlich alle Zurückhaltung fallen. »Was den Kanzler dabei geritten hat, weiß der Teufel oder nur er alleine, auf jeden Fall attackierte er wutschnaubend und triumphierend zugleich … eine Angela Merkel, die angesichts ihres Wahldebakels wie benommen wirkte«, erinnert sich Joschka Fischer in einem Buch an den denkwürdigen Abend (*I'm not convinced. Der Irakkrieg und die rot-grünen Jahre*, Köln 2011, S. 346). »Mit diesem tobenden Machoauftritt hat Gerhard Schröder ihr wahrscheinlich die Kanzlerschaft gerettet«, glaubt Fischer bis heute. »Hätte er sich darauf beschränkt zu erklären, dass die SPD mit der Union über die Bildung einer Koalition verhandeln würde, egal wer Parteivorsitzender sei, denn Frau Merkel habe ja morgen ihr Debakel erst einmal ihren Parteigremien zu erläutern, dann bin ich mir nicht sicher, ob Angela Merkel die nächsten Tage nach der Bundestagswahl 2005 unbeschadet überstanden hätte.«

Es kam anders, denn Merkel behielt die Nerven, während Schröder sie im entscheidenden Moment verlor. Angesichts des

Wahlausgangs konnte es kein anderes Ergebnis als eine Große Koalition geben. Weil der Union und ihrer Vorsitzenden der Schreck über das unerwartet knappe Resultat noch lange in den Gliedern saß, gelang es der SPD in den Verhandlungen zur Regierungsbildung recht schnell, wesentliche Kabinettsposten für sich zu reklamieren. Die größte Überraschung war, dass Müntefering, den die meisten Beobachter eher in der Rolle des machtvollen Partei- und Fraktionschefs gesehen hatten, sich als neuer Arbeits- und Sozialminister der Kabinettsdisziplin unterwarf und auf diese Weise die Funktion des Vizekanzlers neben Merkel erhielt.

Warum er sich für den Job in der Regierung entschied, hatte nur zum Teil etwas mit Eitelkeit und der verlockenden Aussicht zu tun, auf Augenhöhe mit der Kanzlerin zu sitzen. Ein wesentliches Motiv war wohl Münteferings Misstrauen. In das neue schwarz-rote Kabinett zogen Sozialdemokraten ein, die ihm in vielen Fragen suspekt waren und die er lieber aus der Nähe beobachten und kontrollieren wollte: Justizministerin Brigitte Zypries und Außenminister Frank-Walter Steinmeier waren alte Vertraute Schröders aus Niedersachsen. Beide entfalteten viel reformerischen Ehrgeiz, stammten aber nicht aus dem Bauch der SPD. Sie waren von außen dazugekommen, verfügten über keine Hausmacht in der Partei, und Müntefering war nicht sicher, ob Leute ihres Schlages das Bedürfnis der alten Tante SPD nach Erklärung und Zuneigung ausreichend respektierten.

Das traf genauso auf Peer Steinbrück zu, der als Finanzminister so gut wie feststand. Müntefering schätzte zweifellos sein großes Fachwissen und seine breite Erfahrung in vielen Regierungsämtern – auch seinen aufrechten Kampf für die Agenda 2010. Zugleich spürte der Sauerländer jedoch die Distanz des Hamburgers zur SPD. Zudem dürfte er nicht vergessen haben, dass Steinbrück

Spekulationen über eine künftige Rolle als Vizekanzler unwidersprochen gelassen hatte.

Aus Sicht von Merkel galt Steinbrück als Idealbesetzung. Sein Ruf als Grünenfresser erhob ihn trotz seiner Beteiligung an rot-grünen Regierungen in Kiel und Düsseldorf über jeden Verdacht, ein verkappter Anhänger der gerade beendeten rot-grünen Ära zu sein. Mit wohlgefälligem Schmunzeln dürfte Merkel ein Wahlplakat der Grünen in NRW zur Kenntnis genommen haben, auf dem diese ihren früheren Regierungschef zur Abschreckung verwendeten. Dazu wurde ein Plakat der Linkspartei verfremdet, auf dem ursprünglich ein lachender Oskar Lafontaine und ein ihn anhimmelnder Gregor Gysi zu sehen waren. Mit neuen Köpfen lachte jetzt der abgewählte Steinbrück die Unionsspitzenkandidatin Angela Merkel an. Darunter stand: »Gegen die Große Koalition hilft nur eins: Zweitstimme grün«.

Kompatibel in den Reihen der Union machte ihn auch die Koch-Steinbrück-Liste, jene Sammlung von Vorschlägen zur Subventionskürzung, die er 2003 mit dem hessischen Ministerpräsidenten Roland Koch ausgearbeitet hatte. Nicht zuletzt enthob seine Berufung die Union auch der peinlichen Frage, was sie mit ihrem »Schattenminister« für das Finanzministerium, dem Heidelberger Professor Paul Kirchhof, machen sollte. Der war von Schröder in verächtlicher Weise angegangen worden, hatte aber durch professorale Hartnäckigkeit und mangelnde Medienerfahrung mit dazu beigetragen, der SPD in der Finanzpolitik eine offene Flanke zu bieten. Sein radikales Steuermodell bot reichlich Gelegenheit für Kritik. Demnach sollten alle Einkommen nach dem gleichen Tarif versteuert werden – egal ob Löhne, Unternehmensgewinne oder Kapitalerträge. Jahreseinkommen bis 10 000 Euro wären steuerfrei gewesen, alle Einkünfte darüber wären mit

15, 20 und 25 Prozent versteuert worden. Im Gegenzug plädierte Kirchhof dafür, sämtliche Ausnahmen und Steuerprivilegien zu streichen. Dazu zählte etwa auch ein steuerfreier Lohnzuschlag für Nachtarbeit. Auf dem Höhepunkt der Auseinandersetzung im Wahlkampf wurde Kirchhof deshalb von der SPD unsoziale Politik vorgeworfen. Er streiche einem Feuerwehrmann die steuerfreien Nachtzuschläge, senke aber für die Reichen die Spitzensteuer von damals 49 Prozent auf 25 Prozent. Solche Vorwürfe taten ihre Wirkung. Der Streit um Kirchhofs radikales Steuerkonzept war nach den Analysen mehrerer Meinungsforschungsinstitute ein Grund für das unerwartet schlechte Abschneiden der CDU/CSU bei der Bundestagswahl.

Von parteipolitischen Erwägungen und Rücksichtnahmen einmal abgesehen, gehört das Amt des Finanzministers zu den schwierigsten Posten, die in der Regierung zu vergeben sind. Überall liegen Fallstricke aus. »Damit kann man keine Popularitätswettbewerbe gewinnen«, warnte Matthias Platzeck denn auch seinen Parteifreund Steinbrück. In der Tat sah die Eröffnungsbilanz des neuen Kassenwarts in Berlin erschreckend aus: Im Bundeshaushalt klaffte zwischen den regelmäßigen Einnahmen des Bundes und den Ausgaben eine Lücke von 64 Milliarden Euro. Gleichzeitig lahmte die Wirtschaft, während die Sozialabgaben von Jahr zu Jahr stiegen. Die Neuverschuldung erreichte für 2005 mit 41 Milliarden Euro einen erneuten Höchststand. Für den neuen Mann an der Spitze des Finanzministeriums trotzdem kein Grund, vor der schwierigen Aufgabe zurückzuweichen. »Man muss die Herausforderungen so nehmen, wie sie sind«, erklärte Steinbrück nach seiner Vereidigung.

Er hat durchgehalten, Nervenstärke bewiesen und auf sein Können vertraut. Kein halbes Jahr nach seiner Abwahl in Düsseldorf war Steinbrück in Berlin angekommen und zu einem der

Über Generationen Wohnsitz der Familie Steinbrück: In diesem klassischen hanseatischen Patrizierhaus im Schrötteringksweg 5 im gutbürgerlichen Hamburger Stadtteil Uhlenhorst verbrachte Peer seine Kindheit und Jugend.

Peer Steinbrück und sein Bruder Birger feiern 2009 den 90.Geburtstag ihrer, inzwischen verstorbenen Mutter Ilse. Die dänischstämmige Tochter eines Tabakgroßhändlers prägte die beiden Jungen weitaus mehr als der aus Pommern nach Hamburg geflüchtete Vater.

So ganz scheint er dem Fisch an der Angel nicht zu trauen. Steinbrück verschaffte den Fotografen 2003 beim Besuch eines Angelvereins zwar ein gutes Bild. In Wahrheit aber mag er diese Art der Öffentlichkeitsarbeit mit gestellten Bildern überhaupt nicht.

Im Kreis der Familie: Steinbrück mit Tochter Anne, Ehefrau Gertrud, seinem Sohn Johannes und seiner Tochter Katharina im Garten ihres Hauses in Bonn-Bad Godesberg.

Umgeben von Büchern: Das Ehepaar Gertrud und Peer Steinbrück im Arbeitszimmer ihres rheinischen Domizils. Sie leben seit über dreißig Jahren in Bonn. Gertrud, eine promovierte Biologin, arbeitet als Lehrerin an einem Bonner Gymnasium.

Neben Politik ist Schach die große Leidenschaft von Peer Steinbrück. Seine Großmutter brachte ihm das Spiel der Könige bei – und schenkte ihm nichts. Es dauerte Jahre, bis er zum ersten Mal gewinnen konnte.

ØUK

Eingang
10. APR. 2006
- Vorstandsvorsitz

PEER STEINBRÜCK
BUNDESMINISTER DER FINANZEN

Bitte mit UK sprechen!

[redacted]

Berlin, 7. April 2006

[redacted]

[redacted]

Sehr geehrter Herr Ricke,

wir alle freuen uns auf die Fußball-Weltmeisterschaft bei uns in Deutschland, die auch in internationaler Sicht das sportliche Großereignis des Jahres 2006 sein wird. So sehr wir dem Anpfiff am 9. Juni entgegen fiebern – einen Monat später wird das Endspiel abgepfiffen. Darum möchte ich Ihr Interesse heute auf eine weitere Großveranstaltung lenken, die im November und Dezember 2006 in Bonn stattfinden wird: Die „World Chess Challenge".

Zum Hintergrund: Als begeisterter Schachspieler hatte ich vor einiger Zeit das Vergnügen, gegen den amtierenden Schachweltmeister Wladimir Kramnik in Dortmund eine Partie spielen zu dürfen, die ich wider Erwarten der Fachwelt knapp verloren habe. Seitdem stehe ich in Kontakt mit Herrn Kramnik. Er ist nun mit einem Anliegen an mich herangetreten, das ich gern unterstütze. Das kann ich jedoch nicht ohne Ihre Hilfe tun. Deshalb wende ich mich heute an Sie.

Herr Kramnik wird zwischen dem 25. November und dem 5. Dezember 2006 in der Bundeskunsthalle Bonn sechs Partien gegen „Deep Fritz", den mit Abstand leistungsstärksten Schachcomputer der Welt, spielen. Diese Veranstaltung, deren Schirmherr ich bin, ist bereits komplett organisiert und wird von einer eigens gegründeten Agentur, der Universal Event Promotion Event GmbH (UPE) mit Sitz in Dortmund, durchgeführt. Mit Herrn Josef Resch konnte frühzeitig ein Investor gefunden werden, der diesen international beachteten und schon heute von großem Medieninteresse begleiteten Wettkampf vorfinanziert.

Umrahmt wird dieses Duell „Mensch gegen Maschine" von einer außerordentlich spannenden, für ein breites Publikum attraktiven Programmreihe der Bundeskunsthalle Bonn, die unter dem Motto „Hinter den Spiegeln – Zur Kultur des Spiels und der Schöpfung" steht. Diese Reihe ist Teil des vom Bundesministerium für Bildung und Forschung ausgerufenen „Jahrs der Informatik" und lenkt in Vorträgen, Vorführungen, Diskussionsforen und Lesungen die Aufmerksamkeit auf die verschiedenen - menschlichen, kulturellen und wissenschaftlichen - Facetten des Schachspiels. Auch die Bundeskunsthalle empfiehlt ausdrücklich, das Vorhaben der UPE zu unterstützen und lädt herzlich zum Besuch ihres Programms ein, dessen Höhepunkt der Wettkampf zwischen Wladimir Kramnik und „Deep Fritz“ sein wird.

Herr Resch hat nun zugesagt, gemeinsam mit der UPE die Schachweltmeisterschaft 2007 nach Bonn zu holen, die als Duell Wladimir Kramnik – Viswanathan Anand ausgetragen wird. Die Finanzierung dieses zweiten Großereignisses in Bonn macht er allerdings davon abhängig, dass sein Investment für den Kampf „Deep Fritz“ – Kramnik hereingespielt wird. Dabei handelt es sich um einen Betrag zwischen 950.000 und einer Million Euro.

Die Frage und herzliche Bitte, die ich heute an Sie richte, lautet ganz konkret: Halten Sie es für möglich, dass die Deutsche Telekom als Hauptsponsor einer „Telekom World Chess Challenge“ aktiv wird?

Mir ist bewusst, dass ein Konzern wie der Ihre an ein solches Engagement andere Maßstäbe anlegt als jene 300 Millionen weltweit aktiven Schachspieler, die diesen Wettkampf vor allem unter sportlichen Gesichtspunkten betrachten. Ich bin aber sicher, dass sich Ihre Unterstützung im wahrsten Sinne des Wortes auszahlen wird.
Damit Sie sich einen ersten Eindruck von der Qualität und der Seriosität dieses weltweit einmaligen Schach-Ereignisses machen können, habe ich die jüngste Pressemitteilung der UPE beigefügt, auf der Sie auch die Ansprechpartner finden, die Ihnen gern für weitere vertiefende Informationen zur Verfügung stehen.

Ich würde mich sehr freuen, bald von Ihnen zu hören.

Mit herzlichem Gruß
Ihr

Bettelbrief mit Geschmäckle: Als Bundesfinanzminister bat Steinbrück bei Telekom und Post um eine Millionenspende für ein privat organisiertes Schachturnier in Bonn. Der Finanzminister vertritt den Bund im Aufsichtsrat der beiden Unternehmen als größter Anteilseigner.

Wo soll das Geld herkommen? Steinbrück lernte schon 2002 als Finanzminister in Düsseldorf, dass die Wünsche der SPD und die Steuereinnahmen des Landes oft in krassem Gegensatz zueinander standen.

wichtigsten Männer der neuen Bundesregierung geworden. Wieder einmal bewahrheitete sich die Richtigkeit seiner kämpferischen Einstellung: Egal wie groß die Niederlage ist – du darfst niemals aufgeben.

KAPITEL 9

SCHACH DEM SPONSOR

Am 10. April 2006 erhielten Kai Uwe Ricke und Klaus Zumwinkel einen gleichlautenden Brief aus Berlin. Absender war der Bundesminister der Finanzen, Peer Steinbrück. Wie immer, wenn es Post von der Bundesregierung gab, klingelten in den Bonner Chefetagen bei der Deutschen Telekom AG und der Deutschen Post AG sofort alle Alarmglocken.

Der Grund für die hohe Aufmerksamkeit ist einleuchtend: Auch viele Jahre nach der Aufspaltung der staatlichen Bundespost in Telekom, Post und Postbank spielt die Bundesrepublik als Hauptanteilseigner nach wie vor die entscheidende Rolle. Oder um es genauer zu sagen: Der Bund ist der größte Eigentümer und damit der Boss. Und der Boss bestimmt nun einmal in jeder Firma, wo es langgeht. Zwar sind die drei Rechtsnachfolgeunternehmen der Post heute als private Aktiengesellschaften organisiert und werden von einem Vorstand mit Managern aus der privaten Wirtschaft geführt. Doch der Arm des Staates reicht weit, und der Einfluss der Politik bei Telekom und Post ist nach wie vor sehr hoch.

Kai Uwe Ricke, der damalige Telekom-Chef, und Klaus Zumwinkel, zu dieser Zeit Vorstandsvorsitzender der Post, waren also gewarnt. Zumal Peer Steinbrück als Bundesfinanzminister derjenige war, der für die Regierung von Amts wegen alle Unternehmensbeteiligungen des Bundes verwaltete. Stets ist auch einer der

Staatssekretäre im Bundesfinanzministerium Mitglied des Aufsichtsrats bei Post und Telekom – schaut also den Vorständen dort direkt auf die Finger.

Was mochte Steinbrück in dem persönlichen Brief an die Chefs seiner beiden größten und wichtigsten Unternehmen wohl ansprechen? War ihm angesichts der Löcher im Bundeshaushalt die Rendite von Post und Telekom wieder zu gering? War er erneut frustriert über den schwachen Aktienkurs der Telekom? Oder handelte es sich um eine dieser zahlreichen Beschwerden über Versorgungslücken beim Internet oder neuen Unmut über die geplante Schließung von Callcentern und Postdienststellen im ländlichen Bereich?

Solche Schreiben von Amtsträgern sind nicht ungewöhnlich, sondern die Regel. Ganze Abteilungen bei Post und Telekom beschäftigen sich mit Wünschen und »Anregungen« aus der Politik. Schließlich greifen längst nicht nur der Bundesfinanzminister und sein für Bundesbeteiligungen zuständiger Staatssekretär zur Feder. Auch andere Minister und nahezu alle Abgeordneten aus Bund und Ländern sind der Meinung, sie könnten als gefühlte »Miteigentümer« von Post und Telekom jederzeit Kritik äußern und Sonderwünsche direkt bei den Unternehmenschefs einfordern.

Doch Peer Steinbrück geht es in dem Schreiben an Ricke und Zumwinkel nicht um unternehmenspolitische Fragen. Vielmehr trägt er auf dem offiziellen Briefpapier des Bundesfinanzministeriums ein rein persönliches Anliegen vor, das eng mit seiner großen Leidenschaft zusammenhängt: »Als begeisterter Schachspieler hatte ich vor einiger Zeit das Vergnügen, gegen den amtierenden Schachweltmeister Wladimir Kramnik in Dortmund eine Partie spielen zu dürfen«, eröffnet Steinbrück sein Schreiben an die beiden Topmanager. Gleich im nächsten Satz stellt er klar, dass er nicht irgendein Hobbyspieler ist: »Wider Erwarten der Fachwelt« habe er die Partie gegen den Weltmeister nämlich nur »knapp verloren«. Jedenfalls steht er seit jenem denkwürdigen Spiel mit Wladimir Kramnik in persönlichem Kontakt. Jetzt ist der Champion mit einem Anliegen an ihn herangetreten, »das ich gerne unterstütze«, betont Steinbrück. Allerdings könne er das »nicht ohne Hilfe tun. Deshalb wende ich mich heute an Sie.«

Kurz gesagt: Der passionierte Schachspieler und Wahl-Bonner Steinbrück braucht dringend Geld, um ein großes Schachevent mit Weltmeister Kramnik und anderen Größen des Brettspiels an den Rhein zu holen. Wie sehr er sein Herz an das Projekt hängt, zeigt allein schon das ungewöhnliche Engagement des viel beschäftigten Ministers: Steinbrück hat sich bereit erklärt, die Schirmherrschaft des Bonner Schachwettkampfs zu übernehmen. Alles was noch fehlt, ist ein ordentliches Sponsoring, und da kommen die beiden Vorstandschefs der größten Bonner Unternehmen ins Spiel: Steinbrück will von Ricke und Zumwinkel eine Million Euro für sein Schachevent.

Zur Begründung seines Anliegens geht der Finanzminister in dem zweiseitigen Schreiben ungewöhnlich ins Detail: Kramnik werde Ende des Jahres 2006 in der Bundeskunsthalle Bonn sechs Partien gegen »Deep Fritz« spielen, den »mit Abstand leistungsstärksten Schachcomputer der Welt«, schwärmt Steinbrück. Die Veranstaltung sei »bereits komplett organisiert und wird von einer eigens gegründeten Agentur, der Universal Event Promotion Event GmbH (UPE) mit Sitz in Dortmund, durchgeführt«. Man habe mit »Herrn Josef Resch frühzeitig einen Investor gefunden, der diesen international beachteten und schon heute von großem Medieninteresse begleiteten Wettkampf vorfinanziert«.

Josef Resch ist in den Geschäftskreisen des Ruhrgebiets kein Unbekannter. Sein beachtliches Vermögen machte der 55-jährige Händler mit dem eisgrauen Bart und den eng stehenden blauen Augen in der Metallbranche als Vermittler zwischen deutschen und russischen Firmen. Der mit einer Russin verheiratete Geschäftsmann und Agent ist nach eigenen Worten »seit 20 Jahren in der Metallwelt zu Hause«. Inzwischen habe sich sein »Geschäft so stabilisiert«, dass er darangehen konnte, »etwas für das Schach zu tun«, sagte er damals in einem Interview. Viele Leute hätten auf ihn eingeredet, »dass es in der Schachwelt eigentlich wenige seriöse Macher gibt, die etwas bewegen und auch realisieren können«. Und da er »ein unternehmerischer Mensch« sei, habe er sich eben »überlegt, ob ich nicht im Schach etwas machen will«. Also gründete er eine Firma, die sich auf die Organisation von Schachturnieren verlegte.

Doch so ganz selbstlos, wie er klang, war der Geschäftsmann nicht. Resch benötigte zusätzliches Geld, um ein solches Großereignis auf die Beine zu stellen. Zumal er selbst natürlich dabei kein Geld verlieren wollte. Deshalb war es auch nicht das Ziel des ehrgeizigen Metallhändlers, lediglich lokale Veranstaltungen zu organisieren. Ihm schwebten möglichst große und hochrangig besetzte Ereignisse vor. Resch betrachtete das für Ende 2006 geplante Duell seines Freundes Kramnik gegen den Schachcomputer »Deep Fritz« bloß als Vorspiel und Aufwärmübung für ein Topevent: 2007 wollte er die »World Chess Challenge« nach Bonn holen, also die offizielle Schachweltmeisterschaft.

Diese Aussicht, die weltbesten Schachspieler in seine Wahlheimat locken zu können, scheint Steinbrück geradezu elektrisiert zu haben. Mit warmen Worten wirbt er bei Telekom-Chef Ricke darum, im Spiel der Könige die beiden Titanen unter den Augen der Weltöffentlichkeit am Rhein gegeneinander antreten zu lassen. Ziel sei ein Duell zwischen Wladimir Kramnik und dem Inder Viswanathan Anand als Herausforderer.

Allerdings hat die Sache einen Haken. Organisator Resch macht die Finanzierung der Weltmeisterschaft in Bonn »davon abhängig, dass sein Investment für den Kampf ›Deep Fritz‹ gegen Kramnik hereingespielt wird«, schreibt Steinbrück an Ricke. »Die Frage und herzliche Bitte, die ich heute an Sie richte, lautet ganz konkret: Halten Sie es für möglich, dass die Deutsche Telekom als Hauptsponsor einer ›Telekom World Chess Challenge‹ aktiv wird?« Kostenpunkt für das Sponsoring wie gesagt: rund eine Million Euro.

Als habe Steinbrück die Bauchschmerzen von Ricke und Zumwinkel bezüglich der erbetenen Millionenspende vorausgeahnt, fügt er am Schluss seines Briefes ein paar beschwichtigende Worte hinzu: »Mir ist bewusst, dass ein Konzern wie der Ihre an ein solches Engagement andere Maßstäbe anlegt als jene 300 Millionen weltweit aktiven Schachspieler, die diesen Wettkampf vor allem unter sportlichen Gesichtspunkten betrachten«, räumt der Bundesfinanzminister ein. Allerdings versichert der Finanzminister den beiden Managern, dass der Millionenbetrag als Sponsorengeld gut angelegt sei. »Ich bin sicher, dass sich Ihre Unterstützung im wahrsten Sinne des Wortes auszahlen wird.«

Zumwinkel war sich der Brisanz dieser Anfrage voll bewusst. Ausführlich besprach er die Angelegenheit mit Monika Wulf-Mathies. Die frühere EU-Kommissarin und Vorsitzende der Gewerkschaft ÖTV diente der Post als oberste Beraterin in politischen Fragen. Auch Ricke lag die persönliche Bitte des Bundesfinanzministers im Magen. Unter normalen Umständen wäre diese Sponsoranfrage wohl nie beim Vorstandsvorsitzenden gelandet. Hätte Schachorganisator Resch nicht den Bundesfinanzminister vorgeschickt, wäre die Sache bestenfalls von einem Abteilungsleiter bearbeitet und mit wenigen freundlichen Worten abgelehnt worden. Bei Steinbrück sah das natürlich ganz anders aus. Schließlich war er der oberste Vertreter des Hauptanteilseigners. Und der Minister hatte keinerlei Zweifel daran gelassen, wie wichtig es ihm war, die beiden Schachereignisse in Bonn realisieren zu können.

Wie eine heiße Kartoffel wurde der Brief von Steinbrück mit der Bitte um die Millionenspende durch mehrere Abteilungen gereicht, bis sich Ricke nach einem Monat Bedenkzeit am 9. Mai 2006 zu einer Antwort durchrang. Wortreich verwies er auf die vielfältigen Aktivitäten der Telekom im Bereich des Sportsponsorings, angefangen mit dem T-Mobile-Radteam, den Telekom Baskets und der Partnerschaft mit dem Deutschen Fußball-Bund anlässlich der 2006 ausgetragenen Weltmeisterschaft in Deutschland. Sodann führte Ricke die zahllosen Projekte des Konzerns bei Kultur, Bildung sowie Forschung und Innovation auf, um dann seine Ablehnung zu formulieren. »Vor diesem Hintergrund bitte ich Sie herzlich um Verständnis dafür, dass wir von einer Beteiligung als Hauptsponsor an der ›World Chess Challenge 2006‹ leider absehen müssen.«

Auch Zumwinkel zeigte Steinbrück die kalte Schulter. »Der Minister war damals schon ziemlich sauer«, erinnert sich heute jemand, der die Absagen nach Berlin kommunizieren musste. Nicht nur Steinbrück war aufgefallen, dass Post und Telekom zweistellige Millionenbeträge für alle möglichen gesellschaftlichen Projekte aufwendeten. »Da wäre es doch mit ein bisschen gutem Willen auf eine Million mehr oder weniger nicht angekommen«, urteilte später ein Bonner Insider über die heikle Angelegenheit.

Am Ende fanden sich nach mühsamer Suche andere Sponsoren für die Schachweltmeisterschaft in Bonn. Das erforderliche Geld konnte die Firma UEP des deutsch-russischen Metallhändlers Josef Resch schließlich bei Evonik Industries sowie bei Gazprom einsammeln. Erneut hatte Schachfreund Steinbrück seine Beziehungen spielen lassen. Chef des Mischkonzerns Evonik war zu jener Zeit der frühere Bundeswirtschaftsminister Werner Müller. Und wenn es um Gazprom ging, stand mit Gerhard Schröder immerhin ein früherer Bundeskanzler bereit, der für die Gazprom-Tochter Nordstream arbeitete und alten Freunden gerne weiterhalf.

So weit, so gut. Doch ein knappes halbes Jahr später, am Abend des 11. November 2006, klingelte das Handy von Kai Uwe Ricke. Am anderen Ende war sein Pressechef Ulrich Lissek. Die Nachrichtenagenturen verbreiteten gerade eine Vorabmeldung der *Bild*-Zeitung: »Telekom-Chef steht vor dem Aus«, lautete die Schlagzeile. In Bonn schlug die Meldung ein wie eine Bombe. Konnte das stimmen? Schließlich galt die *Bild*-Zeitung nicht gerade als erste Quelle für zuverlässige und topexklusive Wirtschaftsnachrichten. Noch dazu kam die Meldung aus Berlin und nicht vom Unternehmenssitz in Bonn. Andererseits recherchierten die *Bild*-Journalisten gerade bei aufsehenerregenden Geschichten immer ausgesprochen professionell, damit sie sich später nicht mit einem Dementi blamieren mussten.

Die erste Reaktion in Rickes Stab war ungläubiges Staunen. Zwar gab es immer wieder Kritik daran, dass der junge Telekom-Chef mit dem Konzernumbau nicht in der gewünschten Geschwindigkeit vorankam. Und auch der geplante Abbau von über 30 000 Arbeitsplätzen in dem schwerfälligen ehemaligen Staatsunternehmen hatte für Ärger gesorgt. Aber ein Sturz des Vorstandschefs aus heiterem Himmel? Ohne warnende Vorankündigung? Ohne eine Sitzung des Aufsichtsrats, in der man ihm zumindest einmal eine Änderung der Unternehmensstrategie nahegelegt hätte?

Während im rheinischen Bonn die ersten Karnevalsfeiern stiegen, setzten am Telekom-Hauptquartier hektische Recherchen ein. Schnell war klar, dass es sich beim Autor der Meldung nicht um einen Wirtschaftsjournalisten handelte, sondern um einen politischen Korrespondenten mit besten Beziehungen zur SPD. Die Information musste also von dort kommen. Nach weiteren Anrufen beim Bundesfinanzministerium und bei Mitgliedern des Aufsichtsrats stand fest, dass irgendetwas nicht stimmte und Ricke tatsächlich gekippt werden sollte.

Nur einen Tag später ging der überrumpelte Manager mit Klaus Zumwinkel am Rhein spazieren. Der Vorstandsvorsitzende der Post fungierte zugleich als Vorsitzender des Telekom-Aufsichtsrats, eine ungute Zusammenballung von Macht, wie sich später auch bei der sogenannten Spitzelaffäre der Telekom herausstellen sollte.

Wenngleich beide bis heute Stillschweigen über die Einzelheiten von Rickes Ablösung bewahren, ist verbürgt, dass Ricke erst bei diesem Spaziergang erstmals von Zumwinkel persönlich erfuhr, dass die Anteilseigner nicht zufrieden mit ihm seien und er deshalb gehen müsse. Da der amerikanische Finanzinvestor Blackstone aber nur über einen Minderheitsanteil an der Telekom verfügte und die Arbeitnehmerseite im Aufsichtsrat überhaupt nicht gefragt worden war und zunächst Vorbehalte formulierte, musste die treibende Kraft für den Sturz des Telekom-Chefs bei der Bundesregierung zu suchen sein. *Spiegel*-Korrespondent Frank Dohmen, der seit Jahren über die Telekom schreibt, war denn auch erstaunt, dass »Zumwinkels hektischer Vorstoß nicht sonderlich gut vorbereitet« war und »die Personalie Ricke nun im Hauruckverfahren gelöst werden« sollte. Zumwinkel stand offenbar unter so großem Druck seitens des Bundes als Hauptanteilseigner, dass er noch nicht einmal die Gewerkschaftsvertreter im Aufsichtsrat in den Putsch einbezogen hatte – ungewöhnlich leichtsinnig für einen kühlen Strategen wie Zumwinkel.

»Ricke hat nichts falsch gemacht«, analysierte die *Süddeutsche Zeitung*, die sich ebenso wie das *Handelsblatt* äußerst verwundert über die Ablösung von Telekom-Chef Ricke zeigte. Zumal einen Tag später mit René Obermann ein Nachfolger präsentiert wurde, der nach dem Urteil der *Frankfurter Allgemeinen Zeitung* als Chef der Telekom-Mobilfunksparte und als Konzernvorstand an allen wesentlichen Entscheidungen seines Freundes Kai Uwe Ricke beteiligt war. Obermann hatte die meisten Neuorganisationen sogar wesentlich mit vorbereitet. Was er anders und vor allem besser machen sollte als Ricke, war nicht zu erkennen.

»Ich war enttäuscht vom Verhalten Einzelner«, gestand Ricke Jahre später gegenüber dem Wirtschaftsmagazin *Capital*. Er fühlte sich zu Unrecht abgesetzt, »zum Rücktritt gezwungen, wie man so schön sagt«. Dass er es sich mit seinem Hauptanteilseigner Steinbrück verscherzt haben könnte, sagte Ricke nie.

Die Weigerung des Managers, dem Minister einen dringenden Wunsch bei dessen Leib-Magen-Projekt abzuschlagen, hat das ohnehin schwierige Verhältnis sicher auch nicht verbessert. Steinbrück war mit der Telekom schon aneinandergeraten, als er noch Ministerpräsident von Nordrhein-Westfalen war. Der damalige Telekom-Finanzvorstand Karl-Gerhard Eick hatte ein kompliziertes Steuerkonzept entworfen, durch das dem Land Einnahmen in Millionenhöhe entgangen wären. Steinbrück war erbost und ließ Ricke seinen geharnischten Protest übermitteln. Außerdem sorgte der Plan, 32 000 Beschäftigte in dem Magenta-

Konzern abzubauen, bei der SPD für erhebliche Proteste. Als Steinbrück Bundesfinanzminister wurde, kritisierte er deshalb Telekom-Chef Ricke ungewöhnlich offen. Die Unternehmenschefs müssten mehr »Verantwortung für den Standort« übernehmen, mahnte Steinbrück im *Manager Magazin* (Nr.12/2005). »Ein Topmanager muss beachten, wo eine Gesellschaft hindriftet. Welche Erschütterungsdynamik, welcher Vertrauensverlust auch durch die öffentliche Rede ausgelöst werden kann«, so Steinbrück. Er kenne zwar die Zwänge der Firmenlenker. »Wer aber gleichzeitig Rekordgewinne verkündet und den Abbau Tausender Arbeitsplätze ankündigt, kann nicht mit meinem Verständnis rechnen.« Das saß. Das *Manager Magazin* bezog diese Kritik direkt auf Ricke. Der Telekom-Chef hatte zuvor nämlich in der Tat eine ordentliche Bilanz mit guten Gewinnen ausgewiesen, gleichzeitig aber am Programm zum Personalabbau festgehalten. Nur wenige Monate nach Rickes Entlassung wurde das Abbauprogramm unter dem neuen Telekom-Chef René Obermann übrigens umgesetzt – mit dem Segen des Aufsichtsrates, in dem auch ein sozialdemokratischer Staatssekretär aus Steinbrücks Bundesfinanzministerium saß.

Dem Topmanager der Post ging es nicht besser. Im Gegenteil. Klaus Zumwinkel erhielt am 14. Februar 2008 in seinem Kölner Privathaus Besuch von den Ermittlern der Bochumer Staatsanwaltschaft. Ein gezielt informiertes Kamerateam des ZDF wartete bereits vor der Tür und hielt für ein Millionenpublikum fest, wie einer der einflussreichsten deutschen Manager in einem Auto der Strafermittler zur Vernehmung gebracht wurde. Zumwinkel wurde später wegen Steuerhinterziehung zu einer zweijährigen Freiheitsstrafe auf Bewährung verurteilt. Diese war mit der Auflage versehen, eine Million Euro an die Staatskasse und an gemeinnützige Organisationen zu zahlen. Zumwinkel gab schon lange vor dem Gerichtsverfahren auf Druck der Bundesregierung alle Ämter auf und zog sich später ganz aus der Öffentlichkeit zurück.

Die Ermittlungen gegen ihn waren in Gang gekommen, weil ein ehemaliger Mitarbeiter der Liechtensteiner Bank LTG illegal Unterlagen über deutsche Kunden entwendet und diese dem Bundesnachrichtendienst zum Kauf angeboten hatte. Der BND wandte sich daraufhin an die Bundesregierung und dort vor allem an das Bundesfinanzministerium, da es in erster Linie um Steuerfragen ging. Steinbrück gab grünes Licht, gegen Zumwinkel vorzugehen, obwohl die Beschaffung der Unterlagen mit den Namen der deutschen Steuerhinterzieher das Ergebnis einer Straftat war. Die Verwertung dieser in Liechtenstein gestohlenen Daten durch deutsche Steuerbehörden belastete die diplomatischen Beziehungen zwischen der Bundesrepublik und dem Fürstentum schwer. Obwohl die Datei Hunderte Namen deutscher Steuerflüchtlinge enthielt, war Zumwinkel der erste und bislang einzige Prominente, bei dem die Finanzverwaltung vor laufenden Kameras zuschlug.

Über viele Zusammenhänge kann heute nur spekuliert werden. Aber wenn schon damals herausgekommen wäre, dass der Bundesfinanzminister auf einem offiziellen Briefkopf von seinen beiden wichtigsten Bundesunternehmen eine Millionenspende für seinen liebsten Hobbysport verlangt hatte, wäre die Aufregung sicherlich groß gewesen.

KAPITEL 10

DER MYTHOS VOM KRISENMANAGER

An der schmiedeeisernen Tür der Bank klebte ein kleiner Zettel. »Der Zahlungsverkehr wird vorübergehend eingestellt«, stand darauf geschrieben. Es waren nur wenige Worte, aber jeder, der sie las, verstand den Ernst der Lage. Binnen Minuten bildete sich eine lange Schlange vor dem Gebäude. Die Leute wollten ihre Spareinlagen abheben und ihr Geld in Sicherheit bringen. Doch es war zu spät. Das zweitgrößte deutsche Kreditinstitut musste seine Zahlungsunfähigkeit eingestehen; das Unvorstellbare war geschehen. Die Nachricht verbreitete sich wie ein Lauffeuer. Binnen Stunden brach Panik aus, erfasste die Bürger und die Börsen. Banken und Sparkassen wurden regelrecht gestürmt, die Kunden räumten ihre Konten ab. Gegen Mittag wurde der Druck zu groß, die Filialen wurden verriegelt, und die Polizei marschierte auf, um Unruhen bereits im Keim zu ersticken.

Die Bilder mit den Menschenschlangen vor den Bankgebäuden, die am 13. Juli 1931 nach dem Zusammenbruch der »Darmstädter und Nationalbank« entstanden, finden sich heute in jedem Geschichtsbuch. Sie dokumentieren den Moment, als die Weltwirtschaftskrise Deutschland erreichte. Der Absturz des Finanzsystems, der 1929 in den USA begann, erfasste ganz Europa, stürzte Millionen Menschen ins Elend und trug schließlich mit dazu bei, dass Adolf Hitler Anfang 1933 zum Reichskanzler gewählt wurde.

Auch Angela Merkel und Peer Steinbrück haben diese Bilder im Kopf, als sie am ersten Oktoberwochenende 2008 vertrauliche Berichte darüber erhalten, dass ungewöhnlich viel Bargeld von den Konten in Deutschland abgehoben wurde. Stellenweise soll es einen regelrechten Run auf die Geldautomaten gegeben haben. An einigen Filialen, deren Automaten schnell geleert worden waren, bilden sich sogar kleine Gruppen erregt diskutierender Bürger. Die Geldtransporter fahren Sonderschichten, um die Auszahlmaschinen wieder aufzufüllen. 500-Euro-Scheine sind gefragt wie nie zuvor, ebenso Goldbarren und Goldmünzen. Die Liquidität der Banken sinkt, die Anzeichen für eine Panik verdichten sich. Eine einzige beunruhigende Nachricht hätte in dieser kritischen Situation wohl ausgereicht, um wie 1931 einen landesweiten Sturm auf die Banken auszulösen.

Am Donnerstag zuvor, dem 2. Oktober 2008, ist ein Interview der *Bild*-Zeitung mit der Kanzlerin erschienen. Auf die heikelste Frage, ob der Staat notfalls für das Geld der Sparer einstehe, antwortet Merkel ausweichend: »Der Bund will keinen Blankoscheck für alle Banken ausstellen, egal, ob sie sich verantwortlich verhalten haben oder nicht.« Doch als sich die Lage am Freitag und Samstag zuspitzt, immer mehr Menschen ihre Konten leeren und sich bei den Banken Alarmstimmung breitmacht, entschließen sich Merkel und Steinbrück zu einer abrupten Kehrtwende. Mit einem Schlag opfern sie ihre bis dahin wichtigste Position, denn plötzlich soll es doch eine Garantie zugunsten der Sparer und damit der Geldhäuser geben. Hat Merkel zuvor auf dem EU-Gipfel die Iren noch hart für die Staatsgarantie zugunsten ihrer Banken kritisiert und im *Bild*-Interview ausdrücklich jeden

»Blankoscheck« verweigert, so stellt sie ihn drei Tage später höchstpersönlich aus.

Mit fast versteinerten Gesichtern geben die Kanzlerin und ihr Kassenwart am Sonntag, dem 5. Oktober, um 15 Uhr im Lichthof des Kanzleramts das teuerste Versprechen der deutschen Geschichte ab. Beide wissen zu diesem Zeitpunkt nicht, ob sie die gigantische Beruhigungspille für die besorgten Deutschen im Ernstfall jemals würden bezahlen können. Die Worte der Kanzlerin klingen dabei weitaus weniger staatstragend, als sie es in ihrer Bedeutung sind: »Die Bundesregierung sagt am heutigen Tag, dass wir nicht zulassen werden, dass die Schieflage eines Finanzinstituts zur Schieflage des ganzen Systems wird.« Es ist einer ihrer typischen Schachtelsätze. Ihr Nachsatz klingt eindeutiger, verschwimmt aber in den vorangegangenen Wörtern: »Wir sagen den Sparerinnen und Sparern, dass ihre Einlagen sicher sind«, ergänzt Merkel.

Nicht alle Journalisten haben die Regierungschefin und ihren Finanzminister von Anfang an richtig verstanden – das zeigen Minuten später die recht unterschiedlichen Reaktionen in den Nachrichtenagenturen. Es bedarf der massiven telefonischen »Nachbereitung« durch Regierungssprecher Ulrich Wilhelm, damit die eigentliche Botschaft des Tages glasklar in die Nachrichtensendungen und in die Überschriften der Zeitungen gelangt: »Die Bundesregierung garantiert die Spareinlagen.«

Dass diesem Auftritt ein schwerer Streit vorausgegangen war, merkte man weder Merkel noch Steinbrück an. Normalerweise harmonierten die beiden sehr gut miteinander und stimmten sich immer detailliert ab. Doch als Steinbrück erfuhr, dass Merkel die Garantie für die Sparer ohne ihn abgeben wollte, rebellierte er. Der Finanzminister sah sich ebenso in der Verantwortung wie die Kanzlerin – schließlich beaufsichtigte sein Ressort das Bankwesen. Und bei einer so einschneidenden Frage wollte der Sozialdemokrat in ihm der Christdemokratin nicht alleine das Feld überlassen. Kurzerhand drohte er Merkel an, die Garantie nur Minuten später im Finanzministerium noch einmal zu wiederholen. Es sei unmöglich, dass er sich nicht dazu äußere, so Steinbrück. Allerdings bestehe dann die Gefahr, dass die psychologisch so wichtige Garantie für die Sparer nicht als gemeinsames Signal der Regierung verstanden werde.

Steinbrück bestätigte die Ereignisse später in einem Interview: »Es ging ein bisschen hin und her an diesem Tag. Es stimmt, dass Merkel erst alleine vor die Kameras treten wollte. Aber dann hat ihr, wie ich glaube, der damalige Regierungssprecher Ulrich Wilhelm nahegebracht, dass sie in dieser Situation den Finanzminister mit vor die Kamera nehmen muss. Der gesamte Effekt wäre verpufft, wenn wir die Erklärung zu einer Koalitionsfrage gemacht hätten. Für solche Argumente war Frau Merkel durchaus empfänglich. Es dauerte vielleicht fünf Minuten, dann war klar, dass wir das gemeinsam machen« (*Der Spiegel*, 37/2010).

Es war ein Drahtseilakt, aber er gelang. Der Sturm auf die Banken blieb aus, die Deutschen bewahrten die Ruhe und ließen ihr Geld auf den Konten. Details zu der kühn verkündeten staatlichen Sparergarantie sollte es nie geben – und waren überdies nie geplant. Zur Wahrheit gehört nämlich, dass Merkel und Steinbrück sich nicht vollständig über die Konsequenzen im Klaren waren. »Wir wussten, dass wir uns auf dünnem Eis bewegen«, räumte Steinbrück später ein. Man kann es auch anders ausdrücken: Für eine solche Zusage fehlte der Kanzlerin und dem Finanzminister schlicht die Legitimation. »Es gab keine Rechtsgrundlage und keinen parlamentarischen Rückhalt«, gestand Steinbrück. »Ich wundere mich bis zum heutigen Tag, dass die

Parlamentarier hinterher nie gefragt haben: Um Gottes willen, was habt ihr da eigentlich gemacht?«

Dennoch wäre die Bundesregierung im Ernstfall zur Zahlung verpflichtet gewesen. »Wir hätten dann das Parlament um die Bewilligung entsprechender Mittel bitten müssen. Hätten wir in solch einem Fall nicht zu unserer Zusage gestanden, wäre die Republik in ein Chaos gestürzt.«

Über den »Wert« der Garantie ist oft gestritten worden. Vom Girokonto über das Sparbuch bis zum Festgeld sollte alles gesichert sein – für Aktienfonds, Immobilienfonds oder Inhaberverschreibungen privater Banken hätte die Garantie dagegen nicht gegolten. Für welchen maximalen Betrag die Bundesregierung über die gesetzliche und freiwillige Einlagensicherung hinaus hätte bürgen müssen, vermochte an dem denkwürdigen Sonntag niemand zu beziffern. Spätere Schätzungen gingen von Spareinlagen zwischen 600 bis 1000 Milliarden Euro aus. Das hätte die Bundesregierung im Fall der Fälle kaum bezahlen können. Zum Glück kam es nie dazu.

Obwohl die spontane Garantie für die Sparer Wirkung zeigte, war die Stimmung in Deutschland labil wie selten zuvor. Nach der Pleite der US-Investmentbank Lehman Brothers am 15. September 2008 erlebten die Börsen weltweit einen Sturz ins Bodenlose. Der US-Versicherungskonzern AIG wackelte ebenfalls bedenklich, und die Finanzminister der westlichen Staaten bestürmten ihren US-Kollegen Henry Paulson in einer konzertierten Telefonaktion, nicht auch noch den Assekuranzriesen fallen zu lassen. Das Weltfinanzsystem stand unmittelbar vor dem endgültigen Zusammenbruch. »Wäre AIG pleitegegangen, hätte der Finanzsektor einen Schmelzpunkt erreicht«, erinnerte sich Steinbrück später mit Schaudern an die damalige Lage. »In der Tat:

Die Welt stand an einem Abgrund« (*Der Spiegel*, 37/2010). Schon das Ende von Lehman Brothers hatte ein globales Erdbeben ausgelöst. Was würde erst passieren, wenn der größte Versicherungskonzern der Welt zusammenbrach? »Wenn AIG fällt, droht der GAU, das haben wir unserem US-Kollegen jenseits von diplomatischen Gepflogenheiten zu vermitteln versucht«, schilderte Steinbrück die dramatischsten Stunden während der transatlantischen Telefonkonferenzen.

AIG wurde schließlich mit vielen Milliarden Dollar gerettet – dennoch blieben die Börsen auf Talfahrt. Niemand hatte mit dieser zerstörerischen Dynamik gerechnet. Der Internationale Währungsfonds IWF schätzte bereits Ende September 2008 den weltweiten Verlust durch die Finanzkrise auf 1,4 Billionen Dollar. Und das sollte erst der Anfang sein. Nicht nur das Vertrauen der Anleger wurde erschüttert, sondern ebenso sank der Glaube der Bürger an die Marktwirtschaft auf einen Tiefpunkt. In Großbritannien, dem Mutterland des Kapitalismus, wurden die größten Geschäftsbanken zum Teil verstaatlicht. Die US-Notenbank warf alle geldpolitischen Grundsätze über Bord und gewährte bedrohten systemrelevanten Unternehmen wie AIG erstmals direkte Finanzhilfen. Und in Irland stand mit einem Mal ein ganzer Staat vor dem Bankrott, weil er die Kontrolle über seine Banken verloren hatte.

Peer Steinbrück gilt heute als »Manager der Krise«, weil er während der gefährlichen Talfahrt der Finanzmärkte die Nerven behielt und zusammen mit Bundeskanzlerin Angela Merkel die richtigen Entscheidungen fällte. Die geistesgegenwärtige Garantie der Spareinlagen zählt ohne Zweifel dazu. Allerdings darf man nicht vergessen, dass dieses Manöver bereits einen abrupten Meinungswandel darstellte. Auch bei anderen Fragen wird in der kritischen Rückschau deutlich, dass so manche Entwicklung von

Steinbrück und Merkel anfangs völlig falsch eingeschätzt wurde. Der damaligen Bundesregierung unterliefen bei ihrem Krisenmanagement Einschätzungsfehler, die heute allzu gerne in das milde Licht des Vergessens getaucht werden. Auch das gehört zum Mythos des viel gerühmten Krisenmanagers.

Am 16. September 2008, einem Dienstag, hält Steinbrück eine Rede vor dem Deutschen Bundestag. Formaler Anlass ist die Einbringung des Haushalts 2009, aber in Wahrheit dreht sich alles um die jüngste Entwicklung der Krise. Steinbrück hat sich entschlossen, staatsmännisch aufzutreten, den Ernst der Lage nicht zu verharmlosen, angesichts der spürbaren Nervosität aber auch nicht zu übertreiben. So hat er es rückblickend in seinem Buch geschildert. Er weiß, dass die Akteure an den Finanzmärkten in diesen dramatischen Tagen, als hart um die staatliche Rettung privater Geldinstitute gerungen wird, jedes Wort eines Finanzministers auf die Goldwaage legen werden. Nichts erscheint Steinbrück deshalb schlimmer als der Vorwurf, durch unbedachtes Reden eine Panik an den Börsen zu verursachen. »Mir erschien eine ausgewogene und vorsichtige Darstellung der Lage, die mir möglicherweise den Vorwurf der Verharmlosung einbrachte, ratsamer als eine scharf problematisierende und möglicherweise entflammende Rede«, wird er nachträglich seine Wortwahl erklären.

Die Kritiker hingegen werten Steinbrücks Auftritt vor dem Bundestag im September 2008 als klaren Beweis für die völlige Fehleinschätzung der Situation am Tag nach dem Lehman-Zusammenbruch. Nun ist man im Nachhinein immer klüger; vor allem wenn es, wie seinerzeit der Fall, keinerlei Erfahrung mit Krisen dieses Ausmaßes gegeben hat. Doch in der Tat zeigt Steinbrück in seiner ersten Rede nach dem akuten Ausbruch der Turbulenzen, dass er den Ernst der Lage nicht vollständig überblickt. Wahrscheinlich hat er die internationale wechselseitige Verflechtung der Geldhäuser ebenso unterschätzt wie den Dominoeffekt, der bereits beim Crash einer einzelnen Großbank unweigerlich einsetzen würde. Wie Merkel hängt er offenkundig der Illusion oder der Hoffnung an, dass die Krise in erster Linie eine amerikanische Angelegenheit bleiben werde. In Wahrheit erweist sie sich als ein hochgradig ansteckender Virus, der immer massiver in die Blutbahnen des globalen Finanzsystems eindringt und alles in rasender Geschwindigkeit infiziert.

Dessen ungeachtet macht sich Steinbrück vor dem Deutschen Bundestag erst einmal über die vielstimmigen Warnungen der Ökonomen lustig. Man höre »aus allen Ecken Rufe des Entsetzens, dass wir in einer Rezession stecken«, klagt er mit gespielter Empörung, um dann mit rhetorischer Überspitzung hinzuzufügen: »Diese verbreiteten Sadomaso-Tendenzen sind mir ein absolutes Rätsel.« Es gebe hierzulande, so Steinbrück, »keinen Grund« für »solche Untergangszenarien«.

Diese unangemessen ironischen und recht verstiegenen Bemerkungen stellen angesichts der bereits eingesetzten Entwicklung und der zahlreichen Warnungen und Analysen der Fachwelt ein ziemliches Fehlurteil des Finanzministers dar – anders kann man diese Mischung aus Beschwichtigung, Belustigung und Besserwisserei wohl nicht nennen. Auch seine Beurteilung der Krisenfolgen für Deutschland liest sich heute eher schräg. Er halte »die möglichen Auswirkungen auf uns auch nach allen Erkundigungen … für begrenzt«, behauptet der Finanzminister. Wirklich dramatisch sei es dagegen in Großbritannien und den USA, fügt er mit Blick auf die Schieflagen der dortigen Banken hinzu. Dort habe die Krise ja schließlich ihren Ursprung. Besonders ungerne dürfte Steinbrück heute wohl auf den Kernsatz seiner Rede zur aktuellen Entwicklung an den Finanzmärkten zurückblicken: »Es gibt keinen Anlass – das sage ich sehr bewusst –, an der Stabilität des deutschen Finanzsystems zu zweifeln.«

Nur wenige Stunden nach diesem Auftritt wird Steinbrück brutal von der Wirklichkeit eingeholt. Die Krise hat mit Wucht auch Deutschland erreicht. Die IKB Deutsche Industriebank steht vor dem Zusammenbruch und muss gestützt werden. Bei den meisten Landesbanken schauen die Prüfer ebenfalls in einen Krater offener Verbindlichkeiten. Die Geldmanager aus der deutschen Provinz haben nämlich nicht weniger lustvoll als die Profis an der Wall Street und der London Stock Exchange am großen Schwungrad des Turbokapitalismus mitgedreht. Jetzt stellt sich heraus, dass die Herren allesamt den Überblick verloren und sich für Milliardensummen mit Schrottpapieren eingedeckt haben, deren Konstruktion ihnen bis heute ein Rätsel geblieben ist.

Doch es kommt noch dicker. Als der damalige Staatssekretär Jörg Asmussen am 22. September seinen Finanzminister über die zugespitzte Lage bei der HRE, der Hypo Real Estate, informieren muss, ist endgültig klar, dass Steinbrück sich bei seiner Rede im Bundestag wenige Tage zuvor gründlich geirrt hat: Entgegen den ersten Hoffnungen und Beteuerungen werden Deutschland und der nationale Finanzsektor nämlich ebenfalls mit voller Härte von der Krise erfasst.

Kaum jemand außerhalb der Bankenkreise kannte vorher den Münchner Immobilienfinanzierer HRE. Kaum jemand hätte sich vorstellen können, dass diese mittelgroße Spezialbank bereits »too big to fail« war, also schon zu groß und international zu verwoben, als dass man sie in der krisenhaft zugespitzten Lage einfach hätte pleitegehen lassen können. Allein die HRE brauchte in der Folge knapp 124 Milliarden Euro an staatlichen Garantien sowie 7,7 Milliarden Euro Direkthilfe aus dem Finanzmarktstabilisierungsfonds. Und von der dramatischen Schieflage der Commerzbank, dem zweitgrößten deutschen Geldhaus, war da noch gar nicht die Rede. Im Gegenteil, die Bundesregierung hatte erst kürzlich – am 31. August 2008, also zwei Wochen vor der Lehman-Pleite – der umstrittenen Übernahme der Dresdner Bank zugestimmt. Die Allianz-Versicherung ist bis heute froh, dass sie diese verlustreiche Tochter noch schnell für 9,8 Milliarden Euro an die Commerzbank verscherbeln konnte, bevor der globale Finanzorkan ausbrach.

Steinbrück hielt an diesem gewagten Fusionsplan noch fest, als die Krise ihren Höhepunkt erreichte und die Bilanzkatastrophe der Dresdner Bank offen zutage trat. Der Deal wurde zwar in mehreren Schritten nachverhandelt, blieb aber im Grundsatz bestehen. Die Commerzbank, selbst auf schwachen Füßen, schulterte die Last der Dresdner Bank. Warum? Die Politik war und ist bis heute der Meinung, dass Deutschland als Exportnation mindestens zwei, besser sogar drei international agierende deutsche Großbanken braucht, um die im Ausland tätigen deutschen Unternehmen optimal begleiten zu können. Kein unbedingt falscher Gedanke, doch die Vergrößerung der deutschen Nummer zwei hinter dem Branchenprimus Deutsche Bank war am Ende teuer erkauft: Die Bundesrepublik musste 18,2 Milliarden Euro investieren und sich zu einem über dem Marktkurs liegenden Wert mit 25 Prozent und einer Aktie an der Commerzbank beteiligen. Nur so war sie vor dem Untergang zu retten. Das erste Quartal 2009 des frisch fusionierten Geldhauses schloss mit einem Verlust von 86,1 Milliarden Euro. Ende März 2009 wurde schließlich eine interne Bad Bank gegründet, in die schlechte Wertpapiere von über 55 Milliarden Euro ausgelagert wurden – davon entfielen auf die Commerzbank 15,5 Milliarden und auf die Dresdner knapp 40 Milliarden Euro. Einen tollen nationalen Champion hatte man da gebildet!

Es gab noch weitere Ereignisse in der Krise, die belegen, dass die Kanzlerin und ihr Kassenwart anfangs als Krisenmanager zu kurz gesprungen sind und erst durch äußeren Druck zu einer Änderung ihrer Positionen gezwungen wurden. Einer dieser Punkte betrifft den Bankenrettungsfonds und das ganze daran hängende Instrumentarium. In den USA und in Großbritannien hatten die Verantwortlichen in den Banken und Regierungen mit Verärgerung registriert, dass die Deutschen nach dem Lehman-Zusammenbruch mit dem Finger auf die Angelsachsen zeigten und ihnen die Verantwortung für die Krise zuwiesen. Aus diesem Grund holte sich US-Finanzminister Henry Paulson auch eine Abfuhr bei seinem deutschen Amtskollegen Steinbrück, als er die Europäer anfangs darum bat, sich an der Rettungsaktion der Amerikaner zu beteiligen. Für weiteren Ärger sorgte in Washington und London ferner die mit Stolz vorgetragene Einschätzung von Merkel und Steinbrück, Deutschland sei dank seines dreigliedrigen Bankensystems in einer viel stabileren Verfassung als das entfesselte Finanzsystem des »Raubtierkapitalismus«, wie Helmut Schmidt es einmal formuliert hatte.

Als vollends deplatziert empfand man in Großbritannien und den USA schließlich die Häme, mit der in Deutschland darauf hingewiesen wurde, dass die Erfinder des Turbokapitalismus nun Banken verstaatlichten und ohne jede ordnungspolitische Gewissensregung Direkthilfen an bedrohte Unternehmen zahlten. Offensichtlich waren die »Master of the Universe«, wie die Gurus der Wall Street gerne genannt wurden, genauso mit ihrem Latein am Ende wie die Politik in Washington. Die Stimmung dort schwankte zwischen Entsetzen und Wut – in diesen Tagen deutlich zu erkennen bei US-Finanzminister Paulson, dem früheren Chef der Investmentbank Goldman Sachs.

Hingegen fühlten sich die linken politischen Kräfte in Europa in ihrer tiefsten Überzeugung bestätigt, dass ein schrankenloser Kapitalismus die Welt letztlich ins Verderben stürzen werde. Die heftigen Emotionen auf beiden Seiten des Atlantiks gingen allerdings auch darauf zurück, dass die Angelsachsen den berechtigten kontinentaleuropäischen Forderungen nach einer »Zähmung des Kapitalismus« jahrelang mit Herablassung und Arroganz begegnet waren. Noch 2007 hatte die Bundesrepublik während ihrer EU-Präsidentschaft bei den G-7-Staaten dafür geworben, die unkontrolliert wachsenden Finanzmärkte stärker zu beaufsichtigen und zu regulieren, was insbesondere von den Angelsachsen abgelehnt wurde. Jetzt zahlten sie den Preis für ihren Hochmut und ärgerten sich darüber, dass in manchen Äußerungen aus Berlin und Paris ein wenig späte Genugtuung durchklang. Für Schadenfreude indes gab es keinen Anlass. Der Schaden, den das grenzenlose Börsenkasino angerichtet hatte, reichte bis nach Europa und musste auch vom deutschen und französischen Steuerzahler und Anleger beglichen werden.

In diese Stimmung der deutschen Selbstgewissheit platzte am 1. Oktober ein Interview des *Handelsblatts* mit der damaligen französischen Finanzministerin Christine Lagarde, heute Chefin des Internationalen Währungsfonds. Lagarde berichtete darin von dem französischen Plan, zur Stützung der Banken einen europäischen Notfallfonds von 300 Milliarden Euro aufzulegen. Zur Finanzierung sollten die Regierungen der wichtigsten EU-Staaten mit rund 3 Prozent ihres Bruttoinlandsprodukts beitragen. Auf Deutschland wären demnach etwa 75 Milliarden Euro entfallen – zu beschließen auf einem von Staatspräsident Nikolas Sarkozy einberufenen EU-Gipfel am kommenden Samstag. Merkel lehnte den Plan, von dem weder sie noch Finanzminister Steinbrück irgendeine Kenntnis hatten, umgehend ab. In Berliner Regierungskreisen hieß es nur spitz, dass man deutsches Geld in Deutschland klüger verwenden könne als in einem europäischen Rettungsfonds.

Unter dem Druck der Ereignisse setzte allerdings auch hier rasch ein Umdenken ein. Josef Ackermann, der damalige Chef der Deutschen Bank, mahnte die Bundesregierung sogleich zu mehr Realismus bei der Beurteilung der erforderlichen Rettungsanstrengungen. »Wenn die USA ein solches Paket verabschieden, sollte Europa bereit sein, vergleichbare Lösungen zu finden«, meinte Ackermann. Nur Minuten später tickerte die Nachrichtenagentur *Reuters*: Der erste deutsche Topbanker fordere ein staatliches Hilfsprogramm für europäische Kreditinstitute. SPD-Fraktionschef Peter Struck geißelte daraufhin prompt Ackermanns »Opportunismus«.

Von Tag zu Tag jedoch glühten die Telefondrähte zwischen Berlin und dem Bankenstandort Frankfurt immer heißer. Eine Krisensitzung jagte die andere, denn je tiefer die Banker in die Bücher schauten, desto größer wurde das Entsetzen. Steinbrück hat in seiner Erinnerung die Geburtsstunde des Finanzmarktstabilisierungsgesetzes auf den 5. Oktober verlegt. Gegen Mitternacht versammelte sich in seinem Berliner Ministerium eine illustre Schar von Topmanagern aus der Finanzszene: Josef Ackermann von der Deutschen Bank, Klaus-Peter Müller, Ex-Commerzbank-Chef und damals Präsident des Bankenverbands, sein Nachfolger im Vorstandsvorsitz der Commerzbank Martin Blessing, Allianz-Finanzvorstand Paul Achleitner, der damalige Bundesbankchef Axel Weber sowie Staatssekretär Jörg Asmussen, heute Mitglied des Direktoriums der Europäischen Zentralbank. Die Runde komplettierte Jens Weidmann, der frühere Leiter der Wirtschaftsabteilung im Kanzleramt und heutige Präsident der Bundesbank.

»In diesem Kreis bestand Einigkeit, dass wir uns künftig in Deutschland nicht mehr von Krisenfall zu Krisenfall aufreiben könnten«, schreibt Steinbrück in seinem Buch. »Vielmehr müsste eine systematische, bankenübergreifende Lösung zur Stabilisierung des Finanzsystems gefunden werden.« Was Steinbrück in seiner Erinnerung ausblendet, ist der enorme Druck aus den USA und letztlich auch aus Paris auf die Deutschen, sich nicht länger einer konzertierten Rettungsaktion zu verweigern. Ganz so aus ureigener Erkenntnis, wie Steinbrück es in der Rückschau darstellt, ist diese Kurskorrektur in der deutschen Politik nicht zustande gekommen. Allerdings bewiesen Steinbrück und die exquisite Herrenrunde insofern Weitsicht, als sie die Rettung der nationalen Banken zuvorderst in die Hände der jeweiligen Staaten legten und nicht einem supranational gespeisten Fonds anvertrauten. Ein Prinzip, das sich später bei den Rettungsmaßnahmen für den Euro nicht mehr so klar durchhalten ließ, wie die diversen europäischen Rettungsschirme bezeugen.

Beim Auflegen der Konjunkturprogramme als Antwort auf die Krise zeigten Merkel und Steinbrück ein ähnliches Verhaltensmuster. Zunächst wurden alle Vorschläge abgelehnt, die zu einer Belastung der Bundeskasse hätten führen können. Dann wurde laviert, relativiert und am Ende unter wachsendem Anpassungsdruck nachgegeben. Nicht immer wirkten die Hauptakteure der Großen Koalition deshalb so souverän, wie es in der Rückschau gelegentlich anmutet. Vor allem am Anfang der Entwicklung ähnelten Merkel und Steinbrück eher Getriebenen, die von den Märkten erpresst wurden und als demokratisch gewählte Politiker nicht in der Lage waren, dem Finanzsektor Grenzen zu setzen. Es mag diese damalige Erfahrung der Ohnmacht sein, die Steinbrück heute dazu führt, die entschlossene Regulierung der Finanzmärkte und die Wiederherstellung des Primats der Politik über die Macht der Banken als eine der zentralen Herausforderungen zu beschreiben, denen sich die nächste Bundesregierung stellen müsse.

Die Finanzkrise wächst sich ab 2008 binnen weniger Wochen zu einer veritablen Vertrauenskrise aus, die den Austausch von Geld und die Ausgabe von Darlehen vollständig zu lähmen droht – mit gefährlichen Folgen für die sogenannte »Realwirtschaft«. Neben dem Mittelstand ist vor allem die deutsche Industrie auf einen steten Zustrom von Kapital angewiesen. Ohne Finanzierung können schon mittlere Projekte nicht mehr gestemmt werden. Eine Katastrophe für die deutsche Exportwirtschaft, die von der Finanzierung bis zur schlüsselfertigen Übergabe alles aus einer Hand anbietet.

Deshalb wird recht schnell die Forderung laut, man möge doch Konjunkturprogramme auflegen, um die sich eintrübende Wirtschaftsstimmung wieder etwas aufzuhellen. Merkel wie Steinbrück weigern sich anfangs, auch nur darüber nachzudenken. Im Bundestag sagt Steinbrück am 16. September 2008, »es ist nicht möglich, eine konjunkturelle Eintrübung, deren Ursachen eindeutig in globalen Preisschüben und Finanzmarktkrisen liegen, mit einem nationalen Konjunkturprogramm zu bekämpfen. Wer das tut, verbrennt lediglich Steuergeld.« Ebenso gibt er sich felsenfest davon überzeugt, dass »jede Abkehr vom notwendigen Konsolidierungskurs, die mit einem Konjunkturprogramm verbunden wäre, zwangsläufig zu gegenläufigen Entwicklungen führen würde«.

Doch auch hier belehrt die Entwicklung Steinbrück und seine Kanzlerin eines Besseren. Das Muster »Erst negieren, dann zaudern, dann schönreden und schließlich klotzen« ist bei der monatelangen Debatte über den Sinn und Unsinn von Konjunkturprogrammen gut zu beobachten. Als die Wachstumszahlen immer steiler nach unten weisen und Industrievertreter wie Wirtschaftswissenschaftler zunehmend besorgter auf einen ökonomischen Stimulus drängen, geben Merkel und Steinbrück nicht nur nach, sondern langen sogar richtig hin: Zunächst legen sie im November 2008 ein erstes Konjunkturprogramm auf mit einem Umfang von rund 13 Milliarden Euro und einer prognostizierten Hebelwirkung von 50 Milliarden Euro. Steinbrück begründet seinen Meinungswechsel mit dem Argument, dass man so die »Widerstandskraft der Realwirtschaft stärken« könne. Allerdings wird dieses Paket mit dem Hinweis versehen, dass dieser einmalige »finanzielle Kraftakt« dann wirklich reichen müsse.

Als trotzdem recht bald schon Nachforderungen laut werden, beginnt das Spiel von vorne: erst ablehnen, dann zaudern und schließlich kraftvoll umschwenken. Im Januar 2009 wird das mit 55 Milliarden Euro Umfang größere Konjunkturpaket II beschlossen, bereits zwei Monate nach dem ersten. So schnell ändern sich die Meinungen.

Der IWF schätzt den Gesamtumfang der deutschen Konjunkturspritzen auf zusammen 68 Milliarden Euro. Nach Berechnungen des Instituts der Deutschen Wirtschaft in Köln beliefen sich die deutschen Aufwendungen für Konjunkturprogramme auf zusammen 4,1 Prozent des Bruttoinlandsprodukts. Und das, obwohl wegen des dicht geknüpften sozialen Netzes die Sozialleistungen als »automatische Stabilisatoren« hierzulande wesentlich stärker die allgemeine Wirtschaftsentwicklung stützen als in anderen Ländern. Das Urteil des IW Köln fällt jedenfalls eindeutig aus: »Deutschland hat trotz seiner starken automatischen Stabilisatoren im internationalen Vergleich eines der größten Konjunkturprogramme aufgelegt.« Und das, obwohl die Regierungsspitze am Anfang strikt dagegen war!

Allerdings muss trotz der beschriebenen Irrungen und Wirrungen zugestanden werden, dass die Bundesregierung das Land damals vergleichsweise gut durch die Krise geführt hat. Wenn man sich in einem chaotischen und historisch beispiellosen Prozess wie der Finanzkrise befindet, gehört zu guter Führung auch die Fähigkeit, einen als falsch erkannten Kurs rechtzeitig zu korrigieren. Das ist jedenfalls besser, als sofort allen Wünschen nachzugeben, die international gerne an Deutschland gerichtet werden. Auch die Eurokrise zeigt letztlich, dass es richtig war, Hilfe an Bedingungen zu knüpfen, obwohl das zu sichtbarem Streit führt. Wenn Deutschland mitreden will und als stärkste Volkswirtschaft der EU die Marschroute vorgeben muss, dann gehört dazu zwingend die Bereitschaft, gelegentlich die Rolle des Buhmanns auszuhalten. Wobei der Ruf nach deutscher Führung immer dann laut wird, wenn es in Wahrheit um deutsches Geld geht.

Bei der Beurteilung des politischen Krisenmanagements darf man bei aller Kritik nicht vergessen, dass die drohende Katastrophe von niemandem erkannt wurde: von den hoch bezahlten Bankmanagern ebenso wenig wie von den Ratingagenturen und dem größten Teil der ökonomischen Wissenschaft. Das soll die Verantwortung der Politik nicht mildern, zumal diese zuvor einer Deregulierung der Finanzmärkte die Hand gereicht hatte. Desgleichen versagte die staatliche Bankenaufsicht, und dafür trägt insbesondere der jeweilige Finanzminister die Verantwortung. Aber ebendieser Finanzminister stellte nach seiner Kurskorrektur binnen Tagen immerhin den 480 Milliarden Euro schweren Rettungsfonds auf die Beine und hatte in den darauffolgenden Monaten einen erheblichen Anteil daran, dass die globale Finanzarchitektur nicht zusammenbrach. Bis zum letzten Tag seiner Amtszeit hielt Steinbrück im engen Schulterschluss mit Christine Lagarde gegen härtesten britischen Widerstand die Regulierung der Finanzmärkte auf der Tagesordnung der EU und der G-20-Staaten. Und nicht zuletzt wurde der Klartextredner Steinbrück für die verunsicherten Deutschen zum obersten Krisenerklärer – eine Rolle, die mit Blick auf die Eurokrise in der schwarz-gelben Bundesregierung nicht so eindeutig besetzt ist.

»Steinbrück wurde nach einem Stolperstart zum beherzten Krisenmanager der Politik« – dieses Urteil von *Handelsblatt*-Korrespondentin Donata Riedel trifft es ziemlich gut. Am Ende ist bei Bewertungsfragen nichts erfolgreicher als der Erfolg. Wenn man Steinbrück und Merkel mit Fährleuten vergleicht, dann haben beide das deutsche Boot durch viele gefährliche Strudel und Untiefen gesteuert, ohne dass es gesunken ist. Für sich genommen schon eine Leistung, wenngleich während der wilden Fahrt das eine oder andere Manöver etwas unglücklich wirkte. Heute räumt Steinbrück offen ein, dass er bei dem hektischen Krisenmanagement gelegentlich etwas zu »dünkelhaft« gewesen sei, womit er sich manches erschwert habe. Er weiß in der Rückschau auch nicht zu sagen, ob unbedingt das Krisenmanagement von seiner Amtszeit in Erinnerung bleibt. Er hofft vielmehr, dass es die Schuldenbremse sein wird. »Darauf«, so sagt er, »bin ich stolz.«

KAPITEL 11

WIEDER GANZ UNTEN

Das zweite vorläufige Ende seiner politischen Karriere beginnt für Peer Steinbrück an einem strahlend schönen Sonntag. Noch als Bundesfinanzminister landet er am frühen Morgen dieses 27. September 2009 auf dem Flughafen Berlin-Tegel. Der Himmel über der Hauptstadt ist wolkenlos, es verspricht noch einmal spätsommerlich warm zu werden. Aber für den Sonnenaufgang und die heitere Morgenstimmung hat Steinbrück keinen Blick. Wie wird der Tag enden? Kann er weiter als Minister in der Regierung sitzen, oder steht er am Abend als Verlierer da?

Noch im Flugzeug verabschiedet er sich höflich von Bundeskanzlerin Angela Merkel, mit der er gerade den G-20-Gipfel im amerikanischen Pittsburgh absolviert hat. Keiner der beiden weiß, ob ihre gute und von Parteigrenzen ungetrübte Zusammenarbeit eine Fortsetzung finden wird. Merkel schüttelt ihrem loyalen Kassenwart die Hand. Egal wie die Bürger die Bundestagswahl im Laufe dieses Sonntags entscheiden, die Kanzlerin dankt Steinbrück ausdrücklich für seinen Einsatz und für die angenehme und konstruktive Regierungsarbeit während der letzten Jahre.

»Die beiden verstehen sich und würden wohl am liebsten zusammen weitermachen« – so eine häufig zu hörende Einschätzung in diesen Tagen. Dieser Eindruck ist nicht nur bei der Reisedelegation entstanden oder der Fantasie einiger Journalisten entsprungen, sondern wird jetzt am Ende der abgelaufenen Legislaturperiode vom gesamten politischen Berlin geteilt. Zu offenkundig ist die gegenseitige Wertschätzung. Die Härten des gerade beendeten Wahlkampfs und die unvermeidbaren Auseinandersetzungen haben daran nichts ändern können.

Nach der Landung steigt der noch amtierende Finanzminister und stellvertretende SPD-Vorsitzende in den gepanzerten Dienstwagen, der wie immer in den letzten vier Jahren am Rand des Rollfelds auf ihn wartet. Einem kurzen Impuls, vielleicht ein letztes Mal im Ministerium vorbeizufahren, gibt Steinbrück nicht nach. Zwar liegt in dem grauen Nazibau an der Berliner Wilhelmstraße genug Arbeit. Aber das hat Zeit bis morgen – wenn dann nicht sowieso jemand anderer dafür zuständig sein wird.

Vom Auto aus erledigt er einige Telefonate. Die Liste der Rückrufbitten ist lang. Sein Berliner Büro, die Helfer in seinem Wahlkreis Mettmann bei Düsseldorf und auch die Leute aus dem Willy-Brandt-Haus wollen mit ihm sprechen. Die Unsicherheit bei den Sozialdemokraten lässt sich mit Händen greifen. Zuletzt sind die Umfragewerte zwar wieder etwas gestiegen, doch die insgeheim erhoffte Fortsetzung der Großen Koalition erscheint inzwischen als sehr zweifelhaft. Und von mehr als einer Regierungsbeteiligung in der Rolle des Juniorpartners träumen die Genossen schon lange nicht mehr.

Von seiner kleinen Berliner Wohnung aus ruft Steinbrück seine Frau Gertrud in Bonn an. Er erzählt ihr kurz von der Reise in die USA und erkundigt sich, wie es »zu Hause« läuft. Zu Hause, das ist für den rastlosen Berufspolitiker der kaum genutzte Garten mit dem alten Kirschbaum und das geräumige Haus im beschaulichen Stadtteil Bad Godesberg. Hier am Rhein, in diesem früheren Diplomatenviertel der alten Bundeshauptstadt, zwischen Patriziervillen, Einfamilienhäusern und Gründerzeitbauten, hat die Familie Steinbrück Wurzeln geschlagen. Seit über 30 Jahren.

Schon seit geraumer Zeit überlegt das Ehepaar, wie es im Fall der Fälle nach der Wahl weitergehen soll. Gertrud Steinbrück, die promovierte Biologin, unterrichtet seit Langem an einem Bonner Gymnasium – als Frau eines Spitzenpolitikers hat sie sich ihr eigenes Leben eingerichtet. Sie ist zu klug und zu selbstbewusst, um sich von den kleinen Lücken im Terminkalender ihres Mannes abhängig zu machen. Dennoch hätte sie nach den vielen Jahren des ewigen Herumhetzens und der ständigen Abwesenheit nichts dagegen, wenn ihr Mann irgendwann einmal ein wenig zur Ruhe käme und sie beide etwas mehr Zeit miteinander verbringen könnten.

Vor allem die letzten beiden Amtsjahre während der Finanz- und Wirtschaftskrise waren fast unmenschlich. Nächtliche Krisensitzungen, an den Wochenenden Sondergipfel, Telefonkonferenzen, Koalitionsrunden und die häufigen Reisen verwandelten das ohnehin schwierige Amt des Bundesfinanzministers in eine zentnerschwere Bürde. Obwohl Steinbrück heute ungern darüber spricht, so schwebte doch über der kräftezehrenden Dauerbelastung die ständige Furcht, das instabile und taumelnde Weltfinanzsystem könnte von einem Augenblick auf den anderen vollständig kollabieren.

Monatelang gönnte Steinbrück sich keinen einzigen freien Tag, monatelang lastete ein ungeheurer Druck auf ihm. Schon eine einzige falsche Entscheidung würde ausreichen, um eine systemrelevante Bank in Schieflage zu bringen und damit die gesamte Finanzwelt zu erschüttern. Auch bei den hypernervösen Börsen konnte ein einziges unüberlegtes Wort jederzeit zu einer Panik führen und milliardenschwere Kursstürze auslösen. Als Finanzminister der größten Volkswirtschaft Europas durfte er sich keine Fehler leisten, keine Nachlässigkeiten, keine Unaufmerksamkeiten – zu viel hing von seinen Einschätzungen ab.

Ganz im Stillen hatte Steinbrück bereits vor dem Wahlsonntag 2009 für sich eine Entscheidung getroffen. Sollte der Urnengang verloren gehen und die SPD in der Opposition landen, würde er sich sofort zurückziehen. Zumindest hatte er das seiner Frau Gertrud versprochen. Minister wäre er dann ohnehin nicht mehr, aber nicht einmal um das Amt des stellvertretenden SPD-Vorsitzenden wollte er nach einer Niederlage der Sozialdemokraten kämpfen. »Dann sind die Jüngeren dran«, lautete damals sein Entschluss.

Wie schnell sich die Zeiten ändern!

Gegen 14 Uhr an diesem Wahlsonntag fuhren Steinbrück und Frank-Walter Steinmeier fast zeitgleich nach Berlin-Kreuzberg in die SPD-Zentrale. Der SPD-Kanzlerkandidat und Außenminister der Großen Koalition verließ gerade sein Wohnhaus im vornehmen Stadtteil Zehlendorf, da meldete sich Sigmar Gabriel auf dem Mobiltelefon. Der noch amtierende Umweltminister hatte in den letzten Wochen mächtig auf die Tube gedrückt und alles getan, um diesem blutleeren, ja lahmen Wahlkampf etwas mehr Leben einzuhauchen. Dabei stellte Gabriel mehrfach unter Beweis, wie gerissen er ist, wie gut er den politischen Streit inszeniert und die Zuspitzung von Themen beherrscht. Öffentlich stand er stets hinter Steinmeier. Aber in Wahrheit führte Gabriel dem Spitzenkandidaten und der gesamten Partei vor, wie ein richtiger Wahlkampf eigentlich hätte laufen müssen.

Vor allem das für emotional geladene Auseinandersetzungen dankbare Thema Atomkraft nutzte Gabriel ein ums andere Mal. Als Bundesumweltminister war er zwar für die Sicherheit der 17 deutschen Kernkraftwerke zuständig. Dennoch verstand er es geschickt, die Öffentlichkeit mit bedenklichen Nachrichten zum Thema Atomenergie in Erregung zu versetzen – ohne selbst in Verdacht zu geraten, seine Amtspflichten als Minister für Reaktorsicherheit zu vernachlässigen. Gabriel kamen bei diesem Spagat zwei Dinge zugute. Zum einen hatten sich Union und FDP im Wahlkampf ausdrücklich darauf festgelegt, im Falle eines Sieges den rot-grünen Ausstieg aus der Kernenergie wieder rückgängig zu machen und die Laufzeiten der Atommeiler zu verlängern. Dieses fast demonstrative Bekenntnis zur Kernkraft bot reichlich Angriffsfläche und Mobilisierungspotenzial in der überwiegend atomskeptischen deutschen Öffentlichkeit. Zum anderen tauchten ausgerechnet im Wahlkampf detaillierte Berichte über schwere Sanierungsmängel im Atommülllager Asse auf – eine Anlage, die noch von Kohls Umweltministerin Angela Merkel genehmigt worden war. Was für ein Zufall!

Die Presse bezog sich in ihren Artikeln auf vertrauliche Untersuchungen und interne Unterlagen des Bundesamts für Strahlenschutz, das seinerzeit Gabriel als Bundesumweltminister unterstellt war und bis heute von Wolfram König geleitet wird, einem noch in Zeiten der rot-grünen Koalition von Jürgen Trittin eingesetzten bekennenden Grünen und Atomkraftgegner. Vermutungen, dass die für Merkel ungünstigen atomkritischen Berichte unter tätiger Mithilfe von Gabriel und König in die Öffentlichkeit lanciert wurden, ließen sich nie beweisen. Allerdings lobten viele in der SPD Gabriel ausdrücklich dafür, dass er den träge schleichenden Wahlkampfzug von Steinmeier wenigstens etwas unter Dampf gesetzt hatte.

»Ich habe nicht *ein* Kaninchen aus dem Hut gezaubert«, sagte Gabriel damals über seine Kampagne. »Da läuft eine ganze Herde über die Wiese.« Im Klartext: Man muss eben nur genau hinsehen und etwas aus den Themen machen!

Vorwürfe, er spiele sich im Wahlkampf zu sehr in den Vordergrund und stehle dem Kanzlerkandidaten Steinmeier dadurch die Schau, konterte der rundliche Niedersachse mit Unschuldsmiene: »Was kann ich dafür, wenn meine Themen als einzige ankommen?« Für Insider war jedoch klar, was »der Siggi« meinte: Steinmeier in seiner trockenen, abwägenden und nüchternen Art hatte sich nicht gerade als Idealbesetzung für einen zugespitzten Wahlkampf erwiesen, mochte er als Spitzenkandidat auf der Bühne noch so sehr brüllen und sich in Rage reden.

Steinmeier wusste das. Einerseits war er dankbar, dass Gabriel durch seine beherzten Angriffe auf Merkel die Sache der SPD beförderte. Anderseits spürte der Kanzlerkandidat schon damals, dass da einer unterwegs war, der sich für mindestens ebenso gut, wenn nicht gar für besser geeignet hielt. An dieser Einstellung hat sich bis heute nichts geändert, auch wenn keiner der Beteiligten das offen sagen würde.

Dennoch war Steinmeier überrascht, als Gabriel ihn am Wahlsonntag auf dem Weg zur SPD-Zentrale anrief. Offenbar wollte er nicht bis zu seinem Eintreffen im Willy-Brandt-Haus warten. Der Grund für den Anruf wurde schnell deutlich: Noch bevor überhaupt die ersten Zahlen aus den Wahllokalen einliefen, ließ Gabriel am Telefon recht unverfroren durchblicken, dass er bei einer Niederlage der SPD den Fraktionsvorsitz im Bundestag übernehmen möchte. Dafür könne Steinmeier, so die Andeutungen, ja den Parteivorsitz beanspruchen.

Steinmeier musste das zu diesem Zeitpunkt als Kampfansage verstehen. Schließlich hatte er im internen SPD-Zirkel mehrfach deutlich erkennen lassen, dass er sich im Falle einer Niederlage für den Fraktionsvorsitz interessierte. Mit diesem Posten nähme er immerhin den Platz des Oppositionsführers im Deutschen Bundestag ein und bliebe präsenter, als wenn er den Vorsitz einer besiegten Partei schultern müsste.

Im Willy-Brandt-Haus ist die Stimmung an diesem Sonntag gedrückt. Nach und nach treffen die führenden SPD-Politiker ein. Es wird viel geredet, viel telefoniert. Erste Zahlen deuten auf eine eher niedrige Wahlbeteiligung hin. Das ist immer schlecht für die Sozialdemokraten. Deren klassische Klientel – die »kleinen Leute«, wie Johannes Rau gerne sagte – empfindet in der Regel das Wahlrecht nicht ganz so stark als erste demokratische Bürgerpflicht, wie konservative Kreise oder das Bildungsbürgertum das tun.

Um 16 Uhr kommen die ersten »Exit Polls« – Umfragen, die im Laufe des Wahltags an den Ausgängen von repräsentativ ausgesuchten Wahllokalen in ganz Deutschland erhoben werden. Aus diesen Stichproben ergibt sich erfahrungsgemäß schon eine ziemlich gute Einschätzung. Bis zum Ende der Wahl um 18 Uhr werden die Umfrageergebnisse laufend aktualisiert, sodass sich die Stichproben mehr und mehr zu einem klaren Bild der Lage verdichten. Die Prognose, die dann pünktlich um 18.01 Uhr über die Fernsehbildschirme flimmert, beruht ausschließlich auf diesen Umfragen und ist in der Tendenz immer verblüffend genau.

Die »Exit Polls« werden den Spitzenpolitikern vorab vertraulich zur Verfügung gestellt, damit sie ihre Reaktion und Strategie am Wahlabend besser vorbereiten können. Eine Veröffentlichung vor Schließung der Wahllokale ist hingegen verboten, weil darin eine Manipulation der noch laufenden Wahl gesehen werden könnte. Als Steinmeier an diesem 27. September 2009 gegen 16 Uhr das erste Resultat der Wählerbefragung in den Händen hält, erbleicht er. Die Umfrage kündigt eine Katastrophe an.

Auch Peer Steinbrück ist inzwischen in die Parteizentrale gekommen. Wie alle anderen schockiert ihn das Ausmaß der Verheerungen – anders lässt sich das zu erwartende Wahlergebnis kaum beschreiben. Für verzweifelte Hoffnungen bleibt angesichts der laufend eintreffenden Zahlen kein Raum mehr: Von Prognose zu Prognose wird offensichtlicher, wie tief die SPD nach vier Jahren in der Großen Koalition gefallen ist.

Um 18.01 Uhr steht der rote Balken auf den Fernsehschirmen bei unfassbaren 23 Prozent, dem schlechtesten Ergebnis der SPD in der Geschichte der Bundesrepublik. Eine Rekordpleite, eine historische Niederlage. Nie hat eine Partei nach einer Legislaturperiode Regierungstätigkeit 11 Prozent verloren.

Durch die Bundestagsfraktion, das politische Kraftfeld der SPD, ist der Wähler gleichsam mit der Sense geschritten. Von 222 Mandaten gehen 74 verloren. Ein Drittel der Fraktion wird damit einfach abgewählt, unter ihnen gestandene Größen der Partei. Ottmar Schreiner, der profilierteste Linke, zählt ebenso dazu wie Andrea Nahles, die stellvertretende Parteivorsitzende und Nachwuchshoffnung des linken Flügels. Trotz bundesweiter Prominenz bleiben sie in ihren Wahlkreisen chancenlos. Auch Peer Steinbrück kann sich bei den Wählern in Mettmann nicht durchsetzen. Der Einzug in den Bundestag gelingt ihm nur, weil er wie andere Parteigrößen mit einem vorderen Platz auf der Landesliste abgesichert wurde.

Eine Niederlage im alten Kernland der SPD empfindet jeder Genosse von Rhein und Ruhr als Schmach. Für Steinbrück kommt erschwerend hinzu, dass er schon einmal als Ministerpräsident des Landes abgewählt wurde und jetzt ein zweites Debakel verkraften muss. Der Verlust im eigenen Wahlkreis ist auch deshalb schmerzlich, weil er sich Land und Leuten als früherer Regierungschef und langjähriger Minister in Nordrhein-Westfalen besonders verbunden fühlt. Doch es hilft nichts. Die bittere Erkenntnis lautet, dass der Wähler ihm ein zweites Mal den Stuhl vor die Tür gesetzt hat.

Neben den 74 Mandatsträgern im Bundestag müssen sieben SPD-Minister das Feld räumen, dazu Dutzende Staatssekretäre und ein Vielfaches an Mitarbeitern, Hilfskräften und Referenten im Parlament und in den Ministerien. Die gesamte Machtbasis im Bund erodiert, und das Fehlen dieses Netzwerks wird sich in den folgenden Jahren auf den harten Bänken der Opposition immer wieder schmerzlich bemerkbar machen.

»Das war bitter.« Mit diesem kurzen Satz fasst Steinbrück heute den Augenblick der Niederlage von 2009 zusammen. Im Gegensatz zu anderen fühlt er sich damals nicht mehr berufen, noch um die geschrumpfte Restmacht in einer 23-Prozent-SPD zu kämpfen. Vielmehr lässt er sich direkt nach der Wahl in den Medien mit der Bemerkung zitieren: »Ich stehe einer Neuordnung der Parteispitze nicht im Wege.«

Aber auch eine Niederlage musste gemanagt werden. Am Wahlabend saß Steinbrück im Zimmer des Parteivorsitzenden Franz Müntefering zusammen mit Steinmeier, Nahles und dem scheidenden Fraktionschef Peter Struck. »Münte« ergriff als Erster das Wort. »Das Wichtigste, was jetzt geklärt werden muss, ist die Fraktionsführung«, mahnte er. Sonst laufe der ganze Prozess ohne Steuerung ab. Die Frage des Parteivorsitzes hingegen habe noch Zeit, das könne Wochen später auf dem Parteitag geklärt werden.

Zu diesem Zeitpunkt hoffte Müntefering noch, an der Spitze der SPD ausharren zu können, zumindest für eine Übergangsperiode. Ihm galt der Parteivorsitz erklärtermaßen als das »schönste Amt neben dem Papst«. In Wahrheit jedoch war die Zeit für

Müntefering an jenem 27. September endgültig abgelaufen. Bereits vorher hatte Andrea Nahles mit finsterem Gesicht vor den Kameras erklärt, dass es ein »Weiter so« nicht geben könne. Und Generalsekretär Hubertus Heil pflichtete ihr kreidebleich und sichtlich erschöpft bei. »Es wird eine Erneuerung geben«, presste der Parteimanager hervor.

Derweil zermarterte sich Steinmeier den Kopf. Was sollte er tun? Wie mit dieser historischen Niederlage umgehen? Einfach alles hinwerfen, von allen Ämtern zurücktreten und sich aus der Politik verabschieden, das kam für ihn nicht infrage. Steinmeier wollte gerne weitermachen, spürte aber den Gegenwind aus den eigenen Reihen. Er war unsicher. Schon der Anruf von Gabriel am Nachmittag hatte ihn alarmiert. Eigentlich wollte er als Spitzenkandidat nach einer Niederlage den Fraktions- und Parteivorsitz übernehmen. Doch war dieser Anspruch angesichts des desaströsen Ergebnisses noch legitim, geschweige denn durchsetzbar?

Steinmeier wägte die Chancen ab. Wenn er den Chefsessel der SPD anstrebte, musste er bis zum Parteitag im November auf seine Wahl warten. Angesichts der Enttäuschung über die Rekordniederlage erschien das unrealistisch. Die Wahl des Fraktionsvorsitzenden hingegen fand schon am kommenden Dienstag statt. Nur 48 Stunden lang müsste er seine Kritiker im Zaum halten und verhindern, dass die Partei ihr Scherbengericht gleich am Montag nach der Wahl abhielt. Allerdings nutzte ihm das nur, wenn sich nicht vorher unvermutet ein Gegenkandidat aus der Deckung traute – etwa in Gestalt von Sigmar Gabriel.

Steinmeier gab sich einen Ruck, schaute die Anwesenden an und fragte, ob jemand etwas dagegen habe, wenn er gleich vor der Presse ankündigen würde, für den Fraktionsvorsitz zu kandidieren. Müntefering, Struck und Steinbrück verneinten, Andrea Nahles schwieg. Sigmar Gabriel befand sich nicht im Raum.

Der Coup gelang. Als der geschlagene Kanzlerkandidat vor laufenden Kameras seine Kandidatur für den Chefsessel der Fraktion ankündigte, jubelten ihm die Anhänger im Willy-Brandt-Haus zu, als hätte er soeben die Bundestagswahl gewonnen.

Franz Müntefering stand reglos daneben. Vor seinem inneren Auge lief ein Film ab. Was hatte nicht funktioniert in den letzten Monaten? Steinmeier war eindeutig der falsche Kandidat gewesen, das musste Müntefering sich schmerzlich eingestehen. Aber das alleine begründete nicht das Ausmaß der Niederlage. Am Ende war auch die von Müntefering ganz wesentlich mitgeprägte Wahlkampfstrategie nicht aufgegangen. Er und Steinmeier hatten vergeblich gekämpft, »Seit´an Seit´«, wie es in einem alten Lied der Arbeiterbewegung heißt. Die Sozialdemokraten singen dieses Lied bis heute am Ende eines jeden Parteitags. Gerhard Schröder, der Modernisierer, wollte diese schöne Tradition einmal abschaffen, weil ohnehin kaum noch einer der Jungen den Text kennt. Das gebrummte Gemurmel würde peinlich klingen, meinte er, doch der daraufhin einsetzende Proteststurm belehrte ihn eines Besseren. Die Arbeiterlieder werden weiterhin gesungen – oder eben textlos gebrummt.

Die Episode sagt einiges über die Launenhaftigkeit der Partei aus, denn die inzwischen 147 Jahre alte »Tante SPD« ist empfindlich und unberechenbar geworden. Kaum einer weiß das so gut wie Müntefering. Jetzt, an diesem schicksalhaften Abend im Willy-Brandt-Haus, spürte er, dass mit dieser historischen Niederlage auch seine aktive Zeit in der von ihm so geliebten SPD zu Ende ging. Kerzengerade stand er auf dem Podium neben Steinmeier, schräg rechts hinter ihnen die überlebensgroße Bronzestatue von Willy Brandt. Die Lippen zu einem schmalen Strich verzogen wanderte sein Blick über die Köpfe der Anwesenden hinweg, seine Augen suchten Halt irgendwo in dem überfüllten Atrium der Parteizentrale. Den unwirklichen Applaus wusste er einzuordnen – es war eine Mischung aus Ratlosigkeit, Trauer, Wut und Trotz. Die SPD-Mitarbeiter klatschten mit zusammengebissenen Zähnen, in vielen Augen schimmerten Tränen.

Steinbrück beobachtet die Szene aus der Distanz. Auch ihn trifft die furchtbare Niederlage tief, wie er später zugeben wird. Dennoch will er in diesem Augenblick nicht weiterkämpfen wie Frank-Walter Steinmeier, Sigmar Gabriel und all die anderen. Die Neuordnung der verbliebenen Macht ist ein riskantes Spiel, aber nicht mehr seines. Er hat alles gegeben in seinem Amt, als Manager der Krise ebenso wie als Stütze der Kanzlerin und der gesamten Regierung. Und dabei allen gezeigt, dass entgegen landläufiger Vorurteile auch ein Sozialdemokrat mit Geld umgehen kann. Zu einer Zeit, als um ihn herum die Finanzmärkte kollabierten und die Banken beim Staat um Geld bettelten.

Um die SPD hat er sich in dieser Situation kaum noch kümmern können, das stimmt. Er hatte wahrlich genug zu tun in seiner Eigenschaft als Finanzminister der Krise.

Steinbrück hält sich zurück, doch am Wahlabend kommt er nicht umhin, vor den aufgebauten Kameras in der Parteizentrale sein Statement zum Ergebnis abzugeben. Mit versteinerter Miene spricht er in die Mikrofone, versucht gar nicht erst, irgendetwas schönzufärben. Schnörkellos räumt er die katastrophale Niederlage ein. »Da gibt es nun wirklich nichts drum herumzureden«, meint er fast unterkühlt.

Das ist so seine Art, mit Erschütterungen und Misserfolgen umzugehen. »Always keep a stiff lip« nennen die Engländer das. Immer eine steife Oberlippe behalten, sich nichts anmerken lassen, einfach Haltung bewahren. In Hamburg, der wohl britischsten Stadt Deutschlands, gilt diese Art demonstrativer Gelassenheit ebenfalls als Tugend. Zumindest nach außen muss man sich als Hanseat emotional wetterfest zeigen, das bekommt man im hohen Norden in die Wiege gelegt.

Irgendwann an diesem Abend ruft das Kanzleramt auf Steinbrücks Handy an. Am anderen Ende der Leitung meldet sich Thomas de Maizière, damals noch Chef der Regierungszentrale und Merkels zuverlässigster Vertrauter. Auch der Kanzleramtsminister bedankt sich bei Steinbrück für die gute Zusammenarbeit in schwieriger Zeit und richtet ausdrücklich noch einmal den Dank und die Grüße der Kanzlerin aus. So etwas ist selten im politischen Geschäft.

Wenig später verließ Steinbrück das Willy-Brandt-Haus und fuhr ins Hotel Intercontinental am Berliner Tiergarten. Im Feinschmeckerlokal in der obersten Etage des Fünf-Sterne-Hauses hatten einige Unternehmen eine Wahlparty organisiert. Die Aussicht auf eine künftige schwarz-gelbe Regierung versetzte die Wirtschaftsvertreter in Hochstimmung. Von einer »bürgerlichen Wunschehe« wurde an diesem Wahlabend im Interconti gesprochen, gar von einer »Traumkonstellation für die Wirtschaft«.

Keiner der Gastgeber konnte da schon ahnen, wie ungeniert sich das frisch gewählte Dreamteam später auf den Vorschusslorbeeren ausruhen würde, keiner in der Wirtschaft mochte sich vorstellen, wie untauglich der Koalitionsvertrag und das Regierungshandeln später ausfallen sollten. Unvorstellbar schien es an diesem Abend, dass ausgerechnet die Wunschregierung der Wirtschaft ihren Kredit bereits zur Halbzeit weitgehend verspielt haben würde. Inzwischen ist die Große Koalition als Bündnis der Stabilität mehreren Umfragen zufolge die erklärte Lieblingsvariante der Wirtschaft für 2013 – auch das hätte am Wahlabend

2009 niemand für möglich gehalten. Doch der Stolperstart der bürgerlich-liberalen Regierung und der Niedergang der FDP lagen damals in weiter Ferne. Guido Westerwelle hatte mit fast 15 Prozent ein Rekordergebnis eingefahren, und so konnten er und seine Partei in der Folge vor Kraft kaum laufen.

Steinbrück war als Finanzminister eingeladen worden, und so ging er hin, obwohl er auf dieser Jubelparty eigentlich nichts mehr zu suchen hatte. Als er im Interconti eintraf, war die Feier schon in vollem Gange. Die Krawatte legte Steinbrück schnell ab, kurz darauf auch das Jackett. Es war heiß und stickig in den überfüllten Räumen. Mit einem Glas Bier in der Hand versuchte er seine Betroffenheit mit Sarkasmus zu überspielen. Er genoss es, dass die Manager alle auf ihn zukamen, ihren Respekt bekundeten und sogar Worte des Bedauerns fanden. Einen wie ihn konnte man überall brauchen, auch und gerade in Unternehmen. An Angeboten mangelte es nicht. Einige hatten bereits vor der Wahl angerufen, und die Headhunter würden ihm in den nächsten Wochen »die Bude einrennen«, wie er später amüsiert erzählte.

Doch er lehnte alle Angebote aus der Wirtschaft ab – bis auf eine Ausnahme. Als Berthold Beitz sich meldete und ihn persönlich bat, eine Berufung in den Aufsichtsrat von Thyssen-Krupp anzunehmen, da konnte Steinbrück nicht widerstehen. Einem Mann wie dem 98-jährigen Vorsitzenden der Alfried Krupp von Bohlen und Halbach-Stiftung, einem lebenden Denkmal der deutschen Wirtschaftsgeschichte, schlug man keine Bitte ab. Außerdem schmeichelte das Angebot selbst Steinbrück. Beitz, der langjährige Stahlmagnat und Testamentsvollstrecker der Familie Krupp, ragte im schnelllebigen Wirtschaftsleben der Moderne heraus wie ein Felsen am Kieselstrand. Sogar Helmut Schmidt rang sich bewundernde Worte ab. »Was für ein Leben und was für eine Lebensleistung.« Der Aufsichtsratsposten bei Thyssen-

Krupp blieb jedoch wirklich die Ausnahme, auch später kamen keine anderen Ämter hinzu, wenn man von Steinbrücks Aufsichtsratssitz beim Bundesligisten Borussia Dortmund einmal absieht. »Ich kann jetzt mal ganz gut ohne Terminkalender leben«, behauptete Steinbrück am Wahlabend, ohne dass jemand ihm glaubte. Was er denn künftig machen wolle? Den einfachen Abgeordneten spielen?

Vor allem die anwesenden Journalisten bedrängen ihn, wittern die nächste Story. Will Steinbrück vielleicht auf der Wahlparty der Wirtschaft die Kontakte für einen beruflichen Neustart knüpfen? Wechselt der Finanzminister jetzt in die Wirtschaft, vielleicht sogar in eine Bank? Schließlich sind die Kreditinstitute seit der Krise stärker denn je auf den Staat angewiesen, und da kann politische Expertise nicht schaden.

Steinbrück lacht nur über die wilden Spekulationen um seine Person. Zum einen zieht das Kreditwesengesetz solchen Wechseln enge Grenzen. Und zum anderen räumt er offen ein, vom operativen Bankgeschäft zu wenig zu verstehen, um als Vorstand in einem Kreditinstitut erfolgreich arbeiten zu können. Und Einsätze unterhalb der Vorstandsebene kommen für einen wie ihn ohnehin nicht infrage. Das klingt zu sehr nach Kreissparkasse Iserlohn oder nach Frühstücksdirektor. Und das ist nichts für ein Kaliber wie Peer Steinbrück. »Meinen Sie, ich ziehe künftig als Lobbyist durch die Gegend?«, fragt er mit spöttischer Miene die Journalisten, schüttelt den Kopf und presst sein meckerndes Jack-Nicholson-Lachen heraus. »Machen Sie sich mal keine Sorgen um mich«, sagt er dann mit wegwerfender Handbewegung. »Oder glauben Sie etwa, dass ich mich künftig langweile?«

KAPITEL 12

ZURÜCK IM RING

Es gibt eine lustige Geschichte über einen Bundesminister, der nach dem plötzlichen Verlust seines Postens große Probleme hat, wieder im Alltagsleben eines Normalbürgers anzukommen. Der Mann verlässt also an seinem letzten Amtstag etwas traurig das Ministerium, in dem er jahrelang unumschränkt geherrscht hat. Unten im Hof steht direkt neben dem Eingang wie immer die Dienstlimousine bereit. Der frisch gebackene Exminister geht auf das Auto zu, aber niemand öffnet ihm den Wagenschlag. Also versucht er selbst, die Tür aufzumachen. Doch der Chauffeur hat das Auto von innen verriegelt. Als er seinen ehemaligen Chef sieht, lässt er die Fenster herunter und sagt mit gequälter Miene, dass er ihn jetzt, wo er nicht mehr Minister sei, leider nicht länger fahren dürfe. »Aber ich kann Ihnen gerne ein Taxi rufen«, fügt der Fahrer dienstbeflissen hinzu. Der Exminister schluckt, reißt sich zusammen und stimmt zu. Als er dann im Taxi sitzt, merkt er, dass er weder Bargeld in der Tasche hat, noch aus dem Kopf die Adresse von seinem Bundestagsbüro nennen kann.

Die Geschichte findet sich in einem grandiosen Buch mit dem Titel *Höhenrausch*. Der langjährige *Spiegel*-Korrespondent Jürgen Leinemann hat es verfasst. Meisterhaft beschreibt er darin das merkwürdige und entrückte Leben der Spitzenpolitiker, ihre Sucht nach Macht und ihre unentrinnbare Abhängigkeit von Aufmerksamkeit und Einfluss.

Peer Steinbrück kennt das Buch. »Hab ich gelesen«, antwortete er knurrend dem Besucher, der ihn einige Wochen nach der verlorenen Wahl in seinem beengten Bundestagsbüro aufsuchte. Der schlichte Raum mit der Nummer 4028 lag zwar am berühmten Berliner Boulevard »Unter den Linden«, aber was war schon so eine Minibleibe in einem nüchternen Bürogebäude gemessen an den weitläufigen Fluren des Bundesfinanzministeriums? Wer Steinbrück früher dort besuchte, musste durch ein riesiges Foyer gehen, Sicherheitsschleusen und Kontrollen passieren und lange hallende Gänge durchschreiten, bis er schließlich in das Allerheiligste, das Ministerbüro, vorgelassen wurde.

Jetzt trat man einfach von der Straße aus ein, zeigte dem Pförtner seinen Presseausweis und klopfte eine Minute später beim Bundesminister a.D. an die Tür. Mit seiner »MdB-Wabe«, wie die kleinen Büros für die Parlamentarier spöttisch genannt werden, befand sich Steinbrück in bester Gesellschaft. Außer ihm residierten nach der verlorenen Wahl im sogenannten »roten Rentnerflügel« des Gebäudes auch andere sozialdemokratische »Silberrücken«. Ein paar Türen weiter hatte zum Beispiel Exkanzler Gerhard Schröder sein Büro. Auch die Bleibe des früheren Arbeitsministers Franz Müntefering lag nicht weit entfernt. Inzwischen ist Steinbrück in ein anderes Gebäude des Bundestags umgezogen, dichter am Plenum und an der Fraktions- und Parteiführung. Steinbrück im »Rentnerflügel«, das passte nicht mehr.

Es war ziemlich schwierig, ihn nach dem Wahldesaster 2009 zu einem ersten Interview zu überreden. Eigentlich müsste der Mann jetzt Zeit genug haben, hatte man sich gedacht. Zeit zum Lesen, zum Rosenzüchten und auch Zeit für Gespräche mit Journalisten. Doch weit gefehlt. Sonja Stötzel, seit Jahren die rechte Hand von Steinbrück und eine einfallsreiche Managerin seines komplizierten Terminkalenders, vertröstete die Medienvertreter immer wieder mit ihrer unerschütterlichen Freundlichkeit. Als schließlich ein Termin zustande kam, kreiste das Gespräch erst einmal um Befindlichkeiten. »Was wollen Sie denn noch von mir«, murmelte Steinbrück gereizt. Man solle lieber den neuen Amtsinhaber ausfragen und nicht mehr ihn. Außerdem stehe er für »verbale Revanchefouls« oder für »Jetzt-pack-ich-aus-Interviews« sowieso nicht zur Verfügung. Auch zu Fragen der aktuellen Finanzpolitik werde er sich nicht äußern, kündigte er gleich zu Beginn an. Das wäre schlechter Stil gegenüber dem Nachfolger. »Das tue ich ihm nicht an und mir auch nicht.«

Das raue Gebrumm am Anfang gehört zu einem Steinbrück-Interview wie das Amen zum Gottesdienst. Natürlich juckt es ihn, den Vollblutpolitiker, grundsätzlich immer in den Fingern, sich öffentlich zu äußern, ob er nun gerade ein Amt bekleidet oder nicht. Natürlich würde es ihn sehr wohl auch reizen, etwas über Wolfgang Schäuble zu sagen. Sein Amtsnachfolger hat als neuer Bundesfinanzminister beispielsweise ebenfalls gestohlene CDs mit Bankdaten deutscher Steuerflüchtlinge aufgekauft und damit die Geldhäuser in Liechtenstein und der Schweiz das Fürchten gelehrt. Diesen Triumph hätte Steinbrück selbstverständlich gerne selbst noch ausgekostet, schließlich ist er als Jäger deutscher Steuerflüchtlinge und Kritiker des Schweizer Bankgeheimnisses mehrfach in den Schlagzeilen aufgetaucht. Steinbrücks berühmt-berüchtigte Drohung, die Kavallerie aus Fort Yuma ausreiten zu lassen, wurde in der eidgenössischen Alpenfestung fast als Kriegserklärung gedeutet. Manche sahen darin sogar einen gezielten teutonischen Angriff auf das Schweizer Finanzwesen und damit auf den Lebensnerv des Landes.

Steinbrück schiebt das Kinn vor und grinst, als das Gespräch auf die neuesten Steuer-CDs und die Schweiz kommt. Die Spottlust steht ihm ins Gesicht geschrieben, daran hat auch die verlorene Wahl nichts zu ändern vermocht. Man erkennt genau, dass ihm die Erinnerung an diesen aufgeheizten Streit mit den Schweizer Bankiers immer noch sichtbares Behagen bereitet. Ist es nicht lustig, wie pikiert die Eidgenossen reagiert haben? In dieser Mischung aus schlechtem Gewissen, ehrlicher Wut und gespielter Entrüstung? Steinbrück zeigt sein Haifischlachen. Und wie er, der Finanzminister, damals plötzlich die ganz große Mehrheit der Deutschen hinter sich scharen konnte, als er der Schweiz Beihilfe zur Steuerhinterziehung vorwarf, ohne das natürlich jemals in dieser Klarheit auszusprechen? Köstlich war das und bereitet ihm noch im Nachhinein eine diebische Freude. Nur seine spöttische Äußerung mit der Kavallerie, die sei ein »Fehler« gewesen, wie er öffentlich eingestehen muss. Aber Spaß gemacht hat ihm diese Rauferei trotzdem – das ist typisch für Steinbrück. Und deshalb ist es auch nicht erstaunlich, dass die SPD das Thema Steuerhinterziehung in der Schweiz auch 2013 im Wahlkampf wieder zur Sprache bringen wird.

Jetzt füllt der Exminister mit seiner unverbrauchten Energie das kleine Abgeordnetenbüro vollständig aus. Wenn er über der Rückenlehne des schmalen Sofas die Arme ausbreitet und seine langen Beine vorschiebt, weicht man im Besuchersessel unwillkürlich zur Seite. Auch die kräftige Stimme schallt von den Wänden zurück. Der Raum ist erkennbar zu eng für ihn. Man spürt es gleich beim Betreten, dass es ihn hier nicht lange halten wird.

Wie es ihm jetzt so ergehe, so ganz ohne Einfluss, ohne Macht und ohne die Heerscharen von Beamten, die auf das kleinste Zeichen von ihm warten? Wie fühlt man sich plötzlich ohne die Anrufe von Deutsche-Bank-Chef Josef Ackermann oder ohne die SMS von Kanzlerin Angela Merkel? Wie geht es einem Spitzenpolitiker ohne das Blitzlichtgewitter der Fotografen und ohne die Medien, die begierig jedes Wort von ihm aufnahmen?

Steinbrück zuckt mit den Schultern und sagt dann sehr ernst, dass er nach dem Ausscheiden aus dem Amt genau in sich hineingehorcht habe, ob es irgendwelche Anzeichen von Abhängigkeit gebe. Ob er also auf »Entzug« sei von der Droge Politik oder sich noch in jenem »Höhenrausch« befinde, den Jürgen Leinemann so trefflich beschrieben hat.

Das Ergebnis seiner Selbstprüfung sei eindeutig ausgefallen: »Sie glauben gar nicht, wie herrlich es ist, endlich einmal nicht mehr von morgens bis abends verplant zu sein«, versichert der frisch abgewählte Bundesminister mit Nachdruck. Er genieße »die neuen Freiräume«, denn: »Es ist wirklich ein Geschenk, wenn man nicht auf Monate hinaus festgelegt ist.«

Steinbrück redete nach der verlorenen Bundestagswahl mit solcher Inbrunst über die Vorzüge des neuen, freien Lebens, dass man sich schnell fragte, warum dann sein Terminkalender bereits wieder so randvoll gefüllt war mit Verpflichtungen und Projekten. Eben noch Finanzminister und Weltenretter und jetzt schon entspannter Politikpensionär?

Die meisten, die ihn in dieser Zeit erlebten, konnten das kaum glauben. Was wollte so ein Kraftwerk wie Steinbrück denn machen, wenn plötzlich mal eine Bundestagsdebatte oder eine Ausschusssitzung ausfiel und ab 16 Uhr nichts mehr auf dem Programm stand? Etwa ins Café Einstein hinüberschlendern, sich ein Stück Kuchen bestellen und in Ruhe Romane lesen?

Steinbrücks Frau Gertrud musste eindrücklich erleben, was ihr Mann mit seiner überschüssigen Energie anfing. Kistenweise Bücher bestellte er im heimischen Bonn, räumte sein Zimmer um, sortierte die mit Literatur und Marinegeschichte vollgestopften Bücherwände neu und sorgte im ganzen Haus für große Unruhe. Zum Glück gab es nach dem Ausscheiden aus dem Amt ein Projekt, das Steinbrück bereits früher ins Auge gefasst hatte – eine Idee, die ihn stark beschäftigte, intellektuell reizte und die ihn wieder ins Gespräch bringen würde: ein Buch.

Verschiedene Verlage hatten ihn lange vor der Wahl 2009 bedrängt. Wenn er, der Manager der Krise, eine persönliche Erinnerung über die dramatischsten Stunden in der Geschichte des Weltfinanzsystems verfassen würde – das wäre ein Bestseller, keine Frage. Der Plan faszinierte Steinbrück, und so zog er sich kurz nach der Wahl in sein Haus nach Bad Godesberg zurück, um mit der Niederschrift oder besser gesagt: mit dem Diktat des Buches zu beginnen. Er schreibt oder tippt nämlich nicht selbst, sondern diktiert seine Sätze direkt in einen Computer, der die gesprochenen Worte in Schrift umwandelt. Am Anfang ein nervenaufreibendes Unternehmen. »Der Computer und ich haben etwas gebraucht, um uns aneinander zu gewöhnen«, erinnerte sich Steinbrück später. Die Spracherkennung funktionierte zunächst nicht richtig, aber irgendwann lief es.

Wenn er auf diese Weise sprechend schrieb, durfte er nicht gestört werden. Nur gelegentlich konnte ihn seine Frau zu einer Runde Scrabble oder zu einer Mahlzeit überreden, um ihn etwas abzulenken und aus seinen tiefgründigen Gedanken zu reißen. Ansonsten jedoch war während der neun Monate, die er zum Schreiben des Manuskripts benötigte, kaum eine Unterbrechung gestattet. Das Buch musste gut werden, so Steinbrücks eigener, wie immer hoher Anspruch. Natürlich sollte ihm das Werk gewissermaßen bei der Rückkehr ins Rampenlicht helfen, und so durfte die Wertschätzung für die geleistete Arbeit als Bundesfinanzminister nicht zu kurz kommen. Die Gelegenheit, das eigene Bild in der Geschichte der letzten Weltfinanzkrise selbst kräftig mitzugestalten, ließ er sich nicht entgehen. Und wie man so etwas anstellte, hatte Steinbrück, der Büchernarr, bei keinem Geringeren als Winston Churchill abgeschaut, dessen Erinnerungen er »geradezu verschlungen« habe, wie er einmal mit leuchtenden Augen erzählte.

Das Hauptanliegen aber, das Steinbrück mit dem Buch verfolgte, war ein anderes: Er wollte mit seiner durchaus streitbaren Schrift eine breite Debatte darüber in Gang bringen, wie die SPD politisch wieder auf die Höhe der Zeit gelangen könnte. Schnörkellos beschreibt er in einem eigenen Kapitel das große strategische Problem seiner Partei und kommt zu dem Schluss, der SPD fehle eine reale Machtperspektive. Die Linke als potenziellen Koalitionspartner der Sozialdemokraten im Bund lehnt er ab, die FDP in ihrem aktuellen Zustand ebenfalls, und nur auf die Stärke der Grünen kann und will er nicht vertrauen. Steinbrücks Fazit für die kommende Bundestagswahl lautet deshalb: Die SPD selbst muss wieder stärker werden, sich aus ihren programmatischen Verengungen lösen und breitere Wählerschichten in der Mitte der Gesellschaft erschließen. Er will die Partei öffnen: für jüngere Generationen mit ihren spezifischen Sorgen, für Mittelständler und Existenzgründer, für junge Frauen in Großstädten. Das Buch liest sich deshalb stellenweise wie eine Anleitung für seine Partei, wie eine Denkschrift oder gar ein programmatischer Entwurf. »Vermächtnis« wollte Steinbrück seine Niederschrift jedenfalls nie nennen, das klang ihm zu endgültig und zu sehr nach Abschied. Schließlich hat er noch etwas vor.

Als Abrechnung mit den Banken und der Finanzwelt ist das Buch entgegen gelegentlicher medialer Erwartungen nicht konzipiert, das wäre ihm zu billig. Steinbrück hat ausführlich und gut durchdacht seine persönliche Sicht der Dinge zu Papier gebracht, die Ursachen des Desasters an den Finanzmärkten ergründet und über die handelnden Personen berichtet. Dabei räumt er ein, dass er mitunter schlechte Noten verteilt, jedoch weniger an exponierte Bankmanager wie Josef Ackermann, sondern eher an die ehemaligen Politikerkollegen: »Ich komme zu einem nicht sehr schmeichelhaften Urteil über die Qualität der Politik, sowohl was die Parteien angeht als auch die handelnden Personen«, räumte er später in einem Zeitungsgespräch ein.

Je länger Steinbrück vom Herbst 2009 bis zum Frühsommer 2010 an dem Buch arbeitete, desto mehr geriet das als Bericht begonnene Werk zu einem umfassenden persönlichen Regierungsprogramm. Dem späteren Vorwurf, dass er auf den 480 Seiten ein ziemlich düsteres Bild von der Politik und der Finanzwelt zeichne, hat er vehement widersprochen. Schließlich unterbreite er jede Menge Vorschläge, was man wie ändern könnte, teilweise sehr konkret. Die meisten Kapitel beginnen in der Tat mit einer genauen Beschreibung eines Themas. Dann folgen eine messerscharfe Analyse und in der Regel eine ausführliche Erläuterung, wie man die aufgezeigten Fehlentwicklungen künftig vermeidet. Larmoyanz oder einfache Kritik ohne Gegenvorschlag findet Steinbrück intellektuell simpel. So etwas käme für ihn nicht infrage.

Gegen Ende der Niederschrift war er selbst ziemlich überzeugt von seinem Werk. Während eines fröhlichen und nicht gerade trockenen Abends bei der Alfred Herrhausen Gesellschaft im Berliner Hauptsitz der Deutschen Bank sprach er im März 2010 erstmals offen davon, dass er fest an den Erfolg seines fast fertigen Buches glaube. Er wollte etwas damit bewirken, das wurde deutlich. Unverkennbar setzte er auf große öffentliche Resonanz. Irgendwie stellte sich an jenem Abend auch heraus, dass er als prominenter Autor einen sechsstelligen Betrag als Honorar durchgesetzt hatte. »Der Markt ist heiß«, freute sich Steinbrück nicht ohne Eitelkeit. »Jetzt wird auch einmal Geld verdient.« Zudem genoss er, der »einfache Abgeordnete«, wie er selbst gerne mit koketter Bescheidenheit sagt, es nach dem monatelangen Rückzug sichtlich, wieder im öffentlichen Interesse zu stehen und sich den neugierigen Fragen der Umstehenden zu stellen. Was er denn mit dem Buch bezwecken möchte, wollen die Gäste wissen. Wen er damit zu treffen beabsichtige? Und vor allem: Was würde drinstehen?

Über einen Titel hatte er im Frühjahr 2010 ebenfalls schon nachgedacht. »Risse im Fundament« fand er nicht schlecht, besser noch »Achtung: Steinschlag«. Als er das sagte, musste er schon wieder über sich selbst lachen. Der endgültige Titel wurde damals nicht verraten.

Die Hinweise auf seine Buchpläne, die Steinbrück scheinbar zufällig in seine ersten Reden und Auftritte nach der Wahlniederlage einstreute, zeigten prompt Wirkung. Das Manuskript war noch nicht einmal fertig, da berichteten die Zeitungen bereits davon. Als *Unterm Strich* im Oktober 2010 schließlich erschien, kam kaum ein Kritiker in den zahlreichen Rezensionen auf die Idee, Steinbrück habe hier seine Memoiren vorgelegt. Die meisten begriffen sofort, dass es sich um eine umfassende politische Analyse und eine persönliche Standortbestimmung handelte, aber keinesfalls um einen Schlussstrich. Es gab sogar erste Pressestimmen, die das Buch als Bewerbung für die Kanzlerkandidatur der SPD interpretierten.

Wenn man ihm heute die Frage stellt, ob er mit dem Buch sein Comeback vorbereiten wollte, weist er dieses Ansinnen weit von sich. So etwas könne man nicht vorausplanen, und das habe er auch nicht getan, versichert er. Weder sei der Erfolg seines Buches vorhersehbar gewesen, noch lasse sich die Entwicklung der politischen Debatte vorauskalkulieren.

Natürlich hatte er auf viele Leser gehofft, ja auch auf Aufmerksamkeit – es sei unsinnig, das zu bestreiten, gibt er zu. Schließlich schreibe niemand ein Buch mit dem Ziel, möglichst unbemerkt zu bleiben. Aber sein Anliegen bestand, wie er betont, vor allen Dingen darin, die Ursachen der Weltfinanzkrise für ein breites Publikum auszuleuchten. Dass er in der schwierigen Rolle des Krisenmanagers zudem eine gute Figur gemacht hat, sagt er nicht. Aber klar ist, dass er sich gerne daran erinnert und dieses Kapitel ebenso gerne aufschreibt. Und da er in den Jahren als Bundesfinanzminister nie dazu gekommen sei, sich auch um andere Politikfelder zu kümmern, habe er endlich einmal die Gelegenheit ergriffen, seine Gedanken zum Sozialstaat, zur Europapolitik, zur SPD oder zu der delikaten Beziehung zwischen Politik und Medien aufzuschreiben.

Eines jedoch habe er nie im Sinn gehabt, beteuert Steinbrück, nämlich den Neustart seiner politischen Karriere. Er weiß natürlich, dass sich die Dinge aus heutiger Sicht etwas anders darstellen und dass es deshalb vielen schwerfällt, seine Version vom fest geplanten Ausstieg aus der Politik zu glauben. Dennoch hat er in den letzten Jahren mehrfach versichert, dass er nach der Niederlage von 2009, und damit zum Zeitpunkt der Niederschrift, wirklich ernsthaft seinen Rückzug plante. »Für mich war nach der Bundestagswahl klar: Gut, das war´s«, bekräftigt Steinbrück heute. Er habe damals sein Amt als stellvertretender SPD-Vorsitzender zur Verfügung gestellt und sich als normaler Bundestagsabgeordneter mit einem Sitz im Europaausschuss brav in der Fraktion eingereiht. Natürlich sei er nicht stumm geblieben, wenn die SPD ihn einmal um Rat fragte. Aber klar war für ihn nach dem Ende der Großen Koalition auch: »Ich habe keinerlei Ehrgeiz, in eine Führungsposition zurückzukehren.«

Doch was passierte dann? Wie kam sein Sinneswandel zustande? Warum verzichtet jemand im Alter von 62 Jahren auf einen beschlossenen Rückzug, um sich noch einmal in die Schlacht zu werfen? In eine Schlacht zumal, bei der es um alles oder nichts geht? Deren Ziel ja letzten Endes in nichts Geringerem besteht als in der Eroberung des Kanzleramts? Welche Kräfte haben da in Steinbrück gewirkt? Regierungschef statt Rentner – wie kam es zu dieser beachtlichen Änderung seines Lebensplans?

Die Antwort ist vielschichtig, und es wäre zu einfach, sie nur in Eitelkeit und brennendem Ehrgeiz zu suchen. Beides findet sich zweifellos bei Peer Steinbrück, aber diese Charaktereigenschaften prägen alle Spitzenpolitiker. Sie sind sogar notwendige Voraussetzungen für eine politische Karriere, und das ist keineswegs so negativ gemeint, wie es vielleicht klingt. Denn ohne den unbedingten Willen und den Ehrgeiz, ganz nach oben an die Spitze zu wollen, würde keiner die Kraft und die Motivation aufbringen, um den mörderischen Dauerstress durchzustehen, dem man in einem politischen Spitzenamt ausgesetzt ist. Zudem muss ein Politiker in hohen Ämtern bereit sein, als öffentliche Figur zu leben, das heißt weitgehend ohne Privatleben, ohne nennenswerte Freizeit und fast gänzlich ohne Souveränität über die eigene Zeit.

Der Entschluss von Peer Steinbrück, ein Comeback zu wagen, lässt sich nicht an einem bestimmten Ereignis oder einem einzelnen Datum festmachen. Wahrscheinlich hat sein Sinneswandel bereits früh eingesetzt, ohne dass er es anfangs bemerkte. Man muss sich das ganz bildlich vorstellen und sich dabei in ihn und seine damalige Lage hineinversetzen: Da waren zunächst einmal Hunderte Briefe und Anrufe, die er nach der verlorenen Wahl erhielt. Viele wollten nur Trost spenden, Aufmunterung geben oder einfach mitteilen, wie sehr sie mit Steinbrück und der vernichtend geschlagenen SPD mitfühlten.

Dann gab es die vielen Gespräche, in denen offenes Bedauern darüber ausgedrückt wurde, dass die neue Bundesregierung ohne einen so fähigen Mann wie ihn auskommen müsse. Diese Zeichen der Wertschätzung haben im Laufe der Zeit sicher ihre Wirkung auf Steinbrück entfaltet, unmerklich am Anfang zwar, aber durch sie wird er ins Grübeln gekommen sein, seinen Entschluss zum Rückzug noch einmal zu überdenken. Nicht nur Parteifreunde bestürmten ihn regelrecht, an Bord zu bleiben. Nein, auch Hunderte Bürger und nicht wenige Manager und Wirtschaftskapitäne. Offen erklärten sie ihm, dass so einer wie er fehlen würde und er sich deshalb nicht einfach in den Ruhestand verabschieden dürfe.

Am Anfang mag Steinbrück das nicht ernst genommen haben. Schmeicheleien und Lob hören viele Chefs bei ihrem Abschied – die Frage ist nur, wie viel Ehrlichkeit darin steckt. Als aber dann in den Wochen und Monaten nach der Wahl das Bedauern über sein Ausscheiden aus dem Finanzministerium nicht enden wollte und er immer öfter eingeladen wurde, öffentlich über die Krise und ihre Folgen zu sprechen, da begann das süße Gift des öffentlichen Zuspruchs ganz allmählich zu wirken. So schlecht konnte er seine Sache ja nicht gemacht haben, wird er sich angesichts des anhaltenden Interesses an seiner Person gedacht haben. Und wenn ihn die Leute trotz Wahlniederlage und Amtsverlust immer wieder hören und sehen wollten, ihn immer wieder zu Reden und Vorträgen in ganz Deutschland einluden, dann bitte schön!

Die nächste und entscheidende Stufe der Verführung stellten dann vermutlich seine erfolgreichen öffentlichen Auftritten dar, die er ab 2010 in zunehmender Zahl absolvierte. Am Anfang begab er sich vorzugsweise nur in die nähere Umgebung von Bonn, schließlich wollte er die Arbeit am Buch nicht durch weite Reisen vernachlässigen. Doch dem Drängen der SPD im benachbarten Rhein-Sieg-Kreis beispielsweise konnte er im Frühjahr 2010 nicht länger widerstehen. Also fuhr er an einem Sonntag im April die paar Kilometer von seinem Haus in Bad Godesberg nach Meckenheim zu einem seiner ersten öffentlichen Auftritte seit der Bundestagswahl.

Draußen herrscht strahlender Sonnenschein, die Rheinauen sind voll mit Spaziergängern, eigentlich kein gutes Wetter für politische Versammlungen in geschlossenen Räumen. Als Steinbrück im Rathaus Meckenheim eintrifft, findet er den großen Saal bis auf den letzten Platz gefüllt vor. Die Leute sind scharenweise gekommen und drängen sich sogar noch auf den Stehplätzen entlang der Wände. Steinbrück hat sich verfahren und dabei ziemlich verspätet, weshalb die örtliche SPD-Prominenz mehr schlecht als recht versuchen muss, die halbe Stunde Wartezeit zu überbrücken. Die Leute murren, doch sie bleiben im Saal. Sie wollen ihn unbedingt sehen, nur für ihn sind sie gekommen und harren aus. Steinbrück murmelt eine Entschuldigung, als er endlich das Rathaus betritt und legt gleich los, ohne Mikrofonprobe und natürlich ohne Redemanuskript. Alan Greenspan, 9/11, Subprimekrise, Dominoeffekt, Bankenrettung, Weltrezession, Griechenland – Steinbrück ist in seinem Element. Die Zuhörer hängen an seinen Lippen.

Es gibt keine Vereinbarung über die Redezeit, also spricht Steinbrück einfach immer weiter, kommt auf die Währungspolitik der neuen Regierung und ihren »fabelhaften Außenminister« zu sprechen. Gelächter im Saal, Steinbrück freut sich, setzt noch einen drauf, geißelt die Neoliberalen, den Stolperstart der schwarz-gelben Bundesregierung und die Großspurigkeit der Banker, die ihn während der Krise ratlos um Geld anbetteln mussten. Nach einer halben Stunde herrscht im Meckenheimer Rathaussaal eine Stimmung wie beim politischen Aschermittwoch in Bayern. Steinbrück ist in Fahrt, lobt die SPD für ihre Reformpolitik und dafür, dass die Genossen durch die Konjunkturprogramme während der Krise einen noch tieferen Einbruch der deutschen Wirtschaft verhindert hätten. Im anschließenden Applaus und der allgemeinen Begeisterung geht völlig unter, dass der Finanzminister Steinbrück zu Beginn der Krise Konjunkturprogramme als Geldverschwendung bezeichnet hat.

Am Ende seines Auftritts sind nicht nur die Zuhörer euphorisch. Auch bei Steinbrück hat es wieder »Klick« gemacht. Der überfüllte Saal, der Applaus, die Fotografen – die Droge Politik beginnt ihn erneut in ihren Bann zu schlagen. Alle Spitzenpolitiker kennen solche Momente – und vermissen sie bei ihrem Ausscheiden schmerzlich, wenngleich das kaum jemand zugibt. Allerdings hat Helmut Kohl diese Mechanismen der Politiksucht einmal ungewöhnlich offen und mit rustikaler Selbstironie beschrieben: »Wissen Sie, das ist wie bei einem alten Schlachtross. Wenn es die vertraute Marschmusik hört, hebt es den Kopf und trabt wieder los.«

Dem Auftritt Steinbrücks in Meckenheim sollten Dutzende, schließlich sogar Hunderte folgen. Egal wo er sprach, überall muss er in den folgenden Monaten gespürt haben, wie sehr die Menschen nach Orientierung lechzten, nach jemandem suchten, der ihnen flüssig, klar und nachvollziehbar erklärte, warum die Welt aus den Fugen geraten war und wie man sie möglicherweise wieder in Ordnung bringen konnte.

Zum Triumphzug geriet schließlich die Präsentation seines Buches im September 2010. Genau ein Jahr nach der Wahlniederlage stürmte der Titel die Bestsellerlisten, Steinbrück war in allen

Talkshows präsent und stieg als Weltökonom mit Durchblick und kantigem Charakter auf wie Phönix aus der Asche. Auf einer Lesereise durch ganz Deutschland füllte Steinbrück große Säle, sprach vor laufenden Kameras und war täglich auf den vorderen Zeitungsseiten zu finden. Niemand betrieb ein so cleveres Ich-Marketing wie er. Er stieß auf mehr Resonanz als jeder Wahlkämpfer und das ohne Parteizentrale, ohne Wahlkampforganisation und ohne PR-Maschinerie, wie sie etwa dem SPD-Vorsitzenden Gabriel oder Fraktionschef Steinmeier zur Verfügung standen. Allerdings brauchte er sich bei seinen Lesereisen auch nicht politischen Gegnern, Zwischenrufern oder den sonst üblichen Störern zu stellen. Er trat ja als Privatmann auf, als freier Autor, redete aus eigener Anschauung und Deutungshoheit ohne die Fesseln eines Wahl- oder Parteiprogramms.

Wahrscheinlich ist es gerade das, was die Zuhörer so in den Bann zieht, diese demonstrative Unabhängigkeit, die Steinbrück ähnlich seinem Vorbild Helmut Schmidt mit souveräner Elder-Statesman-Attitüde zelebriert. Die Deutschen verehren ihren gefühlten Dauerkanzler mehr als jeden anderen Politiker. Auch wenn der Platz als Gewissen der Nation mit Schmidt eindrucksvoll besetzt ist, eifert Steinbrück seinem Mentor gerne nach. Die in Deutschland hochgeschätzte Rolle als Klartextredner, Durchblicker und Weltenerklärer – gepaart mit einer gewissen Bärbeißigkeit und Abgeklärtheit – entwickelt sich zum Publikumsmagneten. Die *FAZ* stellte bei Steinbrück-Auftritten fast ratlos ein »Massenphänomen« fest. Da erzählt eben keiner sein übliches Parteichinesisch, da nimmt keiner Rücksicht auf Regierungsbeschlüsse, sondern da redet ein anerkannter und prominenter Politiker offen über Missstände, über Probleme und bittere Wahrheiten. Dass er, innerlich aufgeräumt und angriffslustig, die eigenen Leute nicht schont, macht ihn nur noch glaubwürdiger.

Sein Publikum ist bunt und vielschichtig. Es besteht keineswegs aus SPD-Mitgliedern, sondern aus normalen Bürgern, aus Bankern und Hausfrauen, Studenten und Alleinerziehenden. Steinbrück schafft es, bei den politikverdrossenen Deutschen wieder spürbares Interesse für die großen Fragen der Zeit zu wecken. Egal wo er hinkommt, spricht er vor vollem Haus, erntet Applaus und Anerkennung.

Dass ihm angesichts des gewaltigen Medienechos sofort Ambitionen auf die Kanzlerkandidatur unterstellt wurden, gehört inzwischen zum willkommenen Spiel. Steinbrück hat sich zu diesem Zeitpunkt in der Tat bereits dazu durchgerungen, seinen Hut wieder in den Ring zu werfen. Entsprechenden Mutmaßungen widersprach er zunächst allerdings noch mit der sarkastischen Bemerkung, er wolle gerne mal *die* SPD sehen, die einen wie ihn zum Spitzenkandidaten küre.

Es war schließlich Sigmar Gabriel, der Steinbrück auf einer Veranstaltung im Willy-Brandt-Haus erstmals als denkbaren Kanzlerkandidaten bezeichnete. Wenige Tage darauf, im September 2010 bei der Buchvorstellung in seiner Geburtsstadt Hamburg, räumte Steinbrück offen seine Ambitionen ein: »Wenn es Spitz auf Knopf käme und man mich bitten würde, in einer schwierigen Lage Verantwortung zu übernehmen, würde ich mich nicht verweigern.«

Solche Sätze formulieren weder Sigmar Gabriel noch Peer Steinbrück aus einer Augenblickslaune heraus. Sie folgen einem großen Plan, an dessen Ende »die Heimholung des Genossen Peer in die Gefühlswelt der SPD« steht, wie der *Stern* einmal treffend feststellte. Gabriel hat früh erkannt, dass er auf das Potenzial des Krisenmanagers außer Diensten kaum verzichten kann. Instinktiv spürt der SPD-Vorsitzende, dass er jemanden wie Steinbrück braucht, um die SPD wieder aufzurichten. Gabriel hat es in seinem schweren Amt als Parteichef zwar vermocht, den Sozialdemokraten nach der katastrophalen Niederlage wieder etwas Vertrauen einzuflößen, aber die SPD war kaum in der Lage, vom Fehlstart der schwarz-gelben Regierung zu profitieren.

Die Umfragewerte von CDU, CSU und FDP rauschten schon ein halbes Jahr nach der Bundestagswahl in den Keller. Dennoch landeten die von Merkel enttäuschten Wechselwähler nicht wieder bei den Genossen, sondern eher bei den Grünen oder im kräftig wachsenden Lager der Nichtwähler. Selbst der Verlust der CDU-Regierungsmacht in Nordrhein-Westfalen 2010 gab der SPD im Bund keinen zusätzlichen Schub. Nach wie vor beherrschen die Folgen der Finanzkrise die politische Debatte; hinzu kommen die immer klarer zutage tretenden Verwerfungen in Griechenland und innerhalb der gesamten Eurozone.

Gabriel weiß, dass weder er noch SPD-Fraktionschef Frank-Walter Steinmeier das Topthema Eurokrise richtig bedienen können. Ausufernde Staatsschulden in fast allen Euroländern, mangelnde Wettbewerbsfähigkeit in Südeuropa, das schwindende Vertrauen der Investoren in Staatsanleihen – mit diesen Fragen verbinden die Deutschen bei den Sozialdemokraten eben nicht Namen wie Gabriel oder Steinmeier, sondern einen Finanzexperten wie Steinbrück. Gabriel hat schon Anfang 2010 gespürt, dass sich der schwankende Euro infolge der Weltfinanzkrise auf lange Sicht zum dominierenden Thema entwickeln würde. Kaum noch jemand redet seitdem über Klimaschutz oder die Bundeswehrmission in Afghanistan. Selbst klassische sozialpolitische Fragen wie Pflegeversicherung, Krankenkassenreform oder Alterssicherung sind in den Hintergrund getreten. Fast ausschließlich die Eurokrise beherrscht die Nachrichten.

Auch alte Ängste und Vorurteile der Deutschen sind im Zuge der europäischen Währungskrise wieder zum Vorschein gekommen. Da ist beispielsweise der bei Rentnern immer noch spürbare Groll, die starke D-Mark einst gegen den kriselnden Euro eingetauscht zu haben. Da ist der unvermeidliche deutsche Verdacht, in Europa von den anderen Staaten nur ausgenutzt zu werden. Und da ist schließlich die über allem schwebende deutsche Urangst, nach Weimarer Republik und Zweitem Weltkrieg ein drittes Mal das persönliche Vermögen in einer galoppierenden Inflation zu verlieren.

Jedenfalls stand für Gabriel schon 2010 außer Frage, dass Steinbrück das beste Pferd im SPD-Stall sei, wenn Währungskrise, volatile Finanzmärkte und Eurorettung weiterhin die dominierenden Themen der politischen Agenda bleiben sollten. Und so begann er, den selbst ernannten Politikpensionär im Unruhestand wieder aktiv in seine Planungen einzubeziehen, ihn heimzuholen. Die Welt befindet sich in einem kaum kalkulierbaren Wandel, und da darf einer wie Steinbrück nicht fehlen. Zumal die schwarz-gelbe Koalition in schweres Fahrwasser geraten ist und Kanzlerin Angela Merkel wegen ihrer Unentschlossenheit bei der Eurokrise zunächst als Zauderin verspottet wurde. Zudem traten immer wieder Unstimmigkeiten mit ihrem Finanzminister Wolfgang Schäuble zutage, während die liberalen Ressortchefs für Wirtschaft und Äußeres bei der alles beherrschenden Eurokrise überhaupt keine Rolle mehr spielten. Gabriel hoffte also, die SPD in dieser Schwächephase der Merkel-Regierung 2010 als erkennbare Alternative positionieren zu können – und das ging nicht ohne Steinbrück.

Um die Jahresmitte 2010 begannen die beiden mit regelmäßigen Treffen, an denen auch Frank-Walter Steinmeier teilnahm. Diese Dreierrunden hatten aus Gabriels Sicht den nicht zu unterschätzenden Vorteil, dass man den frei schwebenden Genossen Peer zumindest etwas stärker einbinden konnte. In der Tat brachte sich Steinbrück seitdem auch bei größeren Strategietreffen oder Klausurtagungen immer wieder ein, auf denen die SPD an ihren Positionen zur Eurokrise feilte. Mitunter eine ziemliche Gratwanderung, denn einerseits gibt es in der SPD einen solidarischen Ansatz, der vor allem von den Gewerkschaften vertreten wird und für Hilfe zugunsten bedrängter Länder wie Griechenland plädiert. Andererseits ist es gerade bei den deutschen Arbeitnehmern nicht sehr populär, für den finanziellen Schlendrian der Griechen und anderer Mittelmeerländer zur Kasse gebeten zu werden. Dennoch spricht sich die SPD unter Mitwirkung von Steinbrück dafür aus, die steigenden Kosten der Staatsfinanzierung im Euroraum mit Eurobonds, also der Vergemeinschaftung der Schuldenrisiken, zu bekämpfen.

Damit verfolgt die SPD einen deutlich anderen Kurs als Merkel, die mit allen Mitteln gegen die Einführung von Eurobonds kämpft. Wie populär allerdings diese recht generöse deutsche Position bei den Bundesbürgern wirklich ist, mag dahingestellt bleiben. Umfragen ergeben jedenfalls bislang, dass die Mehrheit gemeinsame Staatsanleihen für den europäischen Währungsraum ablehnt. Es dürfte also recht schwierig für die SPD werden, wenn sie sich im kommenden Bundestagswahlkampf vor allem dadurch von der Bundesregierung abhebt, dass sie aktiv für Eurobonds oder für unbegrenzte Garantien wirbt.

Den wichtigsten Schritt bei der Inszenierung des Comebacks von Peer Steinbrück aber macht SPD-Chef Gabriel auf dem großen Parteikonvent, der Ende September 2010 in Berlin stattfindet. Auf den Tag genau ein Jahr nach dem Wahldesaster der SPD soll Steinbrück dort die zentrale Rede zur Wirtschafts- und Finanzpolitik halten. Damit fällt ihm nicht nur eine wichtige Aufgabe zu; aus Sicht der Partei und der politischen Beobachter lässt Gabriel gegenüber Steinbrück damit eine geradezu demonstrative Wertschätzung erkennen.

Und der nutzt in der vollbesetzten Halle vor Hunderten Delegierten und Pressevertretern die Gelegenheit, sich nach der Niederlage kraftvoll auf der politischen Bühne zurückzumelden. Eindringlich warnt er die SPD davor, ihr Heil in einer Linksverschiebung zu suchen. Wie schon in seinem Buch beschrieben stellt Steinbrück die Mahnung in den Mittelpunkt, dass jede Wahl in Deutschland nur in der Mitte gewonnen werden könne. Die SPD sei nur mehrheitsfähig, wenn sie sich auch um Mittelständler, Existenzgründer, Facharbeiter und andere Aufstiegswillige kümmere. »Es reicht nicht aus, wenn wir alleine für die Interessen von Rentnern und Hartz-IV-Empfängern kämpfen«, warnt er. Der Beifall ist verhalten, denn solche Sätze sind vor allem bei den Parteilinken wenig beliebt. Auch nicht Zitate von Karl Schiller, dem einstigen Superminister für Wirtschaft und Finanzen unter Willy Brandt. Steinbrück mag Schiller, der ebenso wie er Volkswirtschaft in Kiel studiert hat und dort als Wissenschaftler und später in Bonn als Minister die Grundlagen für eine moderne Wirtschaftspolitik legte. Er zitiert Schiller mit seinem populären, inzwischen in Vergessenheit geratenen Postulat »So viel Markt wie möglich, so viel Staat wie nötig«. Die wichtigsten, weil für die Zukunft Deutschlands entscheidenden Stichworte listet Steinbrück den aufmerksam, teils allerdings auch gequält zuhörenden Delegierten auf: »ökonomische Wettbewerbsfähigkeit«, »Spitzenförderung« und »eine technologisch orientierte Industriepolitik«. Die SPD, so mahnt er, müsse auch für die da sein, die Leistung bringen.

Das ist nicht gerade der Stoff, mit dem auf Parteitagen sozialdemokratische Begeisterungsstürme entfacht werden. Steinbrück weiß das, formuliert trotzdem seine Rede mit Bedacht. In seinem

Bundestagsbüro steht eine rote (!) Luther-Figur aus Plastik. Sie ist weniger ein religiöses Bekenntnis des leidenschaftslosen Protestanten, sondern eher ein Statement: »Hier stehe ich und kann nicht anders.« Mit dieser Haltung präsentiert er sich auch seiner Partei, ganz nach dem Motto: »Ich bin so und nicht anders, und ich denke so und nicht anders – nehmt mich also so, wie ich bin, oder lasst es!«

Aber Steinbrück ist auch klar, dass er nicht übertreiben darf. »Keine Angst, das ist keine Bewerbungsrede«, sagt er ganz zu Beginn seines Auftritts, um dann doch im Stil eines Spitzenkandidaten fortzufahren. Dazu gehört natürlich ebenfalls das Einräumen von Fehlern. So sei es etwa falsch gewesen, die Abgeltungsteuer auf 25 Prozent zu senken – sie hätte höher ausfallen müssen. Auch dem Mindestlohn, einer sozialdemokratischen Kernforderung, kann er jetzt etwas abgewinnen, ebenso einem höheren Spitzensteuersatz – der gehöre zur dringend notwendigen »Rekonstruktion der sozialen Marktwirtschaft«. Zwar fügt er einschränkend hinzu, dass dann die Bemessungsgrenze ebenfalls erhöht werden müsse, denn die SPD dürfe die »Leistungserbringer« nicht aus dem Blick verlieren. Seine Worte gehen allerdings in einem Applaus unter, der fast so etwas wie Erleichterung bei den Genossen ausdrückt. Seht her, der Peer klingt doch an manchen Stellen wie ein Sozialdemokrat.

Desgleichen kommen die Passagen gut an, in denen Steinbrück mit den Banken und Finanzmärkten abrechnet und diese als Verursacher der Krise geißelt. Man müsse sie künftig zur Kasse bitten, fordert er. »Wer soll denn den Scheck bezahlen«, ruft er mit rhetorischer Empörung in die Parteitagshalle, »diejenigen, die das alles zu verantworten haben oder am Ende gar die Geschädigten selbst?« So etwas gefällt in der Nachkrisenzeit – nicht nur bei der SPD, aber dort besonders.

Als Schlusssatz hatte sich Steinbrück eine Formulierung zurechtgelegt, die vom früheren SPD-Vordenker Peter Glotz stammte und jetzt wie ein Fanal wirkte: »Die SPD kann nur dann Schutzmacht der Schwachen sein, wenn sie den produktivistischen Kern der Gesellschaft nicht vergisst und nicht missachtet.« Heißt: Neben der sozialen Balance müsse die Sozialdemokratie Wert darauf legen, »wirtschaftspolitische Kompetenz inhaltlich und auch personell darzustellen«.

Das war deutlich – und wurde auch so verstanden. In den Berichten über seinen Auftritt lautete der Tenor, Peer Steinbrück habe sich aus dem Ruhestand zurückgemeldet. Das *Handelsblatt* titelte sogar: »Der Herausforderer«.

Klaas Hübner, Sprecher des Managerkreises der Friedrich-Ebert-Stiftung, eine Art sozialdemokratischer Wirtschaftsrat, brachte die Botschaft auf den Punkt: Steinbrück sei die »personifizierte wirtschaftspolitische Kompetenz der SPD«. Und genau darauf komme es in Zeiten der Krise an.

Zu dieser Beurteilung passte dann auch eine Blitzumfrage, die das Meinungsforschungsinstitut Forsa im Auftrag des *Handelsblatts* nach Steinbrücks Rückmeldung auf der politischen Bühne in Auftrag gegeben hatte: 63 Prozent der Bundesbürger und 75 Prozent der SPD-Anhänger hielten Steinbrück für kompetent in allen Wirtschafts- und Finanzfragen. In dieser Disziplin schlug er sämtliche Parteifreunde um Längen. Die Mehrheit sprach ihm ferner Führungsstärke und Glaubwürdigkeit zu. Auf die Frage: »Wer wäre der beste Kanzlerkandidat der SPD«, nannten die meisten Befragten im September 2010 zwar noch Frank-Walter Steinmeier. Auf Platz zwei folgte allerdings schon der aus dem Ruhestand plötzlich wiederaufgetauchte Abgeordnete Steinbrück – ein erstaunlicher Wert, der seine Zugkraft über die Anhängerschaft der SPD hinaus unterstreicht. Weit abgeschlagen auf Platz drei landete übrigens Sigmar Gabriel. Zwar ist das nur als Momentaufnahme zu betrachten, doch sie spricht für sich. Zumindest konnte die SPD ein Jahr nach ihrer verheerenden Niederlage eines bieten: personelle Auswahl. Aus dem Duo Gabriel und Steinmeier war im Herbst 2010 ein Trio geworden. Peer Steinbrück hatte sich zurückgemeldet und würde seinen Platz an der Spitze auch ohne Parteiamt nicht mehr aufgeben, sondern ihn mit Geschick und einer gehörigen Portion Chuzpe und Selbstbewusstsein zu verteidigen wissen.

KAPITEL 13

DER GEFÄHRLICHE RITTERSCHLAG

Es ist immer aufregend, wenn man als junger Mann beim Chef zu Hause eingeladen wird. Die demonstrative Öffnung des Privaten deutet beim Vorgesetzten grundsätzlich auf wohlwollende Motive hin. Allerdings steckt in der Teilverlagerung einer beruflichen Beziehung in den häuslichen Bereich auch etwas Zwiespältiges. Die Wahl von Gastgeschenk und Garderobe will ebenso gut überlegt sein wie die Antworten auf nicht zufällig gestellte Fragen.

Bei Peer Steinbrück hat es immerhin 29 Jahre gedauert, bis sich der frühere Hilfsreferent im Kanzleramt dem Staatsmann außer Diensten Helmut Schmidt zum Vieraugengespräch in dessen Privatgemächern nähern durfte. Aus dem von Schmidt kaum wahrgenommenen Mitarbeiter war inzwischen ein veritabler Bundesfinanzminister geworden. Man kannte sich zwar von vielen Gelegenheiten, von Konferenzen und Podiumsdiskussionen, und hatte auch schon ausführlich miteinander gesprochen, als der Jüngere gerade Ministerpräsident in Düsseldorf geworden war.

Aber erst als Steinbrück im Sommer 2008 den Altkanzler in dessen Ferienhaus am schleswig-holsteinischen Brahmsee besuchte, begann so etwas wie eine väterliche Freundschaft – wenngleich mit sehr speziellen, typisch hanseatischen Zügen. Die beiden pflegen sich beim Wiedersehen nicht plump auf die Schulter zu klopfen, und natürlich verabscheut man auch demonstrativ inbrünstige Männerumarmungen. Selbst das unter Genossen übliche »Du« ist bis zum heutigen Tag ausgeblieben. Vorname und Sie, das ist die feine Hamburger Art, Zuneigung und gegenseitige Wertschätzung nicht in peinliche Distanzlosigkeit abgleiten zu lassen. Außerdem verschwimmt bei diesen Umgangsformen nie die Hierarchie. In der Beziehung zum 92-jährigen Altkanzler ist der 65-jährige Steinbrück noch bereit, in die Rolle des Sohnes zu schlüpfen und dem Senior ein Junior zu sein.

Die Verehrung für Schmidt geht auf seine Zeit als Mitarbeiter in dessen Kanzleramt zurück. Je mehr Steinbrück selbst in politische Ämter hineinwuchs, desto näher kam er seinem Vorbild. Seine Kritiker sprechen sogar von Teilimitation oder nennen ihn spöttisch den »Mini-Schmidt«. Aber das ficht Steinbrück nicht an. Schmidt stand als Kanzler für vieles, was er heute noch für richtig hält: rationaler Politikstil, vernunftbetonte Entscheidungen, Orientierung am Machbaren, Ablehnung von Ideologen und Verachtung für politische Missionare. Auch die Gewissheit, dass Siege hart erarbeitet werden müssen und immer nur im Konflikt zu erringen sind, hat Steinbrück von Schmidt gelernt. Kühler Kopf, klarer Verstand und immer Mut zum Unpopulären – diese Glaubenssätze des Alten haben den Jungen geprägt. »Sie müssen stehen«, hatte Schmidt dem hanseatischen Genossen einst mit auf den Weg gegeben, als der an Rhein und Ruhr erstmals eine Regierung führen und einen harten Konsolidierungskurs einschlagen musste. Steinbrück hat das beherzigt, manchmal vielleicht zu sehr. Jedenfalls ist seine Distanz zur SPD ähnlich groß wie die von Schmidt und somit vergleichbar wie ihr Hamburger Zungenschlag.

Sein Leben in der Politik hat Steinbrück mit vielen bekannten Persönlichkeiten zusammengebracht. Wirklich imponiert haben ihm nur wenige und das auf ganz unterschiedlichen Ebenen. Willy Brandt begeisterte ihn schon als Schüler durch Charisma und Emotion. Bei Johannes Rau konnte er als Büroleiter beobachten, wie wichtig Bauchgefühl in der Politik ist. Auf einer wirklich vergleichbaren persönlichen Wellenlänge liegt er jedoch nur mit Schmidt, weil bei beiden der Weg zum anderen nicht über Herz und Gefühl führt, sondern über den Verstand.

Aber bei allen Parallelen zwischen Schmidt und Steinbrück ist ein entscheidender Unterschied geblieben. Der Ältere ist als lebendes Denkmal bereits in die Sphäre des verklärten Weltweisen aufgestiegen. Schmidt gilt den Deutschen als Symbol für Führung und Urteilskraft, was selbst dadurch nicht an Wirkung verliert, dass heute nahezu jeder Satz des Exkanzlers unkritisch beklatscht wird.

Schmidt lässt kaum Leute an sich heran; seine Aura schafft Distanz. Ein Mann wie er kann wählerisch sein bei der Einladung seiner Gesprächspartner. Steinbrück schaffte es, in den inneren Kreis des Alten vorzudringen; Schmidt hat ihn bei vielen Gesprächen im Laufe der letzten Jahre sorgfältig gewogen und – was bei ihm eher die Ausnahme ist – sein Gegenüber für nicht zu leicht befunden. Nie aber könnte es umgekehrt sein – und das sagt alles. Erst wenn er selbst einmal Kanzler würde, wäre Steinbrück wahrscheinlich in der Lage, sich in Schmidts Gegenwart nicht immer noch ein bisschen so zu fühlen wie 1979 als Hilfsreferent in der Regierungszentrale.

Beim sommerlichen Besuch Steinbrücks am Brahmsee 2008 kündigte sich die Finanzkrise bereits mit leichtem Donnergrollen an, wenn auch das wahre Ausmaß des drohenden Unheils kaum erkennbar war. Dennoch verspürte Steinbrück den Wunsch, sich mit Schmidt auszutauschen. Er merkte, dass etwas in der Luft lag, das ihm weder die Experten im Bundesfinanzministerium noch die Ökonomieprofessoren befriedigend erklären konnten – von den wenigen Bankern, mit denen er bis dahin gesprochen hatte, einmal ganz zu schweigen.

Es war also nicht nur Bewunderung, die Steinbrück an den Brahmsee trieb, sondern die Fähigkeit Schmidts, in den Wirren der sich oft überschlagenden Tagespolitik die roten Linien zu erkennen und sie in einen ökonomischen und historischen Gesamtzusammenhang zu stellen. Steinbrück wusste, dass die Wellen höher schlagen würden, und er wollte wissen, welchen Kurs der alte Kapitän empfahl.

Schon weit vor der Krise hatte Schmidt in seinen Büchern und Reden den Begriff vom »Raubtierkapitalismus« geprägt. Er meinte damit ein Verständnis von freier Wirtschaft, das sich allen Regeln entzieht und sich immer mehr vom nachhaltigen Wachstum und den Gepflogenheiten der Realwirtschaft absetzt. Während sich die Finanzwelt noch an den erstaunlichen Umsätzen und Profiten der wuchernden Blase berauschte, warnte der politische Ökonom Schmidt bereits vor der Entkoppelung von Risiko und Haftung, vor dem Verlust von Maß und Mitte. Er ermunterte Steinbrück, die Dinge deutlicher beim Namen zu nennen und sich nicht von dem Nebel aus komplizierten englischen Begriffen und Abkürzungen verwirren zu lassen, in den sich die globale Finanzwelt bereits eingehüllt hatte. Wie richtig Schmidt mit seiner Warnung lag, zeigt allein der Umstand, dass die Banker am Schluss wirklich die Übersicht verloren hatten und gar nicht mehr wussten, was ihre »Asset Backed Securities«, ihre »strukturierten Anlageprodukte«, so alles enthielten.

»Dass Haftung und Risiko zusammengehören, ist keine linke Idee, sondern ein Grundprinzip der Marktwirtschaft« – Sätze wie diese, die Steinbrück in der Folge immer häufiger gebrauchte, geben mehr politische und ökonomische Orientierung als ein kluger Vortrag über Kreditausfallversicherungen oder über die im Trennbankensystem vorgesehene Differenzierung zwischen risikobehaftetem Investmentbanking und traditionellem Kredit- und Anlagegeschäft. Dass Steinbrück heute einem zwar wütenden, aber weitgehend ratlosen Publikum besser als jeder andere aktive Politiker die Mechanismen der Finanzwelt zu erklären vermag und die Auswirkungen der Krise zudem in einen gesellschaftlichen Kontext einordnen kann, ist sicher ein Resultat der vielen Gespräche mit dem Weltversteher Schmidt.

Auch über sein Buchprojekt sprach er mit dem Altkanzler. Schmidt, selbst Autor zahlreicher Bestseller und als Mitherausgeber der Wochenzeitung DIE ZEIT bestens im Hamburger Mediengeschäft bewandert, war Steinbrück sogar bei der Vermittlung eines Verlags behilflich. Und es passt, dass nach intensiven Verhandlungen mit Hoffmann und Campe ein renommiertes Haus zum Zuge kam, das seinen Sitz in Hamburg hat.

Als Steinbrück mit seinem Buch *Unterm Strich* die Bestsellerlisten stürmte und bei seiner Lesereise immer mehr Leute in immer größere Säle zog, entstand bei ihm der Gedanke, es doch noch einmal mit einem politischen Comeback zu versuchen. Er bezog Helmut Schmidt in seine Überlegungen ein und der bestätigte ihn. Was beiden besonders auffiel, war der Umstand, dass Steinbrück als Politiker mit einem politischen Buch trotz angeblicher oder echter Politikverdrossenheit immer volles Haus hatte und dabei Leute aus allen Teilen der Gesellschaft anzog. Hätte die SPD zu den Lesungen eingeladen, da ist sich Steinbrück sicher, wäre vielleicht nur ein Zehntel der Zuhörer gekommen. Er hat darüber auch mit Sigmar Gabriel gesprochen und dem SPD-Chef dringend geraten, die Formate der Parteiveranstaltungen zu ändern. Was nicht mehr gehe, so Steinbrück, sei das bislang übliche Schema »Klatschmarsch, Einzug, irgendein Musikstück, eine einstündige agitatorische Rede, nach der die anderen immer die Vollidioten und die eigenen Leute immer die Schlaumeier sind, obwohl jeder im Publikum weiß, dass die Verteilung von Schlaumeiern und Idioten in den Parteien der Normalverteilung in der Bevölkerung entspricht«.

Wie Gabriel auf die Beobachtungen und Anregungen Steinbrücks reagiert hat, ist nicht bekannt. Bislang hat die SPD ihre Parteitage noch nicht als Lesungen organisiert. Aber Steinbrück wurde im Verlauf seiner Lesereise klar, dass sich mit Büchern und verständlichem Reden darüber etwas vermitteln lässt, was die deutsche Politik braucht und was das deutsche Publikum offenbar sehr schätzt: »face und substance«. Mit dem amerikanischen Schlagwort ist gemeint, dass die Leute eine große Sehnsucht nach Erfahrung und Substanz, nach einer erkennbaren Persönlichkeit, einem Gesicht, einer Figur mit Ausstrahlung und klarer Kante verspüren. Nicht zuletzt erklärt das die Popularität von Elder Statesmen wie Schmidt, Richard von Weizsäcker oder in zunehmendem Maße auch von Joschka Fischer.

Steinbrück hat lange darüber mit Schmidt gesprochen – nachzulesen in ihrem Gesprächsband *Zug um Zug*, wobei der Titel auch auf die Rauchwaren- wie Schachleidenschaft der beiden Männer anspielt. In diesem Zusammenhang hat der Alte dem Jüngeren zugeredet und ihm Mut gemacht, seinen Hut in den Ring zu werfen. Im Zeitalter der Globalisierung, der andauernden sozialen Umbrüche und der Verunsicherung sind weder entrückte Großvisionäre noch gemütliche Landesväter gefragt, sondern kühle, rationale Politikmanager, die keine emotionale Heizdecke brauchen, um ihr Publikum zu überzeugen. Leute wie er eben, wie Peer Steinbrück. Und in diesen Gesprächen mit Schmidt ist dann auch die Idee entstanden, dass der Altkanzler den Mentor gibt und seinen politischen Ziehsohn weithin erkennbar unterstützt.

Die »Mission Ritterschlag« oder die »Aktion Krücke«, wie böse Spötter später die politische Gehhilfe des Methusalem für seinen einstigen Referenten genannt haben, wurde generalstabsmäßig geplant. Zunächst trafen sich die beiden Männer zu regelmäßigen Gesprächsrunden, aus denen in vier Tagen die gedruckte Grundlage der Kanzlerkandidatenkür entstand. Mit solchen Gesprächsbänden hatte Schmidt schon in der Vergangenheit allerbeste Erfahrungen gesammelt. Den Beginn markierten die *Hand aufs Herz*-Interviews, in denen Sandra Maischberger als geduldig lernende Enkelin des Altkanzlers inszeniert wurde. Es folgten Gesprächsbände mit Giovanni di Lorenzo: *Auf eine Zigarette mit Helmut Schmidt* und *Verstehen Sie das, Herr Schmidt?* Sämtliche Bücher verkauften sich bestens, auch der Band *Unser Jahrhundert* mit dem Historiker Fritz Stern wurde ein voller Erfolg. Kaum vorstellbar, dass dies nicht ebenso im gedruckten Gespräch mit Peer Steinbrück gelingen sollte.

Der Clou in *Zug um Zug* wird scheinbar beiläufig auf Seite 157 versteckt – die Empfehlung von Helmut Schmidt, Peer Steinbrück zum Kanzlerkandidaten zu küren. Die beiden sind im Laufe des Gesprächs scheinbar »bei der Kandidatenfrage« gelandet, wie Schmidt das ganz unschuldig nennt. »Ich gehe davon aus, Peer, dass Sie sich zu dieser Frage nicht äußern wollen.« Der Angesprochene zögert und erinnert daran, »wie das die letzten beiden Male gelaufen ist«. Dann bittet er in einer langen Antwort wortreich um Verständnis. »Wenn dieses Buch erscheint, sind es noch zwei Jahre bis zur nächsten Bundestagswahl«, so Steinbrück. »Niemand kann verhindern, dass es dennoch bereits eine Debatte um die sozialdemokratische Kanzlerkandidatur gibt.« Er selbst werde sich deshalb erst äußern, »wenn mich der SPD-Vorsitzende danach fragen sollte. Ihm alleine steht es zu, einen Vorschlag zu machen – und die Mitglieder der SPD sollten nach meinem Dafürhalten die Möglichkeit bekommen, über Person und Programm zu entscheiden.« Steinmeier, Gabriel und er hätten »kein Interesse daran, dass diese Personalfrage die wichtigen Sachfragen überlagert«.

Doch Schmidt lässt nicht locker. »Im Prinzip kann ich diese Verabredung erstens gut verstehen, und zweitens halte ich sie durchaus für richtig«, lobt der Altkanzler. »Das muss mich aber persönlich überhaupt nicht daran hindern, meine Meinung zu sagen. Und ob Ihnen das nun sonderlich in den Kram passt oder nicht, Peer, ich bin aus zwei Gründen der Auffassung, dass die SPD gut beraten wäre, Sie als den Kandidaten für das Amt des Bundeskanzlers zu nominieren. Der eine Grund ist, dass Sie offensichtlich in besonderem Maße die Fähigkeit haben, das Vertrauen und damit die Stimmen von Menschen an sich zu binden, die sich nicht notwendigerweise für sonderlich links halten, die sich wohl aber eigentlich zur Mitte der Gesellschaft zählen. Ihre Reichweite übertrifft die Reichweite der sozialdemokratischen Partei, wie sich in den letzten Wahlen zum Bundestag und zu verschiedenen Landtagen gezeigt hat. Der andere Grund ist, dass Sie bewiesen haben, dass Sie regieren können und dass Sie verwalten können. Das Regierenkönnen hat sich in vielerlei Stationen Ihres Lebens gezeigt, das Verwaltenkönnen desgleichen. Es hat sich insbesondere gezeigt in der souveränen Art, wie Sie als Finanzminister umgegangen sind mit den Konsequenzen der im

Jahr 2007 ausgebrochenen, dann sich über die ganze Welt verbreitenden Finanzkrise. Deutschland ist da relativ gut durchgekommen, besser als mancher andere, und das ist zu einem großen Teil – und das weiß auch das Publikum – Ihr Verdienst. Deswegen steht meine Meinung heute schon fest, auch wenn die Führungsgremien der Sozialdemokratischen Partei noch ein weiteres Jahr Zeit brauchen.«

Das saß. Steinbrück dankte für das ehrenvolle Urteil, und Deutschland hatte ein neues Aufregerthema. In einem *Spiegel*-Interview, das am 24. Oktober 2011 erschien, brachte Schmidt seine Empfehlung auf die schlagzeilenfähige Kurzform »Er kann es«, womit dann auch der Titel für diese Ausgabe klar war. Das *Handelsblatt* widmete seine Aufmachung am gleichen Montag ebenfalls der vorgezogenen Krönung des Kandidaten durch den dampfenden Weltweisen Schmidt, und die *ZEIT* erschien am Donnerstag mit einem ganzen Dossier über das Buch und »Schmidts Erben«, wie die Titelzeile lautete.

Noch während die Zeitungen gedruckt wurden, saßen Schmidt und Steinbrück bei Günter Jauchs Sonntagabendtalkshow, wo sie im Prinzip das *Spiegel*-Interview und einige Passagen aus ihrem Gesprächsband für ein Millionenpublikum wiederholten. Moderator Jauch ließ die beiden gewieften Herren im dichten Qualm von Schmidts Mentholzigaretten beim Staatsmännerschauspiel gewähren und schaffte es mit einer Mischung aus demonstrativem Respekt und charmanter Schlitzohrigkeit, dass der etwas ungnädig gestimmte Altkanzler seine Empfehlung für den Kanzlerkandidaten Steinbrück vor laufenden Kameras noch einmal wiederholte. Den Einwand, dass Steinbrück bislang nur Wahlen verloren, aber noch nie eine gewonnen habe, konterte Schmidt mit dem Hinweis: »Ich hatte auch keine Wahl gewonnen, als ich 1974 das Amt des Bundeskanzlers von Willy Brandt übernahm.«

Die Zuschauerquote für das sonntägliche Schmidt-Steinbrück-Festspiel war überdurchschnittlich hoch. Als Kanzlerin Angela Merkel vier Wochen vorher bei Günter Jauch über die Eurokrise sprach, hatten 4,29 Millionen Zuschauer eingeschaltet. Bei Schmidt und Steinbrück blieben 5,61 Millionen Menschen am Fernsehschirm. Die Abstimmung mit der Fernbedienung haben der Kandidat und sein Mentor jedenfalls schon einmal gewonnen.

Das Echo auf den »Ritterschlag« fiel hingegen zwiespältig aus. Die beiden »Mitkandidaten«, Sigmar Gabriel und Frank-Walter Steinmeier, zeigten demonstrative Gelassenheit. Zum einen waren sie von Steinbrück vorab informiert worden. Zum anderen wussten sie als Profis die Vorteile der gewaltigen Medienresonanz durchaus zu schätzen. Die beiden Sozialdemokraten Schmidt und Steinbrück hätten der Partei doch ziemlich viele Schlagzeilen verschafft – und nicht die schlechtesten, freute sich Gabriel. »Diese Debatte ist äußerst schmeichelhaft für die SPD.« Selbst mit weniger Überschwang ließ sich nicht mehr bestreiten, dass die Genossen nach ihrem Totalabsturz bei der Wahl 2009 zurück im Gespräch waren. Sie gewannen wieder Landtagswahlen und präsentierten sehr selbstbewusst gleich drei respektable Kandidaten auf Augenhöhe mit der Kanzlerin. Seitdem hält die K-Frage die SPD im Gespräch – und zwar immer mit der impliziten Aussage, man fühle sich stark genug für die Herausforderung im Kampf um das Kanzleramt.

Der linke Flügel als treuer Steinbrück-Gegner reagierte erwartungsgemäß verschnupft auf die Bewerbungsoffensive aus Hamburg. »Ich verstehe nicht, was dieser Egotrip zu diesem Zeitpunkt soll«, schäumte der Juso-Vorsitzende Sascha Vogt. »Kanzlerkandidaten werden nicht von Altkanzlern ausgerufen, sondern von der Partei bestimmt.« Ähnlich äußerten sich auch SPD-Generalsekretärin Andrea Nahles sowie der schleswig-holsteinische SPD-Chef Ralf Stegner als Speerspitze der linken Bedenkenträger. Letzterer stellte auch Schmidts These infrage, dass die Wahlen in der Mitte gewonnen würden und dort Steinbrück am meisten bewirken könne. Er halte wenig davon, wenn sich die SPD auf die Wähler der Mitte konzentriere. »Für uns kommt es darauf an, die Stammwähler zu mobilisieren und die Nichtwähler zurückzugewinnen, die von uns gegangen sind«, so Stegner. »Das ist erfolgversprechender, als der CDU Wähler abwerben zu wollen.« Auch Berlins damaliger SPD-Chef Michael Müller stellte leicht mosernd eine »Überinszenierung« durch Schmidt und Steinbrück fest und warnte vor einem »Bumerang«, sollte versucht werden, »an den Gremien der Partei vorbei Fakten zu schaffen«.

Die Vertreter der Linken grollten vor allen Dingen deshalb, weil sie wussten, dass die Kandidatur Steinbrücks mit Schmidts Ritterschlag unverrückbar auf dem Tisch lag und sie nichts mehr dagegen tun konnten. Man mag sich über den Altkanzler zwar ärgern, aber eine Empfehlung von ihm lässt sich weder ignorieren, noch kann man sie einfach beiseitewischen. Allerdings gab es bei den Linken auch positive Stimmen. »Wenn Millionen Menschen am Sonntag zwei SPD-Politikern zuhören, hat das eine große Tiefenwirkung auf die gesamte Wählerschaft«, meinte Karl Lauterbach anerkennend. Der SPD-Gesundheitsexperte gab den Kritikern innerhalb der Partei sogar den Rat, sich »durchaus einmal darüber zu freuen, wenn Sozialdemokraten etwas gut gelingt«. Man müsse, so der Kölner Bundestagsabgeordnete mit den bunten Fliegen, »auch gönnen können«. Erschütternd fand Lauterbach als Gesundheitspolitiker lediglich den öffentlichen Nikotinkonsum des Kettenrauchers Schmidt.

Ebenso vorhersehbar wie die Kritik der Linken kam die Zustimmung des rechten SPD-Flügels. Garrelt Diun, Johannes Kahrs, Nils Schmid und andere Vertreter des Seeheimer Kreises verteidigten Steinbrück. Allerdings betonten auch sie, dass mit der Empfehlung Schmidts noch nichts entschieden sei. Viele Wohlmeinende gaben hinter vorgehaltener Hand zu erkennen, dass sie den frühen Zeitpunkt für die »Krönung« Steinbrücks problematisch fänden. »Wie will er denn jetzt über zwei Jahre den Spannungsbogen halten?«, fragten die Unterstützer. Und was jetzt nach Helmut Schmidts Ritterschlag noch kommen könne? August Bebel sei tot, und ein Buch mit dem Papst, so die Spötter, werde selbst Peer Steinbrück nicht zustande bringen. Schmidt selbst ließ die Kritik kalt. Auf die Frage, ob es nicht klüger gewesen wäre, die Empfehlung für seinen Freund Peer etwas zu verschieben, meinte der 92-Jährige lediglich, er sei so alt, dass er sich vielmehr fragen müsse, ob es klug sei, noch ein weiteres Jahr zu warten.

Besonders schmerzlich wurde im Steinbrück-Lager die pointierte Kritik von Manfred Güllner aufgenommen, Chef des Umfrageinstituts Forsa. »Ich glaube, dass die SPD mit Steinbrück null Chancen hat«, ließ der Meinungsforscher die Öffentlichkeit wissen. Seine Aussage relativierte sich jedoch dadurch, dass Güllner am Ende keinem der drei SPD-Aspiranten zutraute, 2013 gegen eine starke Kanzlerin wie Merkel zu gewinnen. Für Rot-Grün werde es nicht reichen, meinte der Forsa-Chef, selbst wenn Steinbrück »ein bisschen Zuspruch aus dem bürgerlichen Lager erhalten« sollte. Allerdings werde er dort zum Teil gar nicht der SPD zugerechnet. Außerdem habe der Mittelstand Steinbrück die ganzen Verschärfungen im Steuerrecht nicht vergessen. Den Vergleich Steinbrücks mit dem Altkanzler sah Güllner als »völlig verkehrte Parallele«. Neben Schmidt strahle Steinbrück keine eigene Führungskraft aus, sondern begebe sich wieder in die Rolle des Hilfsreferenten.

Diese Betrachtung inspirierte weitere Kritiker. Wenn Angela Merkel »Kohls Mädchen« gewesen sei, dann habe sich Steinbrück jetzt als »Schmidts Junge« präsentiert, hieß es nicht ohne Häme. Die *Frankfurter Allgemeine Sonntagszeitung* zeigte die beiden Weltweisen am Sonntag nach Jauch auf dem Titelbild. Dort wurden sie allerdings nicht als sinnierende oder Schach spielende Weltökonomen abgebildet – man verhöhnte sie vielmehr per Fotomontage als die beiden Alten aus der *Muppet Show*, die in der Theaterloge sitzen und halb taub und reichlich skurril abwechselnd das Weltgeschehen kommentieren.

Innerhalb weniger Tagen drehte sich das positive Bild in den Medien wieder. Hieß es zunächst, dass Steinbrück die Kandidatur kaum noch zu nehmen sei, nachdem Schmidt ihn auf den Schild gehoben habe, so wurde kurz darauf gefragt, ob Steinbrück nicht stark genug sei, um selbst auf den Schild zu klettern. Andere wiederum mahnten, dass der Jüngere sich dem Alten unterwerfe. Sie meinten, dass Steinbrück zu einer Figur in der seit Jahrzehnten andauernden Weltbelehrungsshow des Bestsellerautors Schmidt zusammenschrumpfe. Wenn Steinbrück den Altkanzler für seine Kampagne brauche, stelle sich doch die Frage, ob er ohne Schmidt überhaupt stark genug sei für den erhofften Erfolg.

Die Wirkung des »Ritterschlags« lässt sich selbst mit etwas Abstand schwer messen. Vieles spricht für eine geteilte Wahrnehmung. Für die breite Öffentlichkeit strahlt durch die Empfehlung durchaus etwas Glanz von Schmidt auf Steinbrück ab. Wenn der von den Deutschen hochverehrte Altkanzler den jüngeren Freund als kanzlertauglich einstuft, dann hat das in Deutschland

Gewicht, mögen die Medien im ewigen Rhythmus des Rauf und Runter auch noch so viele Fragezeichen setzen.

Innerhalb der SPD jedoch dürfte die Aktion Steinbrück eher geschadet haben. Erstens wirkte die Offensive mit der geballten Medienpräsenz auf viele übertrieben, und zweitens mag es die SPD als linke, autoritätsskeptische Partei nicht, wenn man über ihren Kopf hinweg Fakten zu schaffen versucht. Der Ritterschlag war gut inszeniert, aber im Nachhinein betrachtet zugleich recht gefährlich. Wenn der alte König in bester Absicht etwas zu fest mit dem Schwert auf die Schulter seines Knappen schlägt, muss der frisch gekürte Ritter gleich mit gebrochenem Schlüsselbein in die Schlacht ziehen.

KAPITEL 14

GELIEBTE HEULSUSE

Wenn man wissen will, warum Peer Steinbrück auch nach mehr als 40 Jahren Mitgliedschaft immer wieder Probleme mit seiner Partei hat, dann muss man Peter Glotz lesen. Der leider früh verstorbene Vor- und Querdenker der Sozialdemokraten hat einmal eine sehr hellsichtige Analyse über die SPD und die Zusammensetzung ihres Parteikörpers verfasst. Darin findet sich alles wieder, was Steinbrück bei seinen Genossen so sehr auf die Nerven geht (»Die soziale Selbstgerechtigkeit«, *DIE ZEIT*, 20/2003).

Weniger sind einzelne politische Positionen der Quell ständigen Ärgers. Die Haltung zu Sachfragen kann sich im Laufe der Jahre unter wechselnden Bedingungen immer wieder ändern. Nein, das Hauptproblem findet sich eher im menschlichen oder besser gesagt organisationssoziologischen Bereich. Steinbrück hadert mit der Anmutung seiner Partei, mit dem klassischen Typus des mittleren Funktionärs, der in der SPD den Ton angibt und dabei in aller Regel den intellektuellen Fortschritt behindert. Peter Glotz sprach in diesem Zusammenhang über eine »Erfahrungsverdünnung« in den politischen Parteien. Steinbrück selbst veranschaulicht den Kern des Problems mit dem Gegensatzpaar der »Zeitreichen« und der »Zeitarmen«. Bei den »Zeitreichen« handelt es sich um die Aktiven innerhalb einer Partei. Diese Gruppe, die rund 10 bis 15 Prozent der Mitglieder umfasst, prägt nicht nur ganz wesentlich das Innenleben einer Partei, sondern auch die »parteiinterne Aneignung von Wirklichkeit und die Mechanismen der Personalauswahl«, wie Steinbrück in seinem Buch beschreibt (*Unterm Strich*, S. 330). Da in ihrem Job stark eingebundene Menschen kaum in der Lage sind, sich in einer Partei zeitintensiv zu engagieren, wird die parteiinterne Meinungsbildung folglich von denjenigen bestimmt, die beruflich weitaus weniger beansprucht werden oder die bereits aus dem Erwerbsleben ausgeschieden sind.

Man kann das Phänomen gut bei den abendlichen Sitzungen in den Orts- oder Kreisverbänden beobachten. In diesen Versammlungen dominieren die »Zeitreichen«, oft angeführt von einer regen Riege rüstiger Rentner. Auch die Repräsentanten der mittleren Laufbahnen des öffentlichen Dienstes sind unter den Aktiven der SPD überproportional vertreten. Eine solche soziale Zusammensetzung hat einen entscheidenden Nachteil: Sie schneidet die Partei von jenem Teil der Wirklichkeit ab, in dem die Konfrontation mit den wirtschaftlichen, technologischen und sozialen Neuerungen am intensivsten ist, nämlich bei den »Zeitarmen«.

Bodo Hombach, politischer Weggefährte von Wolfgang Clement und Gerhard Schröder, hat dieses Dilemma einmal mit deutlichen Worten beschrieben: Die SPD sei »hinter ihrem Fortschritt zurückgeblieben«, weil unter den Aktiven in der Partei die falschen Leute den Ton angeben würden, so Hombach. Eigentlich müssten die Ortsvereine der SPD voll sein von Menschen wie ihm, wohlhabenden Bürgern, die selbst profitiert haben von der breiten Bildung, die die SPD in den Siebzigerjahren unter das Volk gebracht hat. Stattdessen würden an der Basis heute Nörgler, Alte und Gebeutelte vorherrschen (*Die ZEIT*, 36/2010). »Wo sind die Genossen geblieben, die in die Mitte der Gesellschaft geführt wurden und noch weiter hinauf?«, fragt Hombach. Es sei schlimm, dass ausgerechnet diejenige Partei, die wie keine andere für den sozialen Aufstieg gekämpft habe, ihre Aufsteiger verprelle und abstoße. Hombachs Urteil über die SPD fällt deshalb hart aus: »Der Fisch stinkt nicht vom Kopf her, sondern vom Körper.«

Steinbrück formuliert im Prinzip den gleichen Befund, nur mit gesetzteren Worten und auf die Parteien im Allgemeinen gemünzt: »Solange sich die Parteien nicht um eine Öffnung bemühen, die denen, die mitten im Berufsleben stehen, passende Artikulations- und Partizipationsmöglichkeit bietet, werden die Parteien den sich wandelnden Realitäten weiter hinterherhinken.« Da auch die Bürger selbst diese »Erfahrungsverdünnung« spüren, erklären sie die Parteien nur allzu gerne für realitätsfern, antiquiert und inkompetent.

Siemens-Chef Peter Löscher hat ähnliche Erfahrungen in seinem Unternehmen gesammelt. Er klagte einmal heftig über das untere und mittlere Management, das ähnlich wie eine »Lehmschicht« den Informationsfluss zwischen dem produzierenden Teil der Firma unten in den Werkshallen und den Entscheidungsträgern oben in den Chefetagen verstopfe und so Innovationen behindere oder sie zerrede.

In den Parteien bewirken diese »Lehmschichten«, dass beim Erarbeiten neuer Programme und bei der Diskussion wichtiger Reformen der Blick sich viel zu oft rückwärts richtet oder am traditionellen Erfahrungsschatz klebt. Auf diese Art und Weise wird der Fortschritt im Sinne einer ständigen Aktualisierung der Politik entlang der sich wandelnden Realitäten verhindert. Bei der Union gelten vor allem die ländlich und kleinbürgerlich geprägten Kreise als vehemente Gegner jeglicher Modernisierung, insbesondere im gesellschaftlichen Bereich. Nur so konnte es etwa passieren, dass die Union jahrzehntelang die Augen davor verschloss, dass Deutschland keine »Gastarbeiter« mehr beschäftigt, sondern zum Einwanderungsland geworden ist.

Auch die Akzeptanz von Patchworkfamilien oder das Bedürfnis junger Frauen, Beruf und Familie wie selbstverständlich vereinbaren zu können, wurde von den selbst ernannten »Konservativen« der Union beharrlich bekämpft. Das hat für die Gesellschaft wie für die Partei erhebliche negative Folgen: Bei den jungen Frauen in Großstädten fällt die Zustimmung zur CDU bemerkenswert schwach aus – ein echtes Menetekel für eine Volkspartei und für eine weiblich geführte Regierung überdies. Und die Migranten in Deutschland sind selbst in der dritten und vierten Generation nur schlecht integriert. Nicht wenige von ihnen leben inzwischen vollständig abgeschottet in einer sozial deklassierten Parallelgesellschaft, aus der ihre Kinder wegen mangelhafter Deutschkenntnisse und entsprechend geringer Bildungserfolge kaum ausbrechen können.

Anders als bei der Union liegt die »Lehmschicht« der SPD weniger im ländlich-provinziellen Bereich, sondern lässt sich ausgehend von bestimmten Berufsgruppen irgendwo zwischen klassischer Industriebeschäftigung und öffentlichem Dienst verorten. Der Typus des durchschnittlichen SPD-Parteitagsdelegierten ist von den Brennpunkten technischer und wirtschaftlicher Veränderung meist weit entfernt und baut deren Dynamik deshalb nur unzureichend in sein politisches Weltbild ein. Nun werden alle gewerkschaftlich engagierten Mitglieder in der SPD einwenden, dass sie als Betriebsräte und Vertrauensleute in den Fabriken und Werkshallen des Landes sehr wohl an der Front der modernen Arbeitswelt stehen und deshalb auch deren Veränderungen spüren. Das bezieht sich aber in aller Regel auf die klassischen Großstrukturen von Industrieunternehmen. Die Mehrzahl der Unternehmen in Deutschland besteht jedoch aus kleinen und mittleren

Firmen, in denen es entweder keine gewerkschaftliche Vertretung gibt oder wo die gewählten Betriebsräte nicht unmittelbar den Strukturen der organisierten Arbeitnehmervertretungen entstammen.

Etwas anderes kommt hinzu. Die SPD ist über ihren Gewerkschaftsflügel bis heute zwar stark in den traditionellen Industriezweigen vertreten, doch im Bereich moderner Dienstleistungen und insbesondere im Sektor der Informations- und Kommunikationstechnologien kaum anzutreffen. »Wenn die SPD … wirklich strategisch denken will, muss sie zuerst die Klassenstruktur des digitalen Kapitalismus intelligent analysieren«, forderte Peter Glotz deshalb bereits 2003. Mit dem althergebrachten Denkmuster »wir hier unten, ihr da oben« habe die Sozialdemokratie in diesen modernen Wirtschaftszweigen keine Chance mehr, warnte er die Partei. Ansonsten könne es kaum gelingen, »jemals eine Mehrheit unter den disponierenden Eliten zu gewinnen, die heute aus Wissensarbeitern bestehen«. Wenn die SPD dort aber »nicht wenigstens eine spürbare Minderheit« überzeuge, werde sie unfähig sein, die Gesellschaft zu gestalten, so Glotz. Die SPD dürfe »den produktivistischen Kern der Gesellschaft nicht vergessen, missachten oder rechts liegen lassen. Sie braucht die Leute, die Projekte machen, Risiken eingehen und sich schinden.«

Das bedeutet verkürzt gesagt, dass die SPD sich nicht nur um den gewerkschaftlich organisierten Stahlkocher in einem Großbetrieb der Montanindustrie kümmern soll, sondern zugleich attraktiv werden muss für die modernen »Wissensarbeiter«, also für den Softwareprogrammierer oder den IT-Berater, der als Selbstständiger mit wechselnden Teams arbeitet oder als freier Mitarbeiter nur vorübergehend für bestimmte Projekte eingesetzt wird.

Der klassische Arbeiter im Dauerbeschäftigungsverhältnis alter Prägung stelle einen Teil der »schrumpfenden Traditionsbataillone« dar, auf die die SPD sich nicht mehr alleine verlassen dürfe, warnt auch Steinbrück. Allein mit dieser Klientel und den dazu passenden politischen Repräsentanten sei die Sozialdemokratie nicht mehr in der Lage, mehrheitsfähig zu werden. »Die SPD ist sicherlich gut beraten, sich nicht nur für Rentner und Transfergeldempfänger einzusetzen, sondern auf die Interessen derjenigen zu achten, die jeden Tag arbeiten gehen und erst das erwirtschaften, was verteilt werden kann«, betonte Steinbrück in einem Interview (*Handelsblatt*, 7.10.2010). Für ihn gibt es deshalb nur eine Schlussfolgerung: »Die SPD wird lernen müssen, die Welt und die Gesellschaft neu zu interpretieren, um dann zu definieren, was Fortschritt unter den Bedingungen des ökonomisch-technischen Wandels, der Demografie, der Pluralisierung und Individualisierung bedeutet.«

So etwas hört nicht jeder innerhalb der Partei gerne. Die Mehrzahl der Funktionäre hat sich daran gewöhnt, linke Politik auf die Gegensätze zwischen Arbeit und Kapital zu beschränken. Bei dieser thematischen Fixierung wird der Kampf um Gerechtigkeit reduziert auf eine möglichst breite Umverteilung von oben nach unten. Steinbrück reicht aber das Soziale in der Politik der SPD nicht mehr aus, auch wenn die Partei auf diesem Feld »die größten Wohlfühlerlebnisse« hat, wie er sarkastisch feststellt. Die SPD bemerke nicht, dass »ihr wirtschaftspolitisches Bein zu kurz ist und sie deshalb im Kreis läuft«, moniert er und fordert deshalb vehement einen Kurswechsel, was wiederum vom linken Flügel der Sozialdemokratie misstrauisch beäugt wird. Nach Einschätzung von Steinbrück braucht die SPD dringend mehr wirtschafts- und finanzpolitische Kompetenz. Dabei sieht er sich natürlich als

Bannerträger vorneweg marschieren, bislang allerdings ohne ausreichende Gefolgschaft. »Zwei oder drei Figuren im Schaufenster und der eine oder andere vernunftbegabte Vorstoß, der möglicherweise im sozial- oder umweltpolitischen Überschwang wieder konterkariert wird, sind nicht genug«, weiß Steinbrück. Das gilt, so möchte man hinzufügen, natürlich in ganz besonderer Weise für eine Spitzenkandidatur im Wahlkampf. Ohne ehrlichen Beifall aus den eigenen Reihen würde jedem Frontmann die Glaubwürdigkeit fehlen.

Konsequent hat Steinbrück die SPD von Anfang an als »Wertschöpfungspartei« und eben nicht als klassische »Umverteilungspartei« gesehen. Daraus hat er in allen seinen politischen Ämtern den Auftrag abgeleitet, nach Möglichkeit optimale Bedingungen für eine funktionierende Wirtschaft und eine ausreichende Zahl von Arbeitsplätzen zu schaffen. Zwangsläufig entwickelten sich daraus viele Konflikte mit den SPD-Linken und den Grünen, deren Prioritätensetzung »Umweltschutz vor Arbeitsplatz« er immer für falsch gehalten hat.

Wenn man so konsequent wie Peer Steinbrück die Wertschöpfung, also das Erwirtschaften, über das Verteilen setzt, gerät man innerhalb der SPD schnell unter Druck. Die ökonomisch gebotene Reihenfolge »erst verdienen und dann ausgeben« wird nämlich im politischen Alltag seit Jahrzehnten nicht mehr eingehalten, wie ein Blick auf die wachsende Staatsverschuldung belegt. Zwar trifft dieser Vorwurf alle Parteien, doch stößt man bei den bürgerlichen Kräften inklusive der Grünen beim Schuldenmachen noch auf eine Haltung, die sich mit »schlechtem Gewissen« umschreiben lässt. Union und FDP wissen, dass ihre Verschuldungspolitik das sorgsam gehegte Image ihrer ökonomischen Kompetenz auf Dauer arg beschädigt. Und die Grünen wiederum sehen ein, dass sie ihren Anspruch einer nachhaltigen Politik schwer verletzen, wenn sie unseren Kindern wahre Schuldenberge hinterlassen. Nirgendwo aber – von der Linken einmal abgesehen – wird mit so gutem Gewissen über die eigenen Verhältnisse gelebt wie bei der SPD. Der Grund dafür liegt in dem altruistischen Selbstverständnis der Sozialdemokratie: Die Schulden sind gerechtfertigt, weil mit dem Geld ja nur Gutes für die Armen und Schwachen getan werde. Wer so wie Peer Steinbrück diese Haltung energisch bekämpft, braucht sich über die Zahl seiner Gegner nicht zu wundern.

Steinbrück hat in seinen Jahren als Landes- und Bundesfinanzminister immer wieder die leidvolle Erfahrung machen müssen, dass die sozial motivierten Ausgabewünsche seiner Parteigenossen ständig den Rahmen der jeweiligen Etats sprengten. Auch daraus entwickelten sich zahlreiche Konflikte. Da in der Regel bei erhöhten Ausgabewünschen niemand Einsparvorschläge an anderer Stelle macht, führt die Finanzierung politischer Projekte bei SPD-Politikern regelmäßig zu erhöhter Schuldenaufnahme oder zu »Einnahmeverbesserungen«, sprich Steuererhöhungen, die selbstverständlich zuvorderst den »starken Schultern« aufgeladen werden sollen. Auch diese Haltung hat Steinbrück viele Streitigkeiten mit den eigenen Leuten beschert, wobei er sich als Finanzminister weniger gut durchsetzen konnte als in der Rolle des Wirtschafts- und Verkehrsministers. So hat er es zugelassen, dass unter tätiger Mithilfe der SPD in den letzten 15 Jahren die Bemessungsgrenzen des Steuertarifs immer weiter nach unten verschoben wurden, sodass heute bereits ein gut verdienender Industriemeister fast den Spitzensteuersatz zahlen muss.

Das offenbart eine Definition von Gutverdienern und Lastenverteilung, die unzeitgemäß ist und Steinbrücks berechtigter Forderung widerspricht, die Solidarität der Arbeitnehmer als Leistungsträger der Gesellschaft nicht zu überdehnen. Die stärkere Fokussierung auf die »Wissensarbeiter« und den, so Peter Glotz, »produktivistischen Kern« der Gesellschaft bedeutet ja gerade, dass die SPD nicht nur als »Kümmererpartei« oder als »Schutzmacht der kleinen Leute« auftreten darf, wie Johannes Rau es noch formulierte. Als »Wertschöpfungspartei« und auch als »Schutzmacht« kann sie heute nur dann glaubwürdig sein, wenn sie auch wirtschaftspolitisch engagiert ist. Dazu müsste sie jedoch nicht nur sozialpolitische Ziele hochhalten, sondern zugleich die »Schutzmacht derjenigen in der Mitte der Gesellschaft sein, deren Bereitschaft zur Solidarität sie mit einer Leistungsidee gewinnen« soll, wie Steinbrück es einmal selbst forderte. Dass er diese »Leistungsidee« mit hohen Steuern für Durchschnittsverdiener selbst durchkreuzt hat, gehört zu den offenkundigen Widersprüchen in seinem politischen Leben.

Für erhebliche Unruhe sorgte nicht zuletzt seine Forderung, die SPD müsse sich von dem Image lösen, zuvorderst als Partei der Benachteiligten und Zukurzgekommenen in Erscheinung zu treten. Steinbrück ärgert sich immer wieder über Strategen, die glauben, »dass die Modernisierungsverlierer im Mittelpunkt von Programm und Politik zu stehen hätten und sich aus der Vertretung ihrer summierten Interessen politische Mehrheiten gewinnen ließen«. Dieses Konfliktmuster besteht, seit nach dem Fall der Mauer die diversen SED-Nachfolgeorganisationen als Wettbewerber der SPD in Erscheinung getreten sind. Einer der Hauptgründe für das Zerwürfnis zwischen Gerhard Schröder und Oskar Lafontaine lag in dem strategischen Irrglauben des Saarländers, dass man stets eine Mehrheit hinter sich scharen könne, wenn die SPD nur konsequent die Interessen der Arbeiter und der Rentner bediene und dafür bei »den Reichen«, »der Wirtschaft« und den Leistungsträgern abräume.

Genau dieses verquere Rezept probiert die Linkspartei seit Jahren aus, allerdings mit immer geringerem Erfolg. Ihr Bemühen, mit unhaltbaren Versprechen die Modernisierungsverlierer dieser Gesellschaft anzulocken, hat den SED-Erben keinen anhaltenden Zuspruch beschert. Im Gegenteil sinken die Werte für die Linkspartei kontinuierlich. Hier mit den Angeboten der Linken zu konkurrieren, hält Steinbrück zu Recht für ein unmögliches, weil unglaubwürdiges Unterfangen.

Gleichzeitig muss sich die SPD seiner Ansicht nach eingestehen, dass sie mit der Agenda-Politik und ihrer modernen Reformorientierung eine gewisse Klientel auf immer verloren hat. Es handelt sich dabei um einfache männliche Gewerkschaftsmitglieder zwischen 40 und 60, die der Partei seit Schröders Zeiten unversöhnlich gegenüberstehen. Ebenso wenig kann die aus Arbeitslosen oder Geringqualifizierten bestehende Gruppe der Frustrierten und Verbitterten seiner Meinung nach »um den Preis einer völligen Verbiegung der Partei« zurückgewonnen werden. Sein Rezept indes, diese Gruppe politisch weitgehend zu ignorieren und sie parteipolitisch als Wähler abzuschreiben, stößt vielen in der SPD sauer auf.

Das gilt auch für Steinbrücks entschlossene Ablehnung der Linkspartei als Koalitionspartner der SPD, was vermutlich unter anderem auf seine Erfahrungen zurückgeht, die er Anfang der Achtzigerjahre als Referent an der Ständigen Vertretung der Bundesrepublik in Ostberlin mit der DDR und ihrem Unterdrückungssystem gemacht hat. Er erlebte die DDR als dumpf und ökonomisch völlig daniederliegend, wie er sagt. Jede Form von Sozialismusverklärung oder DDR-Nostalgie ist ihm seitdem fremd. Steinbrück besuchte damals das Stasi-Gefängnis in Höhenschönhausen; ein Erlebnis mit fortdauernder Wirkung. »Ich habe eine sehr große Distanz gegenüber denjenigen, die diese DDR-Geschichte mit allen ihren Opfern nicht aufarbeiten«, bekannte er in dem bereits erwähnten Interview mit dem Bayerischen Rundfunk. »Diese damals in der DDR herrschende Verachtung der Menschenwürde hat mich sehr geprägt.« Das gelte auch für seine Positionierung »innerhalb der sozialdemokratischen Partei, wenn es darum geht, ob man gegenüber der Linkspartei irgendwelche Avancen machen muss. Dafür habe ich vor dem Hintergrund der Erfahrungen, die ich gemacht habe, wenig Verständnis.« Dass Steinbrück mit dieser eindeutigen Haltung vor allem bei Sozialdemokraten in den neuen Bundesländern aneckt, kann nicht verwundern; schließlich gilt die Linkspartei in weiten Teilen der Ost-SPD als akzeptabler Koalitionspartner.

Einer der häufigsten Reibungspunkte mit den Genossen liegt jedoch in der Art und Weise, wie Steinbrück auftritt und sich äußert. Seine Schwachstellenanalysen treffen stets zielgenau und schmerzen nicht zuletzt deshalb, weil sie in aller Regel rhetorisch brillant und oft mit beißender Ironie vorgetragen werden. Eines seiner berüchtigten Zitate lehnt sich beispielsweise an den sozialdemokratischen Übervater und dessen bekannteste Botschaft an, mehr Demokratie wagen zu wollen. Daraus machte Steinbrück einmal sehr spontan den hämisch klingenden Satz: »Willy Brandt hat uns nicht gesagt, wir sollten mehr Sozialhilfe wagen.« Für solche Sprüche hassen sie ihn in der SPD.

Er selbst weiß, dass er im Überschwang oft überzieht und mit seinem leicht galligen Unterton manchen Parteifreund verletzt. Aber die Lust am spöttischen Bonmot ist eben oft stärker als Vorsicht oder taktische Zurückhaltung. »Dann gehen die Gäule mit ihm durch«, sagte ein ehemaliger Sprecher, der des Öfteren zusammenzuckte, wenn der Chef in Interviews oder Reden wieder einmal sein Jack-Nicholson-Grinsen aufsetzte und kräftig austeilte. Sehr häufig schon wurde auch das Mittel der Ironie, das Steinbrück so gerne benutzt, in der politischen Auseinandersetzung missverstanden und fand sich in Form von bewusst aus dem Zusammenhang gerissenen und zugespitzten Äußerungen als mediale Schelte wieder. Eines der besten Beispiele dafür ist das berühmt-berüchtigte Zitat, die SPD sei eine »Partei der Heulsusen«. Im Originaltext, einem Interview mit der *Frankfurter Rundschau* vom 18. August 2007, liest sich die Passage wie folgt: »Im Trend ist das Zutrauen der Bevölkerung in die SPD nicht so ausgeprägt, wie wir uns das wünschen«, erklärte der damalige Bundesfinanzminister und stellvertretende SPD-Chef. »Das hat viel mit der politischen Körpersprache der SPD zu tun.« Zwischenfrage: »Sie meinen das Bekenntnis zur eigenen Regierungspolitik?« Antwort Steinbrück: »Den Leuten kommen wir im Moment wie eine Heulsuse vor: Wir ziehen einen Flunsch wegen der Popularität der Kanzlerin. Wir gucken verkniffen auf das Phänomen der Linkspartei. Wir klagen darüber, dass die Globalisierung uns erwischt, obwohl Deutschland davon profitiert. Wir heulen, weil wir Reformpolitik machen müssen. Wir heulen ein bisschen über Hartz IV und über die Agenda 2010. Da sagen die Menschen: Wenn die sich nicht vertrauen, warum soll ich ihnen vertrauen?«

Geblieben ist von dieser hellsichtigen Manöverkritik bloß das bis heute immer wieder verwendete Zitat, Steinbrück beschimpfe seine Partei oder die Agenda-Kritiker der SPD als Heulsusen. Wirklich falsch ist das nicht, aber eben reichlich überspitzt. Dass sich manche darüber ärgern, kann man verstehen. Allerdings sagt diese Empfindlichkeit viel über das Selbstbewusstsein derjenigen aus, die sich von Steinbrücks Analyse der SPD-Außenwirkung offenkundig zielgenau angesprochen fühlten.

Dabei waren diese Ausführungen ganz anders gedacht, nämlich als Warnung an die Genossen, da draußen bei den Bürgern nicht immer mit Sündergesicht und Büßerhemd herumzulaufen. Eigentlich steckte sogar eine hohe Wertschätzung für die SPD in der Bemerkung, die Partei solle doch verdammt noch mal stolz sein auf ihre Leistungen und auf ihren Mut zu Reformen. Und sie solle verdammt noch mal festhalten an ihrer Agenda 2010, die inzwischen als Initialzündung für den deutschen Wirtschaftsaufschwung gilt. Nur wenn sich die SPD zu sich selbst bekenne, werde sie bei Wahlen wieder Zuspruch gewinnen – so die eigentliche Botschaft. Steinbrück wollte im besten Sinne aufrütteln und hat die geliebte Heulsuse dabei so stark geschüttelt, dass sie ein Schleudertrauma davontrug.

Noch immer fühlt er sich deswegen missverstanden, wie so oft. Sicher nicht zu Unrecht geht er davon aus, dass manche seiner Gegner ihn aus gezielter Berechnung heraus falsch interpretieren. Einer davon ist Ralf Stegner, Vorsitzender der schleswig-holsteinischen SPD, Exponent des linken Flügels und Steinbrück seit gemeinsamen Kieler Regierungstagen in herzlicher Abneigung verbunden. Stegner war es auch, der nach dem »Heulsusen-Interview« im Parteivorstand in Berlin laut darüber klagte, dass Steinbrück die SPD herabwürdige.

Steinbrück ärgert sich über so etwas, hat aber zugleich gelernt, mit solchen Reaktionen umzugehen. Jeder, der austeilt, muss auch einstecken können, das weiß er. Ein »Glaskinn«, wie er gerne sagt, hat der angriffslustige Hanseat sicher nicht. Richtig ungehalten kann er jedoch werden, wenn man ihm vorhält, er sei in Wahrheit gar kein richtiger Sozialdemokrat. Wer das tut, will ihm entweder schaden, oder er hat ihn und seine politische Sozialisation nicht wirklich verstanden. Richtig sei, räumt Steinbrück ein, dass er nicht wegen der Arbeitnehmerinteressen in die SPD eingetreten sei, sondern wegen Willy Brandt und seinem Anliegen, die verstockte deutsche Nachkriegsgesellschaft zu öffnen und mit mehr Freiheiten auszustatten. Aber dieses Verlangen nach Freiheit, der Wunsch nach Öffnung und die Sehnsucht nach neuen Wegen machen ihn doch nicht zum Parteifremden! Immer wieder weist er in Reden und Aufsätzen darauf hin, dass Willy Brandt, die flügelübergreifende Ikone der SPD, die Freiheit unter allen Werten am höchsten geschätzt habe, höher noch als Gerechtigkeit und Solidarität. Weil sie, so Brandt, die Grundlage aller anderen demokratischen Werte sei.

In der Tat hat Brandt in seiner Abschiedsrede als Parteivorsitzender am 14. Juli 1987 sein politisches Vermächtnis an die SPD wie folgt formuliert: »Wenn ich sagen soll, was mir neben dem Frieden wichtiger sei als alles andere, dann lautet meine Antwort ohne Wenn und Aber: Freiheit … Deutsche Sozialdemokraten dürfen Kränkungen der Freiheit nie und nimmer hinnehmen. Im Zweifel für die Freiheit!«

Wie stark das Thema selbst in einer liberalen und enttabuisierten Mediengesellschaft immer noch ist, zeigte nicht zuletzt Joachim Gauck. Mit seinem eindringlichen Bekenntnis zur Freiheit faszinierte der ehemalige DDR-Bürgerrechtler und Stasi-Aufklärer die Deutschen und errang damit als einer der wenigen Bundespräsidenten die Unterstützung fast aller maßgeblichen Parteien. Steinbrück fühlt sich deshalb in bester Gesellschaft, wenn er die SPD als Freiheitspartei begreift, als »Partei der Moderne, der Emanzipation und des Fortschritts«, wie er sagt und eben nicht als »Partei der Zukunftsangst, Unmündigkeit und Verteidigung überholter Strukturen«. Nicht ohne Grund ist eines der letzten Kapitel in seinem Buch mit den drei eindringlichen Worten überschrieben: »Mehr Freiheit wagen!«

Zwei Parteien, aber oft eine Meinung: Trotz vieler Auseinandersetzungen ist das Verhältnis von Steinbrück und Kanzlerin Angela Merkel bis heute von gegenseitigem Respekt geprägt.

Bis zum letzten Tag zusammen: Steinbrück und Merkel nehmen am 26. September 2009 noch am G-20-Gipfel im amerikanischen Pittsburgh teil. Einen Tag später findet in Deutschland die Bundestagswahl statt – und markiert das Ende der großen Koalition.

Er wird oft als kühler Hanseat beschrieben, dabei kann Steinbrück nicht nur aus vollem Hals lachen, sondern besitzt auch überdurchschnittlich viel Humor – allerdings den von der schwarzen, britischen Sorte. Sein Sarkasmus ist originell, aber gefürchtet.

»Da fehlte nur noch so ein kleines Stück bis zum Abgrund«: Der Bundesfinanzminister und die Kanzlerin Ende 2008 bei einer Bundestagsdebatte zur Finanzkrise.

Chefin und Kassenwart im Jahr 2009: Trotz seines großen Selbstbewusstseins hat Steinbrück während der großen Koalition immer akzeptiert, dass die Kanzlerin das letzte Wort hat. Das soll sich spätestens nach der Bundestagswahl 2013 ändern.

Das teuerste Versprechen in der deutschen Geschichte: Kanzlerin Merkel und Finanzminister Steinbrück garantieren den beunruhigten Deutschen vor laufenden Kameras, dass der Bund für alle Spareinlagen eintreten werde. Beide setzten auf die psychologische Wirkung ihres Auftritts. Eine Rechtsgrundlage für diese milliardenschwere Garantie gab es nicht, wie Steinbrück später einräumte.

Seltene Momente im Leben des Spitzenpolitikers: Das Ehepaar Steinbrück radelt durch das Siebengebirge bei Bonn – begleitet von Fotografen.

Disput zwischen zwei Sozialdemokraten: Steinbrück und der Ex-Finanzsenator und frühere Bundesbank-Vorstand Thilo Sarrazin diskutieren bei den Berliner Wirtschaftsgesprächen 2008 über die gefährliche Entwicklung der Finanzmärkte.

Väterlicher Mentor: Steinbrück diente dem Kanzler Helmut Schmidt schon als Referent. Heute gilt Schmidt als einer der wichtigsten Förderer Steinbrücks auf dem Weg zur Kanzlerkandidatur.

»Er kann's«. Mit diesen knappen Worten empfahl Helmut Schmidt im Oktober 2011 bei der Talkshow von Günther Jauch vor einem Millionenpublikum Steinbrück als Kanzlerkandidaten der SPD. Ein gefährlicher Ritterschlag, weil viele Parteimitglieder an dieser selbstherrlichen Inszenierung Anstoß nahmen.

Beifall von einem anderen Alt-Kanzler: Auch Gerhard Schröder macht keinen Hehl daraus, dass er Steinbrück noch am ehesten zutraut, im kommenden Bundestagswahlkampf 2013 die meisten Stimmen für die SPD zu holen.

Skeptische Blicke: SPD-Chef Sigmar Gabriel und Fraktionschef Frank-Walter Steinmeier lassen Peer Steinbrück nicht aus den Augen. Die Entscheidung über den nächsten Herausforderer von Angela Merkel fällt Ende Januar 2013. Bis dahin muss die Troika jede interne Differenz vermeiden.

Den Mainstream in der SPD trifft er damit allerdings nicht, das weiß er, und darunter leidet er. Ebenso kränkt es ihn, wenn ihm nach über 40 Jahren Mitgliedschaft, Einsatz und Kampf für die Sache der Sozialdemokratie immer noch »mangelnder Stallgeruch« vorgeworfen wird. Ja, er ist kein Seelenstreichler wie Franz Müntefering, der es bei seinen Reden schon nach wenigen Sätzen schafft, den Genossen Wärme und Gewissheit zu vermitteln. Und es stimmt, er ist auch nicht über die Ochsentour vom Ortsverein zum Bundesvorstand politisch sozialisiert worden. Aber deshalb kein richtiger Sozi? Muss man Arbeiterkind sein und in kleinen Verhältnissen aufwachsen, um ein guter Sozialdemokrat zu werden? Steinbrück kann sich über solche engstirnigen Vorstellungen aufregen. Dann wäre einem Bürgersohn wie ihm der Weg zur SPD ja schon von Geburt an verstellt! Und überhaupt, was heißt denn »Stallgeruch«? Ja, er hat nie in einer Fabrik oder in einer Kohlenzeche gearbeitet, aber dafür als Student jede Menge Jobs gehabt, bei denen man auch Dreck fressen musste. Kistenstapeln am Hamburger Fischmarkt, Zuckersäcke schleppen oder Parkplatzwächter. Ist das nichts? Sind solche Erfahrungen weniger wert als drei Jahre Betriebsrat?

Und haben alle diejenigen, die ihm Distanz zur Partei vorwerfen, wirklich einmal seinen Lebensweg ernsthaft betrachtet? Er ist als junger Bundeswehrsoldat in die SPD eingetreten, hat drei SPD-Ministern als persönlicher Referent gedient, war bei Helmut Schmidt im Kanzleramt, arbeitete als Staatssekretär und Minister in mehreren SPD-Regierungen, war Ministerpräsident und stellvertretender Bundesvorsitzender. Was an diesem Lebensweg ist denn bitte schön nicht sozialdemokratisch?

Steinbrück schüttelt den Kopf. Es gebe halt sehr viele Klischees über ihn, die von den Medien immer wieder hervorgekramt und wiederholt würden, klagt er. Das mag stimmen, aber könnte es nicht sein, dass er auch wegen seiner politischen Positionen immer wieder aneckt? Dass er als Außenseiter wahrgenommen wird, der immer genau dort steht, wo die Mehrheit der SPD sich gerade nicht befindet? Er war für Studiengebühren, als die meisten Sozialdemokraten dagegen waren, und gegen die Ausbildungsplatzumlage, als eine Mehrheit sie forderte. Hat mit dem Spruch »Jeder Job ist besser als kein Job« die Gewerkschaften brüskiert und den Weg zu Kombilöhnen ebnen wollen, um nur einige Punkte zu nennen. Und schließlich kämpfte er wie kaum jemand außer Gerhard Schröder selbst für die Agenda 2010. Kann es nicht sein, dass er deshalb von seinen Gegnern als Widersacher kritisiert und beschimpft wird?

Steinbrück legt Wert auf den Unterschied zwischen Außenseiter und kritischer Distanz. Er hat sich immer mittendrin gesehen in der SPD – nie allerdings als reinen Parteigänger, sondern als jemand, der genau hinschaut und Dinge hinterfragt, wenn sie ihm nicht schlüssig erscheinen. Dass er, der intellektuelle Überflieger, diese politische Sezierarbeit oft mit verletzend scharfem Blick verrichtet, weckt Animositäten, das weiß er. Und manchmal ist er an dem Vorwurf, als arroganter Besserwisser in Erscheinung zu treten, auch nicht ganz unschuldig.

Einer, der in der SPD ähnlich wahrgenommen wurde, war Wolfgang Clement, der langjährige Freund von Peer Steinbrück. Nach seinem Ausscheiden aus der Bundesregierung 2005 profilierte sich der ehemalige Bundeswirtschaftsminister und NRW-Ministerpräsident in Artikeln und Interviews als harter Kritiker der eigenen Partei. Die Distanz zwischen ihm und der SPD war schon in seinen letzten aktiven Jahren beständig gewachsen, und 2003, auf dem SPD-Bundesparteitag in seiner Heimatstadt Bochum, bekam er prompt die Quittung. Bei den Wahlen zum stellvertretenden Parteivorsitz wurde er abgestraft: Nur 56,7 Prozent der Delegierten votierten für ihn. Eine furchtbare Demütigung für Clement. Steinbrück, obwohl selbst ein couragierter Kritiker, verfolgte die immer schärferen Angriffe seines Freundes auf die SPD mit zunehmender Sorge. Seit seinem Abschied aus der Bundesregierung galt dieser als »loose canon«, als eine aus den Angeln gerissene Kanone, die unkontrolliert in alle Richtungen feuerte. »Manchmal könnte ich den Clement an die Wand klatschen«, entfuhr es 2007 dem damaligen SPD-Fraktionsvize Ludwig Stiegler, womit er die Seelenlage vieler genervter Genossen auf den Punkt brachte.

Steinbrück spürte, dass es bei manchen Gefechten zwischen Clement und der SPD nicht mehr um die Sache ging, sondern um persönliche Anwürfe und um das Begleichen alter Rechnungen. Außerdem hatte Clement sich dadurch angreifbar gemacht, dass er mehrere gut dotierte Beraterposten in der Wirtschaft angenommen hatte, unter anderem einen für den Stromkonzern RWE. In dieser Eigenschaft äußerte er sich immer wieder zu energiepolitischen Fragen und kritisierte die SPD hart wegen des mehrheitlich beschlossenen Ausstiegs aus der Atomenergie. Obwohl Steinbrück viele Positionen von Clement teilt, weiß er doch, dass die Vermengung von politischen Standpunkten und persönlichen wirtschaftlichen Interessen fragwürdig ist und Widerstand geradezu herausfordert.

Mehrfach wurde Steinbrück von Franz Müntefering und dem kurzzeitig als SPD-Chef fungierenden Kurt Beck gebeten, mäßigend auf Clement einzuwirken. Als dieser aber 2008 vor der Landtagswahl in Hessen dazu aufrief, die SPD-Spitzenkandidatin Andrea Ypsilanti wegen ihrer energiepolitischen Positionen nicht zu wählen, war das Maß voll. Die Bochumer SPD, Clements Heimatverband, brachte ein Parteiausschlussverfahren gegen den früheren SPD-Vize in Gang: Clement war vom Reservekanzler zum Risikofaktor geworden, und seine Partei wollte ihn nur noch loswerden. Steinbrück versuchte vergeblich zu vermitteln. Er hielt der SPD eine jakobinerhafte Neigung zu Tribunalen vor und warb darum, andere Meinungen auszuhalten. Doch die Verbitterung auf beiden Seiten wuchs. Zwar machte das Bundesschiedsgericht den Parteiausschluss rückgängig und wandelte ihn in eine Rüge ab, doch jetzt hatte der Getadelte die Nase voll. Einen Tag später trat Clement öffentlichkeitswirksam aus der SPD aus.

Steinbrück nimmt dem alten Freund dieses auf reine Außenwirkung abzielende Manöver bis heute übel. Nicht nur, dass er während des gesamten Verfahrens unter der Strenge der Partei litt. Ebenso schmerzlich war es, einen alten Freund und politischen Weggefährten Stück für Stück zu verlieren. Das Verhältnis von Steinbrück zu Clement ist heute merklich abgekühlt. Obwohl beide in Bonn wohnen, liegt das letzte gemeinsame Bier schon lange zurück.

Was empfindet er denn wirklich für die SPD, will man am Ende eines langen Gesprächs wissen. Liebe empfinde er jedenfalls nicht, sagt Steinbrück, solche Gefühle behalte er seiner Familie vor. »Aber man ist nicht 40 Jahre in einer Partei, wenn das nur eine reine Vernunftbeziehung wäre«, räumt er ein. Steinbrück kennt die lange Geschichte der SPD sehr gut, und die Betrachtung der mitunter leidvollen Historie lässt ihn nicht kalt. Auf die Lebensleistung einiger sozialdemokratischer Frauen und Männer könne er sogar »durchaus emotional reagieren«. Eines wird er allerdings nie akzeptieren: »Ich war immer ein großer Kritiker von Leuten, die ideologisch oder missionarisch aufgetreten sind.«

KAPITEL 15

SCHON WIEDER EINE TROIKA

Das Wort »Troika« stammt aus der russischen Sprache und bezeichnet nicht etwa ein Dreigestirn höchst unterschiedlicher, aber aufeinander angewiesener Politiker. Vielmehr bezieht es sich auf die Bespannung eines Fuhrwerks oder Schlittens mit drei Zugtieren, die gleichmäßig nebeneinander hergehen. Gleichmäßig! Eine Troika funktioniert nämlich nur, wenn keines der Pferde ausbricht oder durchgeht.

Die Geschichte der SPD ist reich an solchen Dreiergespannen. Allerdings zeigt der Blick zurück, dass die politischen Zugtiere der Sozialdemokratie immer erkennbare Probleme damit hatten, sich auf Dauer einspannen zu lassen, um einträchtig den roten Karren der Partei zu ziehen. Schon Doppelspitzen gelten heute im Management als Fehlkonstruktion – wie soll es dann erst funktionieren, wenn man gleich drei Alphatiere unter ein Joch zwängt?

Die erste und bis heute erfolgreichste Troika bildeten in den Siebzigerjahren Willy Brandt als Parteichef, Herbert Wehner als Fraktionsvorsitzender und Helmut Schmidt als Bundeskanzler. Alle drei verkörperten extrem unterschiedliche politische Naturelle. Wehner, Exkommunist und Fraktionschef von 1969 bis 1982, galt als »Zuchtmeister« der Genossen und straffer Organisator. Brandt hingegen agierte als Visionär, erschloss der SPD neue, breite Wählerschichten, ließ aber in der zweiten Amtsperiode als Bundeskanzler den rechten Schwung vermissen. Das trug ihm jene berühmte Bemerkung Wehners ein: »Der Herr badet gerne lau.« Nach Brandts Rücktritt infolge der Guillaume-Affäre übernahm mit Helmut Schmidt ein Macher das Amt des Kanzlers, der im Unterschied zu Brandt allen politischen Visionären einen Besuch beim Arzt empfahl. Wehner blieb der bärbeißige Mehrheitsbeschaffer im Bundestag, während Brandt als SPD-Chef immer mehr dem Tagesgeschäft entschwand, wie sein späterer Spitzname »Willy Wolke« verdeutlicht.

Schmidt kämpfte derweil gegen Wirtschaftsflaute, Ölkrise, RAF-Terrorismus und den zunehmenden Verschleiß der sozialliberalen Koalition, die Wehner im Grunde seines Herzen nie akzeptiert hat. Trotzdem hielten Brandt, Schmidt und Wehner im Gegensatz zu späteren Dreierbündnissen während der gesamten 13 Jahre SPD-Regierung diszipliniert zusammen. Daran änderten gelegentliche Machtkämpfe und Missstimmungen ebenso wenig wie die Tatsache, dass die persönliche Wertschätzung der drei Herren füreinander oft erkennbar gering ausfiel.

Schmidt hat diese Machtverteilung auf drei Schultern später offen als »Fehler« bezeichnet. Für ihn als Regierungschef, der in seiner Partei unliebsame Entscheidungen wie die Nachrüstung durchsetzen musste, wäre es von großem Vorteil gewesen, das Amt des Kanzlers und des SPD-Vorsitzenden in einer Hand zu halten.

Die zweite Troika der SPD versuchte 1994 ihr Glück. Der damalige saarländische Ministerpräsident Oskar Lafontaine, sein niedersächsischer Amtskollege Gerhard Schröder sowie der SPD-Vorsitzende und frühere rheinland-pfälzische Regierungschef Rudolf Scharping kämpften als neues sozialdemokratisches Trio um die Macht im Bund. Scharping verlor 1994 die Wahl gegen

Helmut Kohl, blieb danach als Oppositionsführer und Parteichef blass und wurde schließlich 1995 auf dem Mannheimer Parteitag der SPD von Oskar Lafontaine gestürzt. Weder Schröder, der Scharping in der parteiinternen Urwahl um das Amt des SPD-Vorsitzenden 1993 unterlegen war, noch Lafontaine hatten jemals Scharpings Rolle als »Primus inter Pares« akzeptiert. Und das, obwohl ihm seine Ämterhäufung als Kanzlerkandidat, Parteichef und Fraktionsvorsitzender ausdrücklich eine herausgehobene Stellung verlieh. Die ursprüngliche Idee, die unterschiedlichen Stärken der drei Sozialdemokraten als Gesamtangebot der SPD an die Bürger zu bündeln, zeigte deshalb keinen Erfolg. Scharping galt als ruhig und verlässlich, Schröder als pragmatischer Modernisierer und Lafontaine repräsentierte als rhetorisch brillanter Vorkämpfer für soziale Gerechtigkeit den linken Flügel der Partei. Die Öffentlichkeit merkte aber früh, dass die Konstruktion der Troika nicht eine inhaltliche und personelle Verbreiterung repräsentierte, sondern einen noch nicht entschiedenen innerparteilichen Machtkampf überdecken sollte.

Die Geburtsstunde der dritten »Troika« lässt sich auf den 18. Juli 2011 datieren. An diesem Tag traten der SPD-Fraktionsvorsitzende Frank-Walter Steinmeier, der SPD-Parteichef Sigmar Gabriel und der einfache Bundestagsabgeordnete Peer Steinbrück erstmals gemeinsam in Berlin vor der Bundespressekonferenz auf. Die drei Herren kamen rund fünf Minuten zu früh; nicht aus Übereifer, sondern weil sie als Politikprofis wussten, dass Dutzende Fotografen und Kamerateams bereits auf ihr Eintreffen warteten. Allein das mehrminütige Blitzlichtgewitter und das gleißende Scheinwerferlicht vor dem eigentlichen Beginn ihres Auftritts wiesen darauf hin, dass es sich nicht um eine x-beliebige Pressekonferenz handelte, sondern um eine sorgfältig inszenierte

Demonstration neuen sozialdemokratischen Selbstbewusstseins. Die Aufregung im sommerlich ruhigen Berlin war damals groß. Schon als der Termin des Dreierauftritts angekündigt wurde, liefen in der SPD-Zentrale die Telefone heiß. Ob etwa die Präsentation des SPD-Kanzlerkandidaten bevorstehe, wollten einige Journalisten wissen.

Als Thema des »Pressegesprächs« mit den drei SPD-Granden waren die Eurokrise und die jüngste Entwicklung in Griechenland angekündigt, doch eigentlich ging es darum bei dem Auftritt fast gar nicht. Prompt wurde Gabriel, soeben sonnengebräunt und bestens gelaunt aus einem Spanienurlaub zurückgekehrt, gefragt, warum denn neben dem Fraktions- und Parteivorsitzenden noch der Abgeordnete Steinbrück anwesend sei – der habe derzeit schließlich kein Amt inne. Die Frage war gut gestellt, aber Gabriel konterte mit großer Offenheit: »Wenn wir hier nicht zu dritt gekommen wären, hätten Sie doch alle gefragt, wo denn die anderen sind!« Das stimmte. In den Wochen zuvor war nämlich bereits eine Debatte in Gang gekommen, die mit der öffentlichkeitswirksamen Präsentation der neuen Troika ihren vorläufigen Höhepunkt fand.

Steinbrück selbst war der Auslöser gewesen und hatte die Diskussion losgetreten. Seit dem Erfolg seines Buches wurde ihm wieder wachsende mediale Beachtung zuteil. Auf die zunehmenden Fragen nach der Kanzlerkandidatur reagierte er zwar ausweichend. Dabei kokettierte er allerdings bewusst mit den Erwartungen seines Publikums. Gerne streute er allgemeine Floskeln ein, dass man sich »einer Verantwortung stellen« müsse, sich »einem Ruf nicht verweigern dürfe« oder »eine Herausforderung nicht zurückweisen« könne. Obwohl hinreichend verklausuliert, taten diese Äußerungen doch ihre Wirkung. Je öfter der Buchautor Steinbrück auftrat, je mehr Publikum und Beifall er bekam und je häufiger man ihn im Fernsehen sah, desto klarer wurde, dass hier einer dabei war, eine neue Karriere zu schmieden.

Dann gab Sigmar Gabriel im Mai 2010 ein Interview, in dem er sagte, er traue Steinbrück »jedes politische Amt in Deutschland« zu. Damit war klar, dass auch der SPD-Vorsitzende persönlich der Meinung war: »Steinbrück kann Kanzler.«

Als sich die mediale Aufregung darüber gerade gelegt hatte, war es nun an Steinbrück, sich erneut zu Wort zu melden und wiederum einen kräftigen Stein ins Wasser zu werfen. Er tat das im Hessischen Rundfunk (13.5.2010), was in Berlin wohl kaum aufgefallen wäre, wenn er sich auf die inzwischen unvermeidliche Frage zur Kanzlerkandidatur nicht erstmals wirklich eingelassen hätte. »Der Zeitpunkt wird kommen, wo ich mich in Absprache mit zwei oder drei Führungspersönlichkeiten der SPD darüber zusammensetze«, sagte Steinbrück und fügte hinzu: Wer als Kanzlerkandidat antrete, müsse dies »mit vollständiger Kraft und mehr als 100 Prozent« tun. »Wenn, dann wollen Sie gewinnen, und zwar mit jeder Faser Ihres Körpers.«

Sofort herrschte helle Aufregung im linken Lager der SPD, während Vertreter vom rechten Flügel darauf bestanden, dass der Exfinanzminister doch nur Selbstverständlichkeiten ausgesprochen habe. Aber diese Sichtweise sollte in Wahrheit wohl nur die von links hereinrollenden Empörungswogen glätten. Mit der Aussage nämlich, dass er, Peer Steinbrück, der einfache Abgeordnete, die K-Frage im engsten Führungskreis der SPD besprechen und mitentscheiden werde, zeigte überdeutlich, dass seine Kandidatur nicht mehr nur als mediale Erfindung gelten konnte, sondern zur realen Option herangereift war. Zumal Steinbrück keinen Zweifel daran gelassen hatte, dass er sich die Aufgabe natürlich vollständig zutraute.

Das hatten auch andere so verstanden. Sichtlich verstimmt gab SPD-Generalsekretärin Andrea Nahles im *Tagesspiegel* (15.5.2010) zu Protokoll: »Selbstausrufungen sind in einer modernen demokratischen Partei wie der SPD aus der Mode gekommen.« Auch andere Vertreter des linken SPD-Flügels reagierten und monierten eine »Debatte zur Unzeit«.

Darauf wiederum musste der Parteivorsitzende reagieren, der einer solchen Debatte nicht tatenlos zusehen mochte. Gabriel hatte wenige Jahre zuvor im Gerangel um Kurt Beck mitbekommen, wie gefährlich es sein kann, wenn man solche Personalfragen nicht regelt, sondern eskalieren lässt. Beck, Ministerpräsident von Rheinland-Pfalz und nach dem überraschenden Rücktritt von Matthias Platzeck Anfang 2006 Vorsitzender der SPD, hatte sich im Ringen um die Kanzlerkandidatur für die Bundestagswahl 2009 taktisch in die Ecke manövrieren lassen. Als SPD-Chef musste er schon aus Gründen der Selbstachtung darauf bestehen, zumindest als einer der denkbaren Kandidaten zu gelten. Es gäbe schließlich ein schlechtes Bild ab, wenn ein Parteivorsitzender in der Öffentlichkeit den Eindruck vermitteln würde, für eine Kanzlerkandidatur nicht geeignet zu sein.

Neben Beck war damals auch Außenminister Frank-Walter Steinmeier im Gespräch. Die beiden versäumten es, die unvermeidliche Diskussion um den besten Kandidaten durch interne Verabredungen zu strukturieren oder zumindest einen Termin festzulegen, an dem die Entscheidung fallen sollte. Hinzu kam, dass Beck in Berlin lediglich als Ersatzvorsitzender galt und allgemein nie wirklich ernst genommen wurde. Er schaffte es nicht, sich vom Image des Provinzfürsten zu lösen. Das ließ ihn zunehmend dünnhäutig und ehrpusselig reagieren.

Entsprechend unglücklich wirkte der Pfälzer auch in dem von vielen Spekulationen und Falschinformationen begleiteten öffentlichen Kräftemessen mit Steinmeier, obwohl es intern bereits eine Vorverständigung gegeben hatte. Danach sollte Steinmeier am Ende der Spitzenkandidat sein. Allerdings wollte man die Entscheidung erst möglichst spät verkünden, um den Kandidaten nicht zu früh zu verschleißen. Am 7. September 2008 kam es auf einer SPD-Klausur am Schwielowsee in Brandenburg dann zum Showdown. Schon seit Langem schwelte zwischen Beck und Steinmeier ein Streit über den Umgang mit der Linkspartei. Beck wollte rot-rote Optionen offenhalten, während der Außenminister sie strikt ablehnte. In einer heftigen Debatte wurde dann diese Richtungsfrage mit der Entscheidung über die Spitzenkandidatur verbunden. Da ein Kanzlerkandidat Beck für die meisten Anwesenden chancenlos war, schlugen sich die am Schwielowsee versammelten Genossen auf Steinmeiers Seite und riefen ihn zum Kanzlerkandidaten aus. Beck konnte daran nichts mehr ändern. Ihm war die Regie entglitten; die SPD hatte ihrem Vorsitzenden für alle erkennbar das Heft des Handelns aus der Hand genommen. Da Beck ohnehin schon darunter litt, in Berlin nicht für voll genommen zu werden, zog er angesichts dieser neuerlichen Niederlage empört die Konsequenz und trat spontan vom Amt des Parteichefs zurück. »Wir waren alle überrascht und schockiert zugleich«, kommentierte Steinmeier damals das Geschehen. In der Rückschau sieht er heute in diesem schlechten Start als Kanzlerkandidat 2008 einen der Gründe für die schmerzliche Niederlage 2009. Außerdem sei es falsch gewesen, mehr als ein Jahr lang Kanzlerkandidat zu sein.

Steinmeier zieht gerne Gerhard Schröder als Gegenbeispiel heran. Der wurde im März 1998 nach seinem überragenden Abschneiden bei der Niedersachsenwahl als Kanzlerkandidat nominiert und nahm den Schwung dieses Erfolgs mit in den anschließenden Bundestagswahlkampf. Schröder war nur ein halbes Jahr Kandidat, ehe er im Herbst 1998 den Sieg über Helmut Kohl errang. Da die Wähler sich heute immer kurzfristiger entscheiden, darf nach Einschätzung vieler Wahlkampfmanager der Spitzenkandidat nicht zu früh ausgerufen werden.

Sigmar Gabriel versteht die dramatischen Ereignisse vom Schwielowsee als Lehrstück und Mahnung zugleich. Für ihn, der die SPD nach der Rekordniederlage 2009 erst mühsam wieder aufrichten musste, ist es als Parteivorsitzender von entscheidender Bedeutung, bei dem internen Ringen um die Kanzlerkandidatur jederzeit die Regie in den Händen zu halten. Wenn, wie bei Kurt Beck, erst einmal der Eindruck entsteht, dass der SPD-Chef selbst mit der wichtigsten Personalentscheidung seiner Partei nicht mehr viel zu tun hat, ist es um seine Autorität geschehen.

Gabriel gab sich deshalb beim ersten Auftritt der neuen Troika im Sommer 2011 vor der Bundespressekonferenz auch keine Mühe, den Urheber dieser Idee zu verschweigen. Er selbst wolle, dass die SPD mit drei starken Persönlichkeiten wahrgenommen werde, begründete er die Präsentation des Trios. Und was Steinbrück anbelange, so brauche der gar kein Amt. Schließlich sei der ehemalige Finanzminister schlicht derjenige, der die »finanzpolitische Expertise habe« und zusammen mit dem früheren Außenminister Steinmeier »gezeigt hat, wie man internationale Finanzkrisen solide handhabt«. Steinbrück, so betonte Gabriel, genieße in dieser Frage »zusammen mit Frank-Walter Steinmeier in der öffentlichen Wahrnehmung das größte Vertrauen«.

Seit Inthronisierung der Troika kann man in Wellenbewegungen verfolgen, wie gut es Gabriel gelingt, in der K-Frage wirklich das Heft des Handelns in der Hand zu behalten. Als beispielsweise die mediale Aufmerksamkeit für Steinbrück im Sommer 2011 so groß wurde, dass die Sache bereits als entschieden galt, ging Gabriel entschlossen dazwischen. In einem Interview (*Spiegel Online*, 12.9.2011) machte der SPD-Vorsitzende deutlich, wer bei dieser Frage wirklich das letzte Wort hat: »Ich werde einen Verfahrensvorschlag und einen Personalvorschlag machen«, verkündete er. Und sollte es »mehr als einen Kandidaten geben«, habe er auch nichts gegen eine Urwahl des Spitzenmanns einzuwenden. »Dann entscheiden die Mitglieder«, so Gabriel. Eine Spaltung der SPD fürchte er nicht. Im Gegenteil: Eine solche interne Abstimmung wirke »ungeheuer mobilisierend«. Gleichzeitig dürfte das auch ein Wink mit dem Zaunpfahl für Peer Steinbrück gewesen sein, es mit der Werbung in eigener Sache nicht zu übertreiben.

Ebenso signalisierte Gabriels starker Auftritt vor dem SPD-Parteitag 2011 allen Beobachtern, dass er und kein anderer es sei, der zum richtigen Zeitpunkt die K-Frage entscheiden werde. So wie Kurt Beck am Ende nur der Getriebene zu sein, das verträgt sich nicht mit Gabriels Selbstbewusstsein. Allerdings schließen sich an solche demonstrativen Machtbeweise zugleich immer wieder Spekulationen an, ob Gabriel am Ende selbst gegen Merkel antreten wolle.

Doch nach allem, was man in Berlin hört, ist das der unwahrscheinlichste Fall. »Für mich ist nicht entscheidend, wer Kanzlerkandidat wird, sondern dass die SPD den nächsten Kanzler stellt«, hat Gabriel in der Vergangenheit mehrfach betont. Man darf diese Versicherung durchaus ernst nehmen, denn es fiele auch auf den Vorsitzenden zurück, wenn er den falschen Kandidaten bestimmen oder sich trotz schlechter Aussichten selbst zum Herausforderer krönen würde. Gabriel drängt sich nicht nach einer Kandidatur, heißt es in seinem Umfeld immer wieder.

Er werde vielmehr jedem den Vortritt lassen, der der SPD das bessere Resultat einbringe. Und da Gabriel auch seit Jahren die Umfragen liest und zu seinem Bedauern erkennen muss, dass er von den drei SPD-Spitzenpolitikern die geringsten Chancen hätte, wird er sich seinen Reim darauf machen. Es spricht sogar viel für die Vermutung, dass er sich selbst innerlich bereits gegen eine Kandidatur entschieden hat, auch wenn es den Vollblutpolitiker Sigmar Gabriel sehr reizen würde, persönlich gegen Merkel in den Ring zu steigen. So aber achtet er darauf, weiterhin fest im Regiestuhl zu sitzen und niemals auch nur den Verdacht aufkommen zu lassen, er habe sich im stillen Kämmerlein bereits vorzeitig aus dem Rennen genommen. Zum einen wäre es dann um seine Autorität und Entscheidungsgewalt geschehen. Zum anderen weiß man auch nie, ob in den nächsten Monaten nicht irgendwelche unvorhergesehenen Dinge passieren, die Steinbrück und Steinmeier zum Aufgeben zwingen – und dann stünde die SPD plötzlich ohne einen Kandidaten da.

Der genaue Entscheidungszeitpunkt für die Krönungsmesse des Kanzlerkandidaten ist offen. Es herrscht Konsens darüber, so spät wie möglich den Herausforderer von Angela Merkel zu bestimmen. Immer wieder wird der Januar 2013 genannt, konkret die Woche nach der niedersächsischen Landtagswahl. Da manche in der SPD fürchten, dass die Sozialdemokraten trotz wachsender Zuversicht in Niedersachsen nicht erfolgreich sein werden, soll mit der späteren Kür des Kanzlerkandidaten vermieden werden, dass er mit einer Niederlage dort in Verbindung gebracht wird. Auch nach der Entscheidung in Hannover bliebe noch ein halbes Jahr bis zur Bundestagswahl im Herbst 2013, was unter Kampagnemanagern als optimale Zeitspanne gilt. Außerdem lässt sich Anfang 2013 auch eher voraussagen, was die zwei, drei beherrschenden Themen sein werden, die die Bundestagswahl prägen.

Genau davon hängt es letzten Endes nämlich ab, wer von den beiden »Stones«, wie Steinmeier und Steinbrück gerne genannt werden, das Rennen macht. In den Popularitätswerten liegen beide in etwa gleich auf. Jeder von ihnen gilt als kompetent und verlässlich. Sollte die Eurokrise 2013 das beherrschende Thema bleiben, spräche viel dafür, Peer Steinbrück ins Rennen zu schicken. Angesichts der beunruhigenden Entwicklung in Griechenland und anderen Mittelmeerländern gäbe keinen Besseren. Er ist als Finanzminister mit dem Thema vertraut, und er hat Deutschland schon durch die erste große Krise nach dem Zusammenbruch von Lehman Brothers gesteuert. Außerdem kann er plastisch und anschaulich wie kein Zweiter die Zusammenhänge der Weltfinanzarchitektur erklären und einen Bogen schlagen zu dem, was das für die Bürger konkret bedeutet. Mit Steinbrück ließe sich auch die Kampagne inszenieren, die Merkel am meisten fürchten müsste: Wann war es gut? Als die Kanzlerin noch Steinbrück an ihrer Seite hatte! Wann wurde es schlechter? Als Steinbrück weg war und stattdessen Westerwelle kam!

Natürlich kennt sich auch Steinmeier in diesen Themenfeldern aus. Doch seine theoretische Sattelfestigkeit ändert nichts daran, dass er als Welterklärer und Wahlkämpfer nicht solche Funken schlägt, wie Steinbrück es bei seinen Auftritten vor einem bunt gemischten Publikum vermag. Auch Gabriel misstraut der Kampagnefähigkeit von Steinmeier. Schon während des Bundestagswahlkampfs 2009, den Steinmeier mit der schlimmsten Niederlage der SPD beendete, gerieten die beiden aneinander. Für Gabriels Geschmack griff Steinmeier damals nicht frontal genug an, um wirklich als Alternative zur ebenfalls bedächtigen Kanzlerin wahrgenommen zu werden. Immer wieder versuchte Gabriel mit konfrontativen Themen den recht spannungsarmen Wahlkampf anzuheizen, aber das wurde ihm eher als Einmischung denn als Schützenhilfe ausgelegt. Gabriel klagte damals im kleinen Kreis einmal seufzend darüber, dass man zum Schmieden eben ein ganz besonders heißes Feuer entfachen müsse, sonst sei es sinnlos.

Außerdem kommt mit Blick auf den Bundestagswahlkampf 2013 ein zweites Thema neben dem Euro infrage, das vor allem Sigmar Gabriel am Herzen liegt. Der SPD-Vorsitzende will nämlich die Frage der »Gerechtigkeit« in den Wahlkampf einführen. Vor allem die Frage der Lohngerechtigkeit möchte er durchdeklinieren – angesichts eines wachsenden Millionenheeres von Geringverdienern in prekären Beschäftigungsverhältnissen keine schlechte Idee für einen SPD-Wahlkampf. Das Thema soll ersten Planungen zufolge natürlich auch verbunden werden mit den Millionengagen von Managern und Bankern sowie mit den noch unbewältigten Folgen der Finanzkrise. Kerngedanke ist hier der Vorwurf an die Finanzmarktakteure, dass sie für den riesigen Schaden, den sie durch ihre Spekulationen mit Schrottpapieren angerichtet haben, bislang nicht bezahlt haben. Die Einführung einer Finanzmarkttransaktionsteuer liegt Gabriel deshalb sehr am Herzen. Steinbrück hatte schon als Bundesfinanzminister vergeblich für dieses Instrument geworben, damals allerdings noch ein kontinentaleuropäisches Vorpreschen ohne Großbritannien abgelehnt. Inzwischen ist er deutlich flexibler geworden. Bei nahezu jeder Veranstaltung prangert er die Banker und Spekulanten an, sie würden sich um ihren gerechten Beitrag zur Schadensregulierung drücken. Auch die zwischenzeitlich zum Erliegen gekommenen Versuche, die Finanzmärkte stärker zu kontrollieren, stellen für Gabriel und Steinbrück ein wahlkampfträchtiges Thema dar. Für Steinbrück läuft das unter der Überschrift, den Primat der Politik über eine aus den Fugen geratene Finanzwelt wiederherzustellen. Oder um es mit Gabriels Worten auszudrücken: »Wer entscheidet, wie wir zusammenleben wollen? Die Finanzmärkte oder wir?«

Die ersten Risse in der Troika Gabriel, Steinbrück und Steinmeier tauchten auf, als es im März 2012 um die taktische Frage ging, wie man die Kanzlerin mit Gabriels Lieblingsthema Finanzmarkttransaktionsteuer vor sich hertreiben könne. Merkel brauchte damals für die Zustimmung zum Eurofiskalpakt eine Zweidrittelmehrheit im Bundestag, war mithin auf die Stimmen der SPD angewiesen. Gabriel hatte verlangt, die Zustimmung davon abhängig zu machen, dass die Bundesregierung sich in der EU für die Einführung einer Finanzmarktransaktionsteuer nach dem Modell der SPD einsetzen werde. Da die FDP strikt dagegen war, musste Merkel einen Kompromiss finden. Steinmeier wusste das. Er war bereit, Abstriche zu machen und sprach sich deshalb auch dagegen aus, die beiden Themen Fiskalpakt und Börsensteuer mit einem Junktim zu versehen. »Das Wort Junktim stört aussichtsreiche Verhandlungsprozesse«, warnte auch der Parlamentarische Geschäftsführer der SPD, Thomas Oppermann. Und Steinmeier fügte im kleinen Kreis hinzu, ein solches Junktim binde eher die SPD als die Kanzlerin, weil man eine Ablehnung später ohne Gesichtsverlust nicht wieder in eine Zustimmung verwandeln kann. Für Gabriel, der die Idee des Junktims seit Längerem propagierte, wirkte das jedoch wie eine Ablehnung seiner Strategie. Er verschickte deshalb an eine ganze Reihe von SPD-Politikern aus der zweiten Reihe per SMS die Aufforderung, man möge sich doch bitte öffentlich im Sinne des Junktims äußern und die Finanzmarkttransaktionsteuer zur Bedingung für die Zustimmung zum Fiskalpakt machen. Steinmeier und übrigens auch Steinbrück erhielten diese SMS nicht, erlangten aber gleichwohl mit geringer Verzögerung Kenntnis davon. Steinmeier stellte Gabriel daraufhin erbost zur Rede und fragte ihn, warum er hinter seinem Rücken solche Aktionen starte.

Im Kern ging dieser Streit nicht nur um die taktische Frage des Junktims, sondern um die generelle Strategie der SPD gegenüber der Bundesregierung. Sollte man stellenweise kooperativ sein, wie Steinmeier es vorschwebte, oder mit Blick auf kommende Wahlen die Kanzlerin lieber mit einer konsequenten Oppositionspolitik stellen, wie Gabriel es forderte?

Hinter diesem Streit stecken zwei tiefere Fragen, die für den Erfolg der Troika entscheidend sind: Die eine lautet, wer in der SPD den Ton angibt – der Parteichef oder der Fraktionsvorsitzende? Wenn sich hier keine Einigung herstellen lässt, ist es mit der Harmonie der Troika schnell vorbei. Die zweite Frage geht in die gleiche Richtung, die schon im Bundestagswahlkampf 2009 gestellt und von Steinmeier und Gabriel unterschiedlich beantwortet wurde: Kann die SPD Merkel mit einer Mischung aus Kritik und konstruktiver Politik besiegen oder geht es letztlich nur mit einem Frontalangriff?

Gabriel steht für die Angriffsvariante. Sie entspricht seinem Naturell und speist sich aus den schlechten Erfahrungen, die die SPD 2009 mit der Steinmeier-Variante gemacht hat. Dazwischen bewegt sich Peer Steinbrück. Einen frontalen Wahlkampf gegen Merkel kann er ebenso wenig glaubhaft führen wie Steinmeier. Beide haben Merkel als Minister gedient und das gute Verhältnis und weitgehende Einvernehmen zwischen den Beteiligten ist der Öffentlichkeit nicht verborgen geblieben. Es wäre also wenig glaubwürdig, die Kanzlerin auf allen Feldern frontal anzugreifen.

Daraus ergibt sich die für die Troika schwierige Konstellation, dass die beiden »Stones« im Wahlkampf eine andere Taktik verfolgen würden als der SPD-Vorsitzende, der wiederum über die Auswahl des Kanzlerkandidaten bestimmen soll. Viel spricht deshalb auch für die Variante, dass es in Wahrheit Steinmeier und Steinbrück sind, die die Entscheidung in der K-Frage vorab unter sich treffen. Die »Stones« sind sich persönlich und politisch viel näher als ihrem Vorsitzenden. Angeblich haben sie sich auch in die Hand versprochen, die Sache einvernehmlich zu regeln, weil jeder weiß, dass er im anschließenden Wahlkampf ohne die unbedingte Unterstützung des anderen chancenlos wäre. Gingen die beiden dann nach einer solchen Einigung zum Vorsitzenden und einer würde sagen »ich verzichte« und der andere würde sagen »ich mache es«, wäre es für Gabriel schwierig, sich dagegenzustellen.

Die Dynamik solcher Prozesse ist schwer einzuschätzen. Die drei Männer wissen das und versuchen durch regelmäßige Treffen, Irritationen so weit es geht zu vermeiden. Sie kennen als Alphatiere natürlich ihre Stärken, aber die drei sind auch lange genug in der Politik, um nicht über ihre Schwächen hinwegzusehen. Gabriel weiß um seine Sprunghaftigkeit, Steinmeier um seine mangelnde Kampagnefähigkeit und Steinbrück ist sich darüber im Klaren, dass er mit seiner Schärfe und Ironie oft mehr Schaden als Nutzen stiftet. Mindestens einmal im Monat verabreden sich die drei an unterschiedlichen, in der Regel geheimen Orten, um Strategien zu besprechen oder Irritationen auszuräumen. Weil kaum etwas von diesen Troika-Treffen nach außen dringt, spricht viel dafür, dass wirklich ernsthaft und offen miteinander gesprochen wird, auch wenn es deshalb gelegentlich zu Missstimmungen kommt. Steinbrück etwa hatte sich sehr darüber geärgert, dass Steinmeier ihn nach dem überraschenden Verzicht von

Axel Weber als neuen Präsidenten der Europäischen Zentralbank vorgeschlagen hat, obwohl Merkel diese Idee niemals in der Union würde durchsetzen können. Steinmeier wiederum war unglücklich darüber, dass er öffentlich als nächster Bundespräsident gehandelt wurde. Solche Vorschläge riechen immer ein wenig danach, dass man den potenziellen Konkurrenten »wegloben« möchte, wenngleich es am Ende ganz andere Kreise sind, die solche Gerüchte streuen.

Die ständige öffentliche Präsenz der Troika bietet nach den Worten von Sigmar Gabriel den Vorteil, dass »alle über die SPD und die Frage reden, wer von denen Kanzler werden soll und keiner mehr über Frau Merkel spricht«. Der Nachteil dieses gut inszenierten, internen Wettbewerbs liegt natürlich ebenfalls auf der Hand: Irgendwann verbrauchen sich der Neuigkeitswert und Charme eines jeden Dreierbunds. Schon die Pressekonferenz des Trios zum Thema Europapolitik im Mai 2012 wirkte kaum noch selbstbewusst, sondern eher künstlich und bemüht. Alle drei sagten einleitend in etwa das Gleiche und versuchten sogar auf die Fragen der Journalisten so ähnlich wie möglich zu antworten. Das Gebot der Stunde lautete: bloß keine Unterschiede erkennen lassen, bloß keinen Soloauftritt wagen, um keine neuen Spekulationen zu nähren. Doch diese demonstrative Geschlossenheit wirkt irgendwann unecht. Stattdessen wird eher der Zwang zur Harmonie sichtbar als eine tatsächliche Übereinstimmung. Außerdem verrutschen schnell die Maßstäbe, wenn bei wichtigen Themen nur noch die drei Spitzenleute vor die Presse treten. Bedeutet das dann im Umkehrschluss, dass ein Soloauftritt von Steinbrück, Steinmeier oder Gabriel nur noch halbwichtigen oder gänzlich unbedeutenden Themen gilt?

Die Troika hatte ihren Zenit endgültig überschritten, als sich die drei Sozialdemokraten Mitte Juli 2012 auf den Weg nach Paris machten, um dem neu gewählten französischen Staatspräsidenten François Hollande ihre Aufwartung zu machen. Das Pikante an dem Besuch war der Zeitpunkt. Der Sozialist Hollande empfing die Parteifreunde der deutschen Sozialdemokratie, noch bevor er Bundeskanzlerin Merkel in seinem neuen Dienstsitz, dem Élysée-Palast, begrüßt hatte. Manche Beobachter witterten dahinter gleich eine Retourkutsche des Franzosen – schließlich hatte Merkel während des französischen Wahlkampfs keine Zeit für den sozialistischen Spitzenkandidaten Hollande gehabt, obwohl der gerne ins Kanzleramt gekommen wäre. Dort hatte aber in dieser Zeit nur Merkels konservativer Parteifreund Nicolas Sarkozy Eintritt.

Beim Blitzbesuch der Troika in Paris schien deshalb nicht nur das Protokoll in Vergessenheit zu geraten, sondern auch die übliche Trennung von Staats- und Parteipolitik, zumal Steinmeier eine Art europäischer Nebenregierung unter Sozialsten ausrief. Man könne es der Bundesregierung eben nicht mehr überlassen, alleine das Gespräch mit den europäischen Partnern zu suchen, begründete er den Troika-Vorstoß in Paris. Nicht wenige in Deutschland warfen deshalb der SPD vor, Merkel außenpolitisch in den Rücken zu fallen. Man könnte es so sehen, denn in der Tat standen ihr auf EU-Ebene schwierige Verhandlungen mit Hollande bevor, und da war es nicht ganz fair, wenn deutsche Sozialdemokraten den französischen Präsidenten mit Argumenten gegen die deutsche Kanzlerin fütterten. Die strittige Debatte in Berlin verfehlte ihre Wirkung auf Hollande nicht. Er vermied es deshalb, sich mit Gabriel, Steinbrück und Steinmeier in Paris gemeinsam fotografieren zu lassen. In den Zeitungen waren deshalb am Tag danach die drei SPD-Größen zu sehen, die ohne ihren Gastgeber alleine auf der Treppe des Élysée-Palasts standen und etwas verlegen in die Kameras lächelten.

Es scheint inzwischen, als würde die »Heilige Dreifaltigkeit« langsam den Zenit ihrer Beliebtheit überschreiten. Im Juli 2012 sprachen sich in einer Emnid-Umfrage für den *Focus* 49 Prozent der Befragten für eine baldige Kür des Kanzlerkandidaten aus. Nur 34 Prozent meinten, die SPD solle noch warten. Unter den SPD-Mitgliedern selbst ist der Wunsch nach Klarheit in der K-Frage sogar noch ausgeprägter. Hier plädieren 53 Prozent für eine rasche Entscheidung.

Den drei Protagonisten ist das bewusst, aber sie wollen sich nicht treiben lassen. Weder von der Öffentlichkeit noch von der Partei. Dabei darf man keine Fehler zulassen. Jeder in der Troika weiß, dass er unter schärfster Beobachtung der Medien steht, die jedes Anzeichen von Disharmonie lustvoll ausleuchten. Dass dabei naturgemäß viel dramatisiert und spekuliert wird, gehört ebenfalls zum riskanten Spiel auf dem glatten Parkett der politischen Bühne.

Das gilt auch für die Frage, welchen Kandidaten die SPD angeblich lieber sehen würde. Die »Delegierten-SPD«, also die Riege der mittleren Funktionäre, neigt emotional sicherlich eher Sigmar Gabriel zu. Allerdings weiß dieser Teil der Partei auch, dass der SPD-Chef nach allen Umfragen die geringsten Chancen beim Wahlvolk hätte. Angesichts dessen müsste die SPD zwischen den beiden »Stones« wählen. In dieser Variante würde sich die Mehrheit der sozialdemokratischen Funktionäre wohl eher für Steinmeier als für Steinbrück entscheiden. Der Fraktionschef gilt auch den Linken noch als akzeptabler Kompromiss zu Steinbrück, der für die vielen aktiven »Zeitreichen« in der SPD immer noch ein rotes Tuch ist. Wie allerdings die Gesamtheit der knapp 500 000 SPD-Mitglieder bei einer Urwahl abstimmen würde, lässt sich kaum abschätzen – und vermutlich wird es dazu auch gar nicht erst kommen. Denn nach dem bisherigem Stand der Dinge spricht nichts dafür, dass am Ende des Klärungsprozesses innerhalb der Troika mehr als ein Kandidat übrig bleibt. Die alles entscheidende Frage lautet schlicht, ob die SPD 2013 wirklich ernsthaft um Platz eins kämpfen will und dafür bereit ist, einen Kandidaten wie Peer Steinbrück auszuhalten.

KAPITEL 16

DAS HEIMLICHE NETZWERK

Anfang Juli 2011, ein sommerlicher Tag. Der Bund der Deutschen Industrie hat zu einem »Investitionskongress« geladen, doch der große Saal im Haus der Deutschen Wirtschaft in Berlin ist nur zur Hälfte gefüllt. Wie so oft bei solchen Veranstaltungen in der Hauptstadt sind weniger Leute erschienen als erwartet. Als Höhepunkt des Vormittags beim BDI steht eigentlich eine Rede von Bundeswirtschaftsminister Philipp Rösler auf dem Programm, doch der junge Liberale musste zur Enttäuschung des Publikums kurzfristig absagen. Die Kanzlerin hatte den Wirtschaftsminister gebeten, an einem Gespräch mit dem britischen Premierminister David Cameron teilzunehmen, der sich zur gleichen Zeit in Berlin aufhält.

Die Herren vom BDI sind verschnupft über die Absage des Ministers, zumal als Ersatz Staatssekretär Bernhard Heitzer einspringen soll, der als nicht gerade begnadeter Redner gilt. Der frühere Kartellamtspräsident, der im Auto gerade noch einen kurzen Blick auf das Redemanuskript hatte werfen können, stolpert dann auch entsprechend mühsam durch seinen Vortrag. Je länger der Auftritt dauert, desto mehr gerät er zur Qual, ebenso die anschließende Fragerunde. Nur die Etikette und das nahe Mittagessen halten die Zuhörer davon ab, den Saal in Scharen zu verlassen. Manche gähnen, andere schütteln den Kopf oder spielen mit ihren Smartphones.

Ganz vorne in der ersten Reihe sitzt Hans-Peter Keitel, der mächtige Chef des einflussreichen Industrieverbands. Der hochgewachsene Mann mit den markanten Gesichtszügen verzieht keine Miene. Sein Blick gleitet ausdruckslos über den improvisierenden Staatssekretär hinweg und verliert sich irgendwo in der Bühnendekoration hinter dem Rednerpult. Lediglich das leichte Wippen mit den Füßen verrät die wachsende Ungeduld des BDI-Bosses. Für Keitel, der zuvor jahrelang Hochtief, den größten deutschen Baukonzern, geführt hat, ist das ermüdende Schauspiel, das er gerade erlebt, wieder einmal eine deutliche Bestätigung für seine These, dass diese schwarz-gelbe Bundesregierung eine einzige Enttäuschung ist.

Dabei hatte sich doch gerade die Wirtschaft so viel von der angeblichen »Traumkonstellation« aus CDU, CSU und FDP versprochen. Was war ganz zu Beginn nicht alles angekündigt worden! Eine durchgreifende Steuerreform, der entschlossene Abbau der Bürokratie, mehr Investitionsanreize und mit der Verlängerung der Atomlaufzeiten auch eine Garantie für sauberen und vor allem bezahlbaren Strom. Doch schon zur Mitte der Legislaturperiode machte sich beim BDI und bei den anderen führenden Wirtschaftsverbänden Ernüchterung breit. Die große Steuerreform blieb ebenso aus wie die versprochene Entlastung der Bürger und der Unternehmen. Nicht zuletzt führte die hektische deutsche Atomwende nach dem GAU im japanischen Fukushima bei den Firmen zu Unsicherheit und steigenden Energiepreisen. Der unvermittelte Rauswurf von Bundesumweltminister Norbert Röttgen durch die Bundeskanzlerin im Frühsommer 2012 offenbarte zudem, dass der dringend erforderliche Umbau der Energieversorgung nur schleppend vorankam und weit hinter dem ohnehin schon engen Zeitplan zurücklag. Hinzu kam, dass die Eurokrise die Aufmerksamkeit Merkels und ihres Finanzministers Wolfgang Schäuble fast vollständig absorbierte. Dadurch gerieten andere wichtige Anliegen der Wirtschaft in den Hintergrund.

Aber es waren nicht nur die ausbleibenden oder zweifelhaften Entscheidungen in Sachfragen, die Keitel und andere Wirtschaftsführer von der schwarz-gelben Bundesregierung abrücken ließen. Als Enttäuschung hatte sich recht bald auch das politische Spitzenpersonal selbst erwiesen. Der vormalige Liebling der Manager, Verteidigungsminister Karl-Theodor zu Guttenberg, war als akademischer Hochstapler enttarnt worden. Mit dem innerparteilich umstrittenen und unpopulären Außenminister Guido Westerwelle konnte die Exportnation Deutschland im Ausland immer weniger renommieren. Der erste liberale Wirtschaftsminister, Rainer Brüderle, agierte ausdrücklich als Anwalt des Mittelstands und gefiel sich darin, der Großindustrie die kalte Schulter zu zeigen. Noch deutlicher hingegen fiel die Enttäuschung der Manager über Brüderles Nachfolger aus. Philipp Rösler kämpfte als FDP-Chef vor allem um das Überleben seiner Partei und war daneben kaum in der Lage, in seinem Ressort politische Akzente im Sinne der Wirtschaft zu setzen.

Kein Wunder, dass schon zwei Jahre nach dem Start der bürgerlich-liberalen Regierung in den Umfragen zwei Drittel der deutschen Führungskräfte Schwarz-Gelb ablehnten und sich stattdessen eine Rückkehr der Großen Koalition wünschten. Auch BDI-Präsident Keitel sah die Anliegen der deutschen Wirtschaft zwischen 2005 und 2009 besser vertreten als in der schwarz-gelben Ära. Aus der Ministerriege von Schwarz-Rot schätzt er bis heute vor allem Peer Steinbrück und steht mit ihm in ständigem Kontakt. Ein Grund mehr, den populären Sozialdemokraten für diesen Kongress des BDI ebenfalls als Redner zu gewinnen.

Als Steinbrück nach der Mittagspause ans Mikrofon tritt, ist der Saal deutlich besser gefüllt als am Vormittag und von Langeweile keine Spur mehr. Die Wirtschaftsvertreter und die anderen Gäste scheinen neugierig auf ihn, und der »einfache Abgeordnete« ohne Amt wird wie ein Politstar behandelt. Der Moderator stellt ihn als »einen der beliebtesten Politiker in Deutschland« vor, was sogar stimmt, denn in jener Woche rangiert er auf der Liste der beliebtesten Politiker auf Platz zwei, gleich hinter dem Bundespräsidenten. »Wir glauben alle: Er wird noch eine Rolle spielen«, fügt der Moderator hinzu. Steinbrück nimmt es mit Ironie. »Sie machen mich so verlegen, dass ich fast sprachlos bin.« Allerdings nur fast. Denn Steinbrück hält eine geschliffene Rede, ohne Manuskript oder auch nur einen Zettel mit Stichworten. Fast eine Stunde lang spricht er zu den anwesenden Wirtschaftsvertretern. Er formuliert frei, pointiert und faktenreich. Was für ein Gegensatz zu den vorangegangenen Auftritten – jeder im Saal spürt das.

Keitel, der wieder in der ersten Reihe sitzt, schaut Steinbrück wohlwollend zu, nickt immer wieder und klatscht demonstrativ mit, wenn ein ums andere Mal Zwischenapplaus aufbrandet. Steinbrück redet den Wirtschaftsleuten im Saal nicht nach dem Mund, im Gegenteil. Aber jeder merkt, dass da einer mit großer Souveränität und Sachkenntnis vor ihnen steht.

Am Ende ruft er die Zuhörer leidenschaftlich dazu auf, keine Luftschlösser zu bauen und stattdessen die nüchterne Wirklichkeit zu erkennen: »Schminken Sie sich große Steuersenkungen von der Backe! Glauben Sie denen nicht, die das versprechen, sondern glauben Sie mir, denn ich verspreche Ihnen nichts.« Dass die SPD die Steuern für die oberen Einkommen nach 2013 sogar erhöhen will, gerät bei diesem leidenschaftlichen Schlussappell fast in Vergessenheit. Steinbrück erntet den größten Beifall des Tages, und BDI-Präsident Keitel eilt auf die Bühne, um ihm mit herzlichen Worten zu danken.

Was kaum einer weiß: Die beiden kennen sich schon viele Jahre. Als Steinbrück Ministerpräsident in Nordrhein-Westfalen war und Keitel Chef von Hochtief in Essen, haben sie einige Projekte gemeinsam durchgefochten. Manches wäre wohl am Widerstand der Grünen gescheitert, wenn Steinbrück nicht so entschieden für den Ausbau der Infrastruktur in NRW gekämpft hätte. Er hat seine Zusagen immer eingehalten, lobt Keitel im Rückblick. Schon damals habe er sich stets auf das Wort von Steinbrück verlassen können. Dass so etwas in der Politik eher die Ausnahme als die Regel darstellt, hat der damalige Baumanager in seinem Berufsleben mehr als einmal erfahren.

Keitel hält also viel von Steinbrück, wenngleich er das mit Rücksicht auf seine überparteiliche Position beim BDI nicht so offen zu Markte trägt. Steinbrücks große politische Erfahrung in vielen Ämtern, seine extrem schnelle Auffassungsgabe und seine pragmatische, zielorientierte Art, Politik zu gestalten, gefallen dem Industrieboss. Das gilt ebenso für die Souveränität, mit der Steinbrück auftritt. Keitel persönlich hätte kein Problem mit einem Kanzlerkandidaten Steinbrück, aber auch das sagt er nicht offen. Zwar hat er einiges an den Vorstellungen der SPD auszusetzen – natürlich die beabsichtigte »Reichensteuer« –, aber andere Positionen wie zum Beispiel das industriepolitische Papier der SPD stoßen beim BDI durchaus auf Wohlwollen.

Trotzdem würden weder Keitel noch sein Verband im Wahlkampf jemals Empfehlungen für eine einzelne Partei oder für einen bestimmten Spitzenkandidaten aussprechen. Solche einseitigen Parteinahmen sind dem BDI in der Vergangenheit nämlich nicht sonderlich gut bekommen. Als etwa der frühere BDI-Chef

Michael Rogowski gegen Gerhard Schröder und die rot-grüne Bundesregierung zu Felde zog, ließ der Kanzler ihn einfach links liegen. Schließlich riss der Kontakt zwischen der Regierungsspitze und dem größten Industrieverband Deutschlands gänzlich ab. Im Ergebnis hatte Rogowski sich und den gesamten Verband in eine Sackgasse manövriert. Diesen Fehler würden Keitel oder sein Nachfolger Ulrich Grillo sicher nicht wiederholen und deshalb trotz einer Sympathie für Steinbrück strikte Neutralität wahren.

Dennoch wäre der SPD und ihrem Spitzenkandidaten im nächsten Wahlkampf sehr geholfen, wenn sie im Gegensatz zu früheren Zeiten von der Wirtschaft keinen Gegenwind mehr bekäme. Die Turbulenzen an den Finanzmärkten und die Eurokrise haben dazu geführt, dass die wirtschaftspolitische Kompetenz einer Partei und eines Kandidaten zur entscheidenden Frage im Wahlkampf werden kann. Nur wer glaubhaft vermittelt, er könne Deutschland sicher durch diese Krisenzeiten führen, hat im Wettbewerb um das wichtigste Regierungsamt eine Chance.

Nicht zuletzt aus diesem Grund ist Peer Steinbrück die Kontaktpflege zu Keitel und den anderen Präsidenten der großen Verbände so wichtig. Sie sind in der Wirtschaftspolitik entscheidende Multiplikatoren und beeinflussen mit ihren Urteilen und Ansichten Millionen ihrer Mitglieder in den deutschen Unternehmen, vom Handwerksbetrieb bis zum Großkonzern.

Einen guten Draht hat Steinbrück auch zu Hans Heinrich Driftmann, dem Präsidenten des Deutschen Industrie- und Handelskammertages DIHK. Der weißhaarige Unternehmer, persönlich haftender Gesellschafter des Lebensmittelherstellers Köllnflockenwerke in Elmshorn, kennt Steinbrück noch aus seiner Ministerzeit in Schleswig-Holstein. Driftmann stand damals an der Spitze der IHK Kiel und saß der Vereinigung der Unternehmerverbände Hamburg und Schleswig-Holstein vor. In diesen Funktionen arbeitete er oft mit Steinbrück zusammen, als dieser erst das Verkehrs- und dann das Wirtschaftsressort der Landesregierung in Kiel führte.

Ähnlich wie Keitel schätzt Driftmann seit vielen Jahren die pragmatische und wirtschaftsfreundliche Haltung Steinbrücks. Wenn es Fragezeichen gibt, dann gelten diese nicht der Person oder der Kompetenz des möglichen Kanzlerkandidaten der SPD, sondern eher dem wirtschafts- und sozialpolitischen Kurs seiner Partei. Allerdings räumt er ein, dass Steinbrück sich dennoch für die Belange der deutschen Wirtschaft starkmachen würde.

Zum diskreten Netzwerk von Peer Steinbrück gehört ferner ein früherer politischer Weggefährte aus Nordrhein-Westfalen: Harald Schartau. Bis zum Verlust der Regierungsmehrheit 2005 Wirtschafts- und Arbeitsminister in Düsseldorf, sitzt der Sozialdemokrat heute in der Geschäftsführung der Georgmarienhütte und gilt als ein in Wirtschaft und Politik exzellent verdrahteter Manager. Als früherer Gewerkschaftsvorsitzender in NRW reichen seine Kontakte bis tief hinein in die Arbeitnehmervertretungen; ein unschätzbares Kapital für einen Wirtschaftsmann.

Quasi im Nebenberuf arbeitet Schartau noch als Sprecher der Arbeitsdirektoren der deutschen Eisen- und Stahlindustrie. In dieser weitgehend unbekannten, wiewohl einflussreichen Vereinigung sind alle Vorstände und Geschäftsführer versammelt, die in ihren Unternehmen die oberste Instanz in Personalfragen bilden. Hier wird nicht selten über Karrieren und Lebenswege entschieden. Die meisten der Personalvorstände verfügen über einen sozialdemokratischen oder gewerkschaftlichen Hintergrund und gelten als nicht ideologisch und zudem wirtschaftsfreundlich, genau wie Steinbrück. In dieser weitverzweigten und einflussreichen Wirtschaftsvereinigung kann Steinbrück auf eine Reihe Gleichgesinnter zählen.

Wohlwollen und stille Unterstützung erhält Steinbrück des Weiteren von Berthold Beitz, dem mächtigen Vorsitzenden der Alfried Krupp von Bohlen und Halbach-Stiftung. Der inzwischen 99-jährige Ruhrgebietspatriarch hatte Steinbrück unmittelbar nach dessen Ausscheiden als Bundesfinanzminister 2009 in den Aufsichtsrat von Thyssen-Krupp berufen. Beitz, der als Manager der Montanindustrie immer für die Mitbestimmung und die sozialen Belange der Arbeitnehmer gekämpft hat, kennt und schätzt Steinbrück seit dessen Regierungszeit in Nordrhein-Westfalen. Als Ministerpräsident war der Sozialdemokrat oft in der Villa Hügel zu Gast, dem alten Familiensitz der Essener Stahldynastie.

Jetzt bildet der Aufsichtsrat von Thyssen-Krupp die Keimzelle des komplexen Beziehungsgeflechts, das Steinbrück zur Wirtschaft pflegt. In dem Kontrollgremium des Traditionskonzerns trifft er in der Villa Hügel regelmäßig einflussreiche Männer wie Gerhard Cromme, den langjährigen Chef von Thyssen-Krupp, der sich als einer der wenigen Topmanager in Deutschland stets auch politisch und gesellschaftlich engagiert hat. Cromme saß lange der Corporate-Governance-Kommission für gute Unternehmensführung vor und ging bei den Kanzlern und Ministern der verschiedenen Bundesregierungen ein und aus.

Auch Ulrich Lehner zählt zu Steinbrücks Netzwerk. Der Manager stand viele Jahre an der Spitze von Henkel, war Präsident des Verbands der Chemischen Industrie und führt heute den Aufsichtsrat der Deutschen Telekom AG. Zudem gibt es eine Frau, die zu seinen Unterstützern zählt und die er ebenfalls in der Villa Hügel trifft: Carola Gräfin von Schmettow. Die 47-jährige Düsseldorferin mit den wachen Augen sitzt im Vorstand der Privatbank HSBC Trinkaus & Burkhardt und zählt zur jüngeren Garde der Topmanager in Deutschland.

Die Bankerin mit einer Vorliebe für Abenteuerreisen repräsentiert aber nicht als Einzige das Kreditgewerbe in Steinbrücks Netzwerk. Die beiden wichtigsten und zugleich belastbarsten Kontakte dort sind älteren Datums, stammen bereits aus der Zeit vor der Krise: Jens Weidmann und Jörg Asmussen bekleideten wichtige Positionen in der Bundesregierung, bevor sie in die Finanzbranche wechselten. Weidmann, der heutige Bundesbankpräsident, war Leiter der Wirtschaftsabteilung im Kanzleramt und während der Weltfinanzkrise einer der wichtigsten Berater von Angela Merkel. Auch Peer Steinbrück hat auf seinen Rat gehört. Letzteres gilt ebenfalls für Jörg Asmussen, heute Mitglied des Direktoriums der Europäischen Zentralbank und davor Staatssekretär im Bundesfinanzministerium. Er war auf deutscher Seite der entscheidende Kopf bei den G-20-Verhandlungen über die Reform der Finanzmärkte.

Die beiden ehemaligen Regierungsberater Weidmann und Asmussen zählen heute seitens der Banken zu den einflussreichsten und am besten informierten Entscheidungsträgern. Da die Eurokrise bis in das Wahljahr 2013 von Bedeutung sein wird und möglicherweise bei einer neuerlichen Zuspitzung den Ausgang der Bundestagswahl mitentscheiden kann, ist der direkte Draht zum Bundesbankpräsidenten und zum Direktoriumsmitglied der Europäischen Zentralbank für jeden potenziellen Kanzlerkandidaten von unschätzbarem Wert. Vor allem zu Asmussen, den Steinbrück in seiner Zeit als Finanzminister zum Staatssekretär befördert hat, pflegt er bis heute ein enges Vertrauensverhältnis. Wenn Asmussen in Berlin ist, schaut er regelmäßig bei Steinbrück vorbei. Ob es darum geht, fundierte Einschätzungen zu aktuellen Entwicklungen zu erhalten oder die erforderlichen

Strategien der Zukunft zu planen – Asmussen, selbst Mitglied der SPD, ist für Steinbrück ein verlässliches Pfund, mit dem er im Stillen wuchern kann.

Das geheime Netzwerk wird abgerundet durch vier namhafte Sozialdemokraten, die tatkräftig seine Kanzlerkandidatur unterstützen. Allen voran Gerhard Schröder: Der Exkanzler hat Steinbrück bis heute nicht vergessen, wie unerschütterlich dieser die Agenda 2010 gegen ihre zahlreichen innerparteilichen Kritiker verteidigt hat, obwohl er damals, 2005, in einem extrem schwierigen Landtagswahlkampf stand. Allerdings geht es Schröder bei seinem Einsatz vor und hinter den Kulissen zugunsten von Steinbrück nicht um die Belohnung einer politischen Nibelungentreue, sondern um die Erfolgschancen der SPD. Und von allen drei Bewerbern traut er eben am ehesten Steinbrück ein gutes Ergebnis gegen Merkel zu. Schröder glaubt, dass mit ihm die Chance besteht, die SPD wieder für eine wachsende Zahl von Menschen attraktiv zu machen. Zudem sei Steinbrück als Minister der Großen Koalition »die eigentlich führende Figur in der Finanzkrise« gewesen. Zu guter Letzt betrachtet Schröder den Parteifreund als »einen eigenen Kopf und einen unabhängigen Geist«, weshalb er »hohen Respekt für ihn« habe.

Nachdem Schröder sich lange zurückgehalten hatte, sprach er in einem Interview mit der *Welt am Sonntag* vom 13. Mai 2012 öffentlich eine Empfehlung für seinen Favoriten aus: »Mich würde es freuen, wenn Peer Steinbrück Kanzlerkandidat der SPD würde. Er hat alle Aussicht auf Erfolg.« Allerdings fügte er einschränkend hinzu: »Peer Steinbrücks Schwäche liegt in seiner häufig missverstandenen Ironie, die manchmal als Arroganz daherkommt. Mit Blick auf die Massenwirkung müsste er das korrigieren.« Der Exkanzler hat das gut beobachtet. Intellektuelle Brillanz und reiches Faktenwissen kann schnell an Oberlehrerallüren erinnern, vor allem vor großem Publikum. Auch Ironie, Steinbrücks bevorzugtes rhetorisches Stilmittel, »ist in großen Sälen nicht vermittelbar«, warnt Schröder.

Natürlich schätzt der frühere SPD-Regierungschef seinen ehemaligen Kanzleramtsminister Frank-Walter Steinmeier nicht weniger. Nur traut er ihm nach dem 23-Prozent-Desaster von 2009 keinen wirklich erfolgreichen Wahlkampf zu. Und Schröder als begnadeter Wahlkämpfer weiß, wovon er spricht. Damals hatte er mit stummer Fassungslosigkeit zugesehen, wie Steinmeier sich auf den Bühnen und vor den Fernsehkameras abmühte und es nicht vermochte, die Kanzlerin als politischen Gegner zu stellen und in die Enge zu treiben. Dennoch spricht Schröder seinem früheren Weggefährten nicht die Fähigkeit ab, Deutschland verantwortungsvoll zu regieren. »Frank-Walter könnte das«, erkannte er schon während der eigenen Regierungszeit. Nur muss er erst mal ins Kanzleramt reinkommen. Und genau das sieht Schröder nicht.

Sigmar Gabriel hingegen ist in seinen Augen ein versierter Wahlkampfmatador und ein äußerst talentierter politischer Kämpfer. Allerdings weiß er, dass die Mehrzahl der Deutschen ihm die Kanzlerschaft einfach nicht zutraut. Und ohne eine solche mehrheitliche Kompetenzzuschreibung braucht man für das Spitzenamt des Regierungschefs gar nicht erst anzutreten. Schröder schweigt zwar nach außen zu seinen Bedenken hinsichtlich Gabriel und Steinmeier, aber seine empfehlenden Worte für Steinbrück sprechen für sich.

Ähnlich verhält es sich mit Olaf Scholz, dem früheren SPD-Generalsekretär und Bundesarbeitsminister. Der heutige Erste Bürgermeister der Hansestadt Hamburg steht nicht nur aus landsmannschaftlicher Verbundenheit zu Peer Steinbrück. Auch er glaubt, dass der Wirtschaftsexperte im Kampf um die wahlentscheidende Mitte der Gesellschaft über das größte Potenzial verfügt.

Dann ist da noch Garrelt Duin, der frühere wirtschaftspolitische Sprecher der SPD-Bundestagsfraktion und heutige Wirtschaftsminister von Nordrhein-Westfalen. Er tritt ebenfalls mehr oder weniger offen für Steinbrück ein. Duin, ein sehr besonnener und abwägender Politiker, setzt ebenso wie Steinbrück auf rationale und nicht auf ideologische Argumente und schätzt die Rolle, die der ehemalige Finanzminister als Krisenmanager gespielt hat, sehr hoch ein. Noch wichtiger ist in seinen Augen jedoch, dass der Hamburger einem breiten Publikum die komplexen wirtschaftlichen und ökonomischen Zusammenhänge so vermitteln kann, dass die Leute sich nicht agitiert, sondern informiert fühlen.

Nicht zuletzt kann Steinbrück im Zweifel auf die Unterstützung einer Frau zählen. Es ist Hannelore Kraft, die Ministerpräsidentin von Nordrhein-Westfalen, der es 2010 gelang, das bevölkerungsreichste Bundesland für die SPD zurückzuerobern, nachdem Steinbrück die rote Bastion an Rhein und Ruhr 2005 verloren hatte. Auch sie kennt ihn seit vielen Jahren, war in seinem Kabinett zwischen 2002 und 2005 Ministerin für Wissenschaft und Forschung. Nach der verlorenen Landtagswahl übernahm die studierte Ökonomin den Vorsitz der Landtagsfraktion und 2007 das Amt der SPD-Chefin in NRW.

Dabei ist Hannelore Kraft alles andere als eine glühende Verehrerin von Steinbrück. Sie hat im Gegenteil immer mit einem gewissen Missmut beobachtet, wie gleichgültig der Hanseat auf viele Anliegen aus den Reihen der SPD reagierte. In Parteifragen hält sie Steinbrück bis heute nicht für sonderlich geschickt. Aber sie weiß um sein Durchsetzungsvermögen und schätzt die große politische Erfahrung, die er in vielen schwierigen Ämtern gesammelt hat. Und dass Steinbrück als womöglich nächster Kanzler ein besonders großes Herz für seine private wie politische Wahlheimat Nordrhein-Westfalen hat, kann ihr als Ministerpräsidentin ebenfalls nicht egal sein. In erster Linie traut sie ihm jedoch zu, von den drei Kandidaten das beste Ergebnis für die SPD einzufahren, also das maximal Mögliche herauszuholen.

Nicht auszuschließen ist allerdings, dass Hannelore Kraft zugleich strategisch denkt: Es gibt nämlich nicht wenige innerhalb der SPD, die in der Düsseldorfer Regierungschefin die künftige und wohl auch aussichtsreichste Herausforderin von Angela Merkel sehen. Im Gegensatz zu den drei Herren der Troika hat die gebürtige Mülheimerin immerhin schon zwei sehr wichtige Wahlen gewonnen. Wer das bevölkerungsreichste Bundesland regiert, dem könne man getrost ganz Deutschland anvertrauen, meinen ihre Anhänger. Innerparteilich verfügt sie als Vorsitzende des mit Abstand größten SPD-Landesverbands ebenfalls über erheblichen Einfluss – bei den Bundesparteitagen der SPD stammt nahezu die Hälfte der Delegierten aus Nordrhein-Westfalen.

Bislang hat Kraft die zahlreichen Avancen ihrer Partei in Richtung Berlin immer standhaft zurückgewiesen. Zumindest für dieses Mal will sie gerne den drei Herren den Vortritt lassen und sich erst einmal in Ruhe um ihr Bundesland kümmern. Sie hat mit ihren gerade einmal 51 Jahren keinen Grund zur Eile und muss nicht bereits 2013 den Spitzenplatz bei einer Wahl beanspruchen, von der die meisten ohnehin glauben, dass sie mit einer Großen Koalition unter Führung der CDU und der bisherigen Kanzlerin Angela Merkel enden wird. Die Genossin

Hannelore kann bis 2017 warten. Dann haben die beiden »Stones« ihr Gewicht und Angela Merkel womöglich ihre Strahlkraft verloren. Und sie, die erfolgreiche Landesmutter, wäre mit 55 Jahren immer noch im besten Kanzlerinnenalter.

KAPITEL 17

KÖNIG VON DEUTSCHLAND

Inmitten der hoch aufragenden Neubauten am Potsdamer Platz in Berlin steht fast etwas versteckt zwischen gläsernen Bürotürmen und funkelnden Einkaufspassagen ein einzelnes altes Gebäude aus grauem Sandstein. Hier im Weinhaus Huth trafen sich im Berlin der goldenen Zwanzigerjahre die besseren Kreise der Stadt zum Essen oder zu feierlichen Anlässen.

Heute ist in dem sorgfältig restaurierten Altbau die Hauptstadtrepräsentanz der Daimler AG untergebracht. Der Autohersteller lädt hier inmitten von Kunstwerken und edlem Mobiliar regelmäßig ausgesuchte Wirtschaftsvertreter und Diplomaten zu einem politischen Mittagessen ein. Jeweils ein prominenter Gastredner spricht bei diesen Treffen zu aktuellen Themen und stellt sich anschließend der Diskussion. Über die Inhalte des Meinungsaustauschs wird Verschwiegenheit bewahrt, denn absolute Diskretion gilt als oberstes Gebot. Nur so kann im medial aufgeheizten Berlin offen über politische Pläne und vor allem über Streitfragen und Interessenskonflikte zwischen Wirtschaft und Politik gesprochen werden.

Ende April 2012 hieß der »Lunch-Speaker« Peer Steinbrück. Martin Jäger, Chef der Daimler-Repräsentanz und früher Pressesprecher des Außenministers Frank-Walter Steinmeier, konnte sich über einen vollbesetzten Saal freuen. Das Interesse der Wirtschaftsleute und Diplomaten an dem potenziellen Kanzlerkandidaten der SPD war riesig, zumal man diesem Sozialdemokraten sogar in Unternehmenskreisen so einiges zutraut. Unter den Zuhörern bestand weitgehend Einigkeit über Steinbrücks Perspektiven: »Mit dem muss man rechnen.«

Für ihn selbst war die Diskussion an diesem Mittag reine Routinesache. Schließlich tritt er als Kandidat im Wartestand fast täglich in solchen Runden auf. Er redet landauf, landab vor Industrie- und Handelskammern, auf Konferenzen von Bankern, auf Verbandstreffen oder bei Unternehmensfeiern. Einen Tag nach dem Lunchtermin in der Daimler-Repräsentanz beispielsweise sprach er vor dem Berliner Presseclub. Dass sich seine Reden dabei nicht jedes Mal völlig voneinander unterscheiden, ist klar. Selbst ein rhetorischer Routinier wie Steinbrück kann nicht täglich die Welt neu erfinden.

Wenn man ihm allerdings über die letzten Monate hinweg regelmäßig zugehört hat, fällt auf, dass er inzwischen häufiger variiert und neue Themen ausprobiert. Noch 2011 bestand der Löwenanteil seiner Reden aus einer mit hanseatischem Understatement temperierten Darbietung des Heldenstücks »Wie ich die Finanzkrise meisterte«. Mittlerweile versucht Steinbrück jedoch neben dem finanzpolitischen Teil zunehmend soziale und gesellschaftliche Fragen in seine Reden einzuflechten. Man kann darin durchaus den Versuch sehen, die Akzeptanz von jenen Vorschlägen und Ideen zu testen, die mit hoher Wahrscheinlichkeit wesentliche Bestandteile des künftigen SPD-Wahlprogramms sein werden.

Steinbrück wandelt dabei auf einem schmalen Grat. Wenn es nur nach ihm ginge, wäre das Wahlprogramm für seine Kanzlerkandidatur schnell geschrieben. »Das alles würde ich tun, wenn ich König von Deutschland wär´« – so wie Rio Reiser in seinem populären Schlager hat auch Peer Steinbrück bereits ein ganz persönliches Regierungsprogramm formuliert. Nachzulesen in seinem Buch *Unterm Strich,* das sein wesentliches politisches und wirtschaftliches Credo enthält. Sein Kurs ist wirtschaftsfreundlich, wachstumsorientiert und sozialpolitisch zurückhaltend. Steinbrück legt Wert darauf, den Zusammenhalt der Gesellschaft zu gewährleisten. Er will Chancengerechtigkeit, aber keine Gleichmacherei. Sozialromantische Beglückungsprogramme lehnt er ab, weil er früher und klarer als andere vor der Überforderung unserer Sozialsysteme warnt.

Doch Steinbrück weiß genau, dass die SPD bei seinem persönlichen Programm nicht mitmachen würde. Für die Bundestagswahl 2013 ist also ein politischer Kompromiss gefragt, mithin ein Programm, das die Sozialdemokraten begeistert, die Bürger überzeugt und das außerdem zum Kanzlerkandidaten passt.

Steinbrück kennt die Vorbehalte vor allem des linken SPD-Flügels gegen ihn. Dennoch ist er überzeugt, bei der Mehrzahl der SPD-Anhänger durchaus auf Akzeptanz, ja auf Wohlwollen zu stoßen. Natürlich braucht er die Unterstützung der Partei, doch Wahlen werden weniger mit den Stimmen der gut 500 000 Mitglieder und ihrer Familien gewonnen, sondern hauptsächlich mit der mehrheitlichen Zustimmung der politischen Mitte. »Die Mobilisierung der eigenen Partei ist eine notwendige, aber noch keine hinreichende Bedingung, um bei Wahlen Mehrheiten zu erringen« – das hatte Steinbrück schon auf dem Bundesparteitag 2011 den Genossen ziemlich unverblümt ins Stammbuch geschrieben. Eine Mahnung, die auf die Neigung vieler Sozialdemokraten abzielt, in der Wärmestube eigener Gewissheiten wohlklingende Programme zu beschließen, die zwar auf Parteitagen Beifall finden, aber in der politischen Auseinandersetzung nicht mehrheitsfähig sind.

Für Steinbrück ist das ein wunder Punkt und könnte zu seiner Achillesferse werden. Er weiß, dass er als Kanzlerkandidat bei Weitem nicht alles überzeugend würde vermitteln können, was in der SPD auf Begeisterung stößt. Und damit stünde seine Glaubwürdigkeit auf dem Spiel, seine politische Authentizität, denn um die geht es neben Inhalten und Positionierungen in einem Wahlkampf eben auch. Als nüchterner, wirtschaftsfreundlicher Modernisierer hat er sich das Image erarbeitet, weit in das bürgerliche Lager hinein vermittelbar zu sein. Müsste er allerdings im Wahlkampf ein Programm vertreten, das nicht zu ihm passt, wäre sein wichtigstes Kapital, nämlich seine hohe Glaubwürdigkeit, von Beginn an verspielt.

Eine wichtige Rolle beim Ausloten heikler Positionen innerhalb der Sozialdemokratie spielt Sigmar Gabriel. Der SPD-Vorsitzende würde sowohl Steinbrück als auch Frank-Walter Steinmeier verhindert haben, wenn er nach dem Wahldebakel von 2005 einfach programmatisch eine radikale Rolle rückwärts geduldet hätte. Forderungen, die Agenda 2010 nicht nur zu korrigieren, sondern gleich vollständig einzustampfen, gab es mehr als genug. Dazu die vollständige Rückabwicklung der Rente mit 67, eine Spitzensteuer von 52 Prozent in Verbindung mit einer Vermögensteuer und höheren Erbschaftsteuern, ein Ausbau der sozialen Sicherungssysteme – und schon wären die beiden »Stones« außen vor gewesen, weil keiner von seinem Ansatz her eine solche Politik glaubhaft vertreten könnte. Vor allem Steinbrück nicht.

Gabriel mag die Versuchung, seine potenziellen Konkurrenten durch ein dezidiert linkes Wahlprogramm einfach abzuschütteln, sicher mehrfach verspürt haben. Immer wieder drängte ihn die Parlamentarische Linke oder die AfA, die Arbeitsgemeinschaft für Arbeitnehmerfragen in der SPD, zu einer radikalen Kurskorrektur. Doch der Parteichef, dem Populismus und Stimmungsschwankungen zwar nicht fremd sind, war immer klug genug, die Sozialdemokratie nicht allzu weit nach links abdriften zu lassen. Trotzdem setzte er Änderungen durch, die für den Modernisierer Steinbrück schon eine ziemliche Zumutung bedeuteten.

Das wohl schwierigste Thema aus seiner Sicht ist die Absicht der Sozialdemokraten, mit der Forderung nach Steuererhöhungen in den nächsten Bundestagswahlkampf zu ziehen. Nachdem die SPD in der rot-grünen Regierung und in der nachfolgenden Großen Koalition die Steuerlast der Bürger und Unternehmen in mehreren Schritten gesenkt hat, muss Steinbrück jetzt für eine klare politische Kehrtwendung werben. Alleinverdiener mit einem jährlichen Einkommen von mehr als 100 000 Euro und Verheiratete mit mehr als 200 000 Euro pro Jahr sollen künftig einen Spitzensteuersatz von 49 Prozent bezahlen. Das wären sieben Prozent mehr als heute – ein tiefer Griff in die Taschen der vermeintlich »Reichen«. Steinbrück seinerseits fand schon die von der Großen Koalition durchgesetzte Erhöhung der Mehrwertsteuer um drei Prozent problematisch. Jetzt also soll er erneut seine Hand zu einer Steuererhöhung reichen?

Wenn er sich damit jemals schwergetan hat, dann lässt er sich das jetzt nicht mehr anmerken. Nein, er trage das Steuerkonzept nicht nur mit, weil es der Parteilinie entspreche, betont er immer wieder. Er stehe innerlich voll dahinter. »Ich bin überzeugt, dass wir angesichts der dringenden Aufgaben die finanzielle Ausstattung des Staates unbedingt verbessern müssen«, lautet der in vielen Auftritten eingeübte Kernsatz. Im Jahr zuvor klang das noch erheblich vager. Seine Kritik an den unhaltbaren Steuersenkungsplänen der FDP verband er jedenfalls nicht damit, einer Erhöhung das Wort zu reden. »Ich sage Ihnen offen, dass wir Sie zwar auch gerne entlasten würden, aber wir versprechen Ihnen das nicht.« Die meisten verstanden das als Garantie des Status quo und sehen sich jetzt getäuscht. Die Sozialdemokraten wollen eindeutig die Besserverdienenden abkassieren.

»Ganz falsch« findet denn auch Altbundeskanzler Gerhard Schröder die Steuererhöhungspläne seiner SPD und die Vertreter der Wirtschaftsverbände sowieso. Auch in den Medien hagelte es Kritik. Als »Rolle rückwärts« charakterisierte das *Handelsblatt* die Entscheidung der SPD, die einst beschlossenen Entlastungen der Bürger bei der Einkommensteuer glatt in ihr Gegenteil zu verkehren.

Inzwischen schneidet Steinbrück bei seinen Auftritten das heikle Thema immer gleich zu Beginn an. »Wir werden Sie um einen etwas höheren Beitrag zum Gemeinwesen bitten müssen«, lautet seine Standardformulierung. Beifall hat er dafür außerhalb von SPD-Veranstaltungen noch nie erhalten – das müsste ihm eigentlich zu denken geben. Meistens ist es sogar ziemlich still im Saal, wenn er im Stil eines Spendeneintreibers erklärt, wofür das viele zusätzliche Geld denn so dringend gebraucht werde. Für die im Zuge der Schuldenbremse beschlossene Rückführung der Neuverschuldung auf null, für den Erhalt und die laufende Modernisierung der gewaltigen Infrastruktur in Deutschland sowie für die notwendigen Anstrengungen im Bereich Bildung, Ausbildung und Forschung. Und nicht zuletzt will Steinbrück die stellenweise dramatische Unterfinanzierung der Kommunen mit den zusätzlichen Einnahmen verringern.

Dass inzwischen die Steuerquellen wieder kräftig sprudeln und Bundesfinanzminister Wolfgang Schäuble sich von Quartal zu Quartal über höhere Zuflüsse freuen kann, als ursprünglich im Haushalt eingeplant, blendet Steinbrück lieber aus. Dabei handelt es sich aufgrund der guten Wirtschaftsentwicklung um zusätzliche Einnahmen von fast 30 Milliarden Euro, die nach den letzten Prognosen des Arbeitskreises Steuerschätzung vom Mai 2012 dem Fiskus bis 2016 zufließen dürften. Wenn man schon keine Entlastungen will, in Ordnung. Aber braucht es angesichts der kräftig sprudelnden Zusatzeinnahmen wirklich noch eine Erhöhung der Steuern, zumal die Einhaltung der Schuldenbremse auch ohne eine solche erreichbar ist?

Das größte Handicap dieses Vorhabens liegt in der zusätzlichen Belastung des Mittelstands. Rund 90 Prozent der kleinen und mittleren Unternehmen in Deutschland sind in der Rechtsform einer Personengesellschaft organisiert. Als solche zahlen sie Einkommensteuern und keine Körperschaftsteuern; sie wären also von der Erhöhung des Spitzensteuersatzes direkt betroffen. Nun könnte man argumentieren, dass ein Handwerksmeister oder Kleinunternehmer, der mit seinem Betrieb mehr als 100 000 Euro pro Jahr verdient, sicherlich in der Lage sei, eine zusätzliche Last zu schultern. Dabei wird jedoch übersehen, dass die Bereitschaft, neues Geld in die Firma zu investieren und mehr Arbeitsplätze zu schaffen, sicherlich nicht dadurch erhöht wird, wenn die zusätzlichen Gewinne fast zur Hälfte wieder an den Staat abgeführt werden müssen. Das Argument, unter Helmut Kohl seien sogar 52 Prozent Spitzensteuersatz fällig gewesen, zeigt nur den geringen Ehrgeiz der SPD, es in dieser Hinsicht wirklich besser zu machen. Steinbrück kennt die Argumente des Mittelstands ganz genau und hadert in stillen Minuten mit diesem Dilemma. Aber er hat sich entschieden, den politischen Preis zu zahlen. Hätte er sich bei diesem Thema quergestellt, wäre er im Ringen um die Kanzlerkandidatur von vorneherein aus dem Rennen gewesen.

Gleiches gilt für die sogenannte Abgeltungsteuer. Als Bundesfinanzminister setzte Steinbrück seinerzeit durch, dass Einkünfte aus Kapitalvermögen mit einem Satz von 25 Prozent versteuert werden müssen. Damit sind die Ansprüche des Fiskus pauschal abgegolten. In der SPD galt diese Regelung von Anfang an als ungerecht. Schließlich muss jeder normale Angestellte zusätzliche Einnahmen, die nicht aus Kapitalvermögen stammen, genauso versteuern wie sein Gehalt – also in der Regel mit über 25 Prozent. Steinbrücks fiskalisch geprägtes Argument »Besser 25 Prozent auf X als 42 Prozent auf nix« vermochte die Sozialdemokraten mit ihrem Gerechtigkeitsempfinden nie zu überzeugen. Inzwischen streut der Aspirant auf die Kanzlerkandidatur bereitwillig Asche auf sein Haupt und räumt ein, dass man die Erträge aus Kapitalvermögen besser versteuern könne als mit der Pauschalregelung. Auch hier kommt Steinbrück – das hohe Ziel fest im Blick – seiner SPD weit entgegen.

Allerdings gibt es einen Punkt, an dem er nicht einknicken will: bei der Vermögensteuer. Sie ist so etwas wie der ideologische Loch Ness der Sozialdemokratie. Immer wieder wird die Forderung nach einer Sonderbesteuerung der »großen Vermögen« erhoben, immer wieder gibt es dafür Beifall von der linken Seite, und immer wieder endet das Projekt in der Schublade.

Die Gründe dafür kennt nicht nur Steinbrück, sondern auch Sigmar Gabriel ganz genau. Als die beiden noch Ministerpräsidenten in Nordrhein-Westfalen und Niedersachsen waren, erhielten sie vom damaligen Bundeskanzler Schröder den Auftrag, den potenziellen Ertrag einer Vermögensteuer einmal genau durchzurechnen. Dabei wollte Schröder das Betriebsvermögen, also Maschinen, Anlagen, Werkzeuge und anderes, unberücksichtigt lassen, um die Unternehmen nicht weiter zu belasten. Die Prüfung erbrachte, dass eine Steuer auf rein private Vermögenswerte außerhalb der Firmen kaum etwas einbringen würde, wenn man den personellen Aufwand zu ihrer Erfassung und Erhebung dagegen aufrechnete. Daraufhin wurde das damals von der Linken so vehement geforderte Projekt recht kleinlaut beerdigt.

Doch offenkundig ist die Erinnerung so weit verblasst, dass die Forderung nach Einführung einer Vermögensteuer erneut auf der Tagesordnung der SPD steht. Steinbrück ist allerdings fest entschlossen, aus dem Vorhaben, wie Schröder damals, die Luft herauszulassen. Den meisten Sozialdemokraten ist nicht klar, dass ein Mittelständler diese Substanzsteuer auf den Wert seiner Anlagen selbst dann entrichten müsste, wenn er mit seinem Unternehmen überhaupt keinen Gewinn gemacht hat. Was das für Investitionen und Arbeitsplätze bedeuten würde, kann man sich leicht ausrechnen. Steinbrück versucht die Genossen unermüdlich über diesen Sachverhalt aufzuklären in der Hoffnung, dass die Vermögensteuer irgendwann endgültig vom Tisch ist und aus der Parteiideologie verschwindet.

Steinbrück ist allerdings so gewieft, dass er immer dann die Argumente der Linken benutzt, wenn es ihm hilft. Beispielsweise geißelt er regelmäßig die ungleiche Verteilung der Vermögen in Deutschland, wenn er vor wohlhabenden Zuhörern wie etwa in der Berliner Daimler-Repräsentanz spricht und ihnen die Notwendigkeit höherer Spitzensteuern vermitteln muss. »Euch bleibt noch genug« – so ungefähr lautet dann die Botschaft. Inzwischen ist es nämlich so, dass 10 Prozent der Deutschen über 56 Prozent des privaten Eigentums verfügen. Fast die Hälfte der Bevölkerung besitzt indes nur etwas über zwei Prozent der Vermögenswerte. Angesichts dieser Verteilung, so das Argument, ist eine stärkere Belastung der »Reichen« politisch vertretbar.

Als würde das nicht schon genug Konfliktstoff bieten, plant Steinbrück weitere Tabubrüche. Eines seiner Lieblingsthemen: die Verringerung der Ausnahmen und Sondervergünstigungen im Steuerrecht. So ist er fest entschlossen, als Kanzler die vielen halbierten Mehrwertsteuersätze abzuschaffen. Klingt erst einmal vernünftig, ist aber ein äußerst vermintes Gelände. Im Laufe der Jahre konnte nämlich durch geschickte Lobbyarbeit verschiedenster Interessengruppen ein wahres Dickicht an Ausnahmen wachsen. So wird auf Schnittblumen nur ein halbierter Mehrwertsteuersatz erhoben, ebenso auf Tiernahrung, um nur die absurdesten Beispiele zu nennen. Auch Lebensmittel, Presseerzeugnisse und andere Produkte des kulturellen Bereichs profitieren vom reduzierten Mehrwertsteuersatz. Würde man das abschaffen, wäre ein Aufschrei Dutzender Verbände und Lobbygruppen die Folge.

Steinbrück schreckt das nicht – zumindest behauptet er das. Wobei er sich in seiner Zeit als Bundesfinanzminister nicht sonderlich darum bemüht hat, die Privilegien im Steuerrecht zu verringern. Zur Wahrheit gehört allerdings auch, dass Kanzlerin Merkel seinerzeit in der Großen Koalition keinen weiteren Ärger wollte und alle entsprechenden Pläne schon in der Phase der Regierungsbildung gestoppt wurden. Warum sich Steinbrück aber in einer von ihm geführten Regierung in einen solch harten und wenig aussichtsreichen Kampf stürzen will, hängt wohl stark mit seinem streitbaren Naturell zusammen. Doch auch sein Reformeifer hat Grenzen und endet bei den wirklich harten Brocken. Weder will er Mehrwertsteuer auf Mieten und den öffentlichen Nahverkehr erheben, noch ist er bereit, das Mehrwertsteuerprivileg des Kultursektors, insbesondere der Druckerzeugnisse, abzuschaffen. Einen Kleinkrieg mit der Presse und den vielen Verlagen in Deutschland möchte pünktlich zum Wahlkampfbeginn wohl kein Kanzlerkandidat anzetteln.

Nicht vergessen jedoch hat Steinbrück ein anderes Vorhaben: die nach ihm und dem früheren hessischen Ministerpräsidenten benannte berühmt-berüchtigte Koch-Steinbrück-Liste, ein Katalog von zur Streichung empfohlenen Steuersubventionen. Sie war 2003 aus dem Wunsch der beiden Landesväter heraus geboren worden, angesichts der rot-grünen Steuerpläne den klammen Länderetats neue Einnahmequellen zu erschließen. Der Vorschlag der damaligen Ministerpräsidenten von Nordrhein-Westfalen und Hessen löste eine muntere Debatte in beiden politischen Lagern aus. So richtig trauen wollte sich dann keine Seite. Sowohl die rot-grüne Bundesregierung als auch die schwarz-gelbe Opposition suchten und fanden zahlreiche Haare in der Suppe, die ihnen da scharf gewürzt und heiß dampfend auf den Tisch gestellt worden war. Durchschlagskraft erhielt die Koch-Steinbrück-Liste vor allem deshalb, weil zwei einflussreiche Ministerpräsidenten aus beiden politischen Lagern dahinterstanden. Diesen Vorschlag konnte man jedenfalls nicht nach dem üblichen Reflexmuster gegnerischer Parteien einfach in den Papierkorb befördern.

Auf über 100 Seiten hatten der NRW- und der Hessen-Ministerpräsident zahlreiche Vorschläge aufgelistet, deren Umsetzung dem Fiskus dauerhaft 10,5 Milliarden Euro Mehreinnahmen pro Jahr bringen würde. Darunter einige Ideen, die inzwischen durch die Gesetzeslage überholt sind. Insgesamt stellte der »Katalog der Grausamkeiten«, wie die Liste in der Presse genannt wurde, aber eine mutige politische Initiative dar. Gestrichen werden sollten unter anderem die Eigenheimzulage, die Pendlerpauschale, der Sparerfreibetrag, die Steinkohlebeihilfen sowie die Abzugsfähigkeit von Aufwendungen für Bewirtungen und Geschenken für Geschäftsfreunde. Ebenfalls für die Streichliste vorgesehen, jedoch wegen Meinungsverschiedenheiten mit Koch nicht darin aufgenommen, waren der Abbau der Steuerfreiheit für Feiertags-, Sonntags- und Nachtarbeit sowie die Ausnahmeregelungen zur Entlastung des produzierenden Gewerbes von der Ökosteuer. Allein diese beiden Streichposten hätten Mehreinnahmen von knapp sechs Milliarden Euro erbracht.

Wie viel politischer Sprengstoff in jedem einzelnen dieser Punkte steckte, mag ein einziges Beispiel verdeutlichen. Zwei Jahre nach Veröffentlichung der Koch-Steinbrück-Liste griff Gerhard Schröder einen gleichlautenden Vorschlag des Verfassungsrechtlers Paul Kirchhof im Bundestagswahlkampf auf. Der renommierte Steuerjurist war im Schattenkabinett der CDU-Spitzenkandidatin Angela Merkel als Bundesfinanzminister vorgesehen. Noch-Kanzler Schröder nutzte die auch von Kirchhof propagierte Idee der Besteuerung von Nacht-, Feiertags- und Sonntagszuschlägen, um den »Professor aus Heidelberg« frontal anzugehen. Dieser herzlose Mensch wolle doch glatt der Krankenschwester ihre sauer verdienten Groschen aus der Nachtschicht wegnehmen, argumentierte Schröder. Vor allem diese Kampagne sorgte dafür, dass Schröder bei den Bürgern Zweifel am strengen marktwirtschaftlichen Kurs von Merkel wecken und in letzter Minute den sicher geglaubten Sieg von Union und FDP verhindern konnte. Die anschließende Große Koalition trug dann bekanntlich dazu bei, dass die CDU-Vorsitzende als Kanzlerin beim Thema Marktwirtschaft wieder einen deutlich sozialeren Akzent setzte.

Anders als bei Subventionsstreichungen weiß Steinrück bei einem anderen Thema die Partei hinter sich: Die Europapolitik ist ein wichtiger Baustein des SPD-Wahlprogramms. Hier müsste er allerdings als Spitzenkandidat der Sozialdemokraten ein wahres Kunststück vollbringen, wenn er gegen Kanzlerin Merkel punkten will. Das liegt nicht nur an der guten Zusammenarbeit während der Großen Koalition, sondern auch an Merkels internationalem Renommee. Die meisten Bürger wissen, dass er mit ihr in der Großen Koalition gut und vertrauensvoll regiert hat. Es gibt zahlreiche Zitate in Interviews und Reden, in denen Steinbrück die Kanzlerin ausdrücklich lobt – auch noch nach der verlorenen Wahl 2005. »Ich würde natürlich keine Steine nach ihr werfen«, kündigt Steinbrück an, »das wäre nicht sehr glaubwürdig.« Auch ihre persönliche Integrität werde er selbst in hitzigsten Wahlkampfschlachten nicht angreifen. Sein Respekt für Merkel ist echt, das merkt man immer wieder. Eine Schlammschlacht zwischen ihm und der Kanzlerin wird 2013 nicht stattfinden. Was Steinbrück natürlich nicht davon abhalten würde, sie bei der Europapolitik auf ihre Widersprüche, Irrtümer und ihre zahlreichen Kehrtwendungen aufmerksam zu machen. In der Tat liegen zwischen Merkels Satz »Kein Euro für die Bezahlung griechischer Schulden« und der heutigen Situation ja schon gewaltige Kurskorrekturen.

Allerdings ist die Kanzlerin in den Augen der meisten Deutschen gut damit gefahren, sich nicht allzu nachgiebig zu zeigen. Ihre Taktik, Hilfe immer an strenge Auflagen zu binden und damit die Sorgenkinder der EU endlich an eine notwendige Haushaltsdisziplin zu binden, findet weitgehenden Anklang. Die Position der SPD hingegen, sich aus Solidarität mit den Problemländern grundsätzlich generöser zu zeigen, stößt bei den Deutschen eher auf Skepsis. Das gilt auch für den von anderen EU-Ländern oft geäußerten Vorschlag, zur Lösung der Probleme Eurobonds einzuführen. Merkel und die CDU sperren sich, die SPD ist dafür. Mit solchen Gemeinschaftsanleihen, für die alle Mitglieder der Währungsunion haften würden, könnte die Zinslast für die Problemstaaten deutlich gesenkt werden. Deutschland aber würde als Gemeinschaftsschuldner seine Topbonität verlieren und müsste für Staatsanleihen künftig deutlich höhere Zinsen akzeptieren.

Steinbrück hält dagegen, dass der negative Effekt nicht so groß sei, wie gerne behauptet wird. Er glaubt vielmehr, dass die Ausgabe von Eurobonds das Vertrauen der Märkte stabilisiert und zudem ein riesiger Anleihemarkt entsteht, dessen Zinsen deutlich niedriger ausfallen würden. Außerdem könne der Eurorettungsfonds EFSF schon jetzt auf dem Sekundärmarkt Staatsanleihen aufkaufen, was dem Eurobond sehr nahe komme. Weil er aber nur zu gut weiß, dass Eurobonds nicht gerade ein Wahlkampfschlager wären, wird er auf diesem Thema im Wahlkampf kaum sonderlich herumreiten. Zudem bleibt ein Angriff auf Merkel, die in Europa immer noch höchsten Respekt genießt, gerade für ihn ein heikles Unterfangen.

Während Steinbrück bei Steuer- und Finanzfragen stets festen Boden unter den Füßen hat, muss er sich bei sozialen und gesellschaftspolitischen Themen vorsichtiger vortasten als es sonst seine Art ist. Das ist erkennbar nicht sein ureigenes Terrain, doch er darf es nicht ausblenden. So sehr die schwelende Eurokrise auch die Schlagzeilen der Medien dominiert – noch ist längst nicht ausgemacht, ob die schwächelnde Gemeinschaftswährung auch das wirklich entscheidende Thema des Bundestagswahlkampfs 2013 bilden wird. Deshalb dürfen für das Kräftemessen mit Merkel andere Themen nicht vernachlässigt werden. So drängt SPD-Chef Gabriel sehr darauf, sozialpolitische Fragen stärker in den Vordergrund zu stellen. Sein Kalkül: Es wird der SPD leichter fallen, einen originär sozialdemokratischen Gerechtigkeitswahlkampf gegen Merkel und die CDU zu führen, als die populäre Kanzlerin auf dem Feld der Europapolitik anzugreifen. Die Überschrift für eine solche Kampagne könnte »Spaltung der Gesellschaft« heißen. Politische Anknüpfungspunkte gibt es genug. Vor allem im Arbeitsleben wächst die Zahl der Menschen, die sich in sogenannten prekären Beschäftigungsverhältnissen behaupten müssen. Dazu zählen befristete Jobs, Zeit- und Leiharbeiter, die steigende Zahl der geringfügig Beschäftigten und die sogenannten Aufstocker – jene Arbeitnehmer, die in ihren Jobs so wenig verdienen, dass sie ergänzend Sozialhilfe benötigen, um das Existenzminimum für sich und ihre Familien sichern. Steinbrück, selbst Vater von drei erwachsenen Kindern, hat außerdem die vielen arbeitslosen Akademiker im Auge, die trotz ihres bestandenen Examens keine Stelle finden und sich in einer schier endlosen Kette unbezahlter Praktikumsplätze oft über lange Zeiträume von Firmen ausnutzen lassen.

Unverkennbar geht Steinbrück also in seinen jüngsten Reden mehr und mehr dazu über, die sozialen Belastungsgrenzen und die Fliehkräfte unserer Gesellschaft zu thematisieren. Manchmal hört er sich dabei schon an wie Sigmar Gabriel. Wenn inzwischen sieben bis acht Millionen Menschen in prekären Arbeitsverhältnissen beschäftigt seien, würden die gesellschaftlichen Fliehkräfte zwangsläufig zunehmen, mahnt Steinbrück. Der dadurch bedrohte innere Frieden könne auch leicht am Bestand des Wirtschaftsstandorts Deutschland rütteln. Man gewinnt beim Zuhören immer stärker den Eindruck, dass da der Resonanzboden dieser Thematik für den kommenden Wahlkampf getestet wird.

Das gesellschaftspolitische Rezept, mit dem die SPD die Spaltung der Arbeitswelt beheben will, ist schnell umrissen: Gefordert werden ein flächendeckender Mindestlohn, eine Erschwerung bei der Auslagerung von Jobs aus tarifgebundenen Betrieben, die gleiche Bezahlung von Leih- und Zeitarbeitern im

Vergleich zur Stammbelegschaft sowie eine weitere Einschränkung bei der Befristung von Arbeitsverträgen.

Das alles sind ausgesprochen sozialdemokratische Antworten, und man fragt sich, ob Peer Steinbrück am Ende wirklich der richtige Kandidat ist, um sich in einem solchen Gerechtigkeitswahlkampf zu behaupten. Wäre eine Kampagne mit einem solchen Themenschwerpunkt nicht eher einem klassischen Sozialdemokraten wie Sigmar Gabriel auf den Leib geschneidert?

Eines muss man Steinbrück auf jeden Fall zugutehalten: Dem breiten Publikum gilt er als einer der wenigen Politiker, der den Leuten reinen Wein einschenkt. Und mit diesem Pfund kann er wuchern, weil er weit weniger als andere im Verdacht steht, Sachverhalte bewusst unvollständig oder aus Parteitaktik heraus verdreht darzustellen. Wenn nun jemand wie er die wachsende Ungerechtigkeit und die zunehmende Spaltung der Gesellschaft thematisiert, dann glaubt man ihm als bekennendem Wirtschaftsfreund vielleicht eher als einem SPD-Chef, der solche Reden quasi schon von Amts wegen halten muss. Egal, wie der Kanzlerkandidat am Ende heißt: Jedenfalls werden die sozialen Themen den kommenden Wahlkampfs prägen, schon allein um die Zufriedenheit der Deutschen mit der präsidialen Regierungsweise der Kanzlerin etwas zu erschüttern.

Auch die Bildungspolitik wird fester Bestandteil des SPD-Wahlprogramms sein. Vor dem Hintergrund einer älter werdenden Gesellschaft rückt hier vor allem die Vereinbarkeit von Beruf und Familie in den Mittelpunkt. Wenn den Unternehmen, wie prognostiziert, schon in wenigen Jahren die dringend benötigten Fachkräfte fehlen, kommen sie an einer Mobilisierung der gut ausgebildeten Mütter nicht vorbei. Viele Frauen mit Kindern müssen immer noch wegen fehlender Ganztagsbetreuung zu

Hause bleiben und auf eine Berufstätigkeit verzichten – ein Armutszeugnis nach den jahrelangen Diskussionen. Als wahres Wahlkampfgeschenk verstehen Steinbrück und die SPD in diesem Zusammenhang das Betreuungsgeld. Das selbst in der schwarz-gelben Koalition umstrittene Vorhaben, allen Müttern, die ihre Kinder zu Hause betreuen, einen Obolus von zunächst 100, später 150 Euro pro Monat auszuzahlen, ist in Wahrheit nur ein Zugeständnis an die CSU. Diese auch als »Herdprämie« verspottete Sozialleistung lehnen laut Umfragen rund 60 bis 70 Prozent der Bevölkerung ab. Für die SPD jedenfalls ist das Betreuungsgeld ein politischer Glücksfall. So kann sie lautstark ein überholtes Rollenverständnis der Konservativen anprangern und mit der Mehrheitsmeinung im Rücken öffentlich fordern, das Geld lieber in den Ausbau der Kindertagesstätten zu investieren. Da kaum ein politisches Feld in Deutschland so ideologisch besetzt ist wie Erziehungsfragen und Familienpolitik, scheint sich dieses Thema bestens für eine Wahlkampfauseinandersetzung zu eignen.

Gleiches gilt für die Industriepolitik. So hat der deutliche Erfolg der SPD bei der Landtagswahl in Nordrhein-Westfalen den Genossen gezeigt, dass sie mit ihrer Vorgehensweise durchaus Beifall aus der Wirtschaft ernten können. »Statt unregulierter Märkte fordern wir eine nachhaltige Industriepolitik« – Sätze wie dieser finden vor allem in den Großkonzernen Anklang. Dazu gehört neben anderem auch eine stärkere staatliche Förderung von Wissenschaft und Forschung sowie die Subventionierung grüner Technologien, ein Herzensanliegen der Industrie. Zu solchen Maßnahmen ist die SPD viel eher bereit als etwa die auf reinen Wettbewerb setzende FDP, die als erklärte Partei des Mittelstands ohnehin die kleinen Unternehmen stärker im Auge hat als die Großkonzerne. Zudem ist die traditionell enge Verbindung der Regierungsparteien zur Wirtschaft seit dem überhasteten Atomausstieg nach dem Reaktorunfall von Fukushima empfindlich gestört.

Zu den grundsätzlichen Differenzen kam erschwerend hinzu, dass die Energiewende völlig verstolpert wurde. Das Kompetenzgerangel zwischen Bund und Ländern sowie zwischen den Bundesressorts Wirtschaft und Umwelt verärgerte viele Manager zusätzlich. Die Industrie ist auf planbare und berechenbare Grundlagen angewiesen, vor allem wenn es um Sachinvestitionen in Milliardenhöhe geht. Nichts verunsichert Investoren mehr als politischer Streit und Ungewissheit. Die Entlassung von Umweltminister Norbert Röttgen lag auch in diesen Versäumnissen begründet und nicht nur in seinem schlechten Abschneiden bei der Landtagswahl in NRW.

Der Atomausstieg, der zunächst nur die Energiekonzerne brüskierte, schlägt jetzt auf die Bürger zurück und liefert ein weiteres Wahlkampfthema für die SPD. Zwar hatte die Kanzlerin versprochen, dass durch den schnellen Verzicht auf Kernkraft die Strompreise nicht steigen würden, doch die Wirklichkeit sieht anders aus. Die Erschließung neuer Energien als Ersatz für die Kernkraft ist nur durch eine massive, kostspielige Förderung zu erreichen. Und den Preis, einen dreistelligen Milliardenbetrag, müssen in den nächsten Jahren die Verbraucher in Form erhöhter Stromrechnungen zahlen, denn die Konzerne holen sich ihre Investitionen vom Kunden zurück. Das gilt genauso für die Investitionen in den Ausbau neuer Anlagen und Netze, die Grundlage der grünen Energiewende sind.

Die SPD ist jedenfalls fest entschlossen, sich im Wahlkampf dieser Thematik anzunehmen, denn hier lassen sich Punkte sammeln. Schließlich betrifft es parteiübergreifend jeden, dass grundlegende Güter des täglichen Lebens wie etwa eine verlässliche Energieversorgung bezahlbar bleiben. Sigmar Gabriel und seine Wahlkampfstrategen wissen sehr wohl, dass die »Strompreislüge« der schwarz-gelben Bundesregierung für die SPD ein ähnlicher Glücksfall ist wie das umstrittene Betreuungsgeld.

Ein heikles Thema hingegen stellt die Sozialpolitik dar. Hier steht Steinbrück die schwierigste Gratwanderung überhaupt bevor. Wenn er die SPD als Kanzlerkandidat in die Wahlschlacht führen sollte, werden seine Gegner sicherlich versuchen, einen Keil zwischen ihn und die Partei zu treiben. Auf keinem Politikfeld kann das so leicht gelingen wie bei sozialen Fragen. In seinem Buch *Unterm Strich* hat Steinbrück die Grenzen des Sozialstaats sehr exakt vermessen. Ergebnis seiner wirklich lesenswerten Analyse: Den 28 Millionen Rentnern und Empfängern von Leistungen mit Fürsorgecharakter steht nur eine etwa gleich hohe Zahl von sozialversicherungspflichtigen Erwerbstätigen gegenüber. Allein diese alarmierende Relation zwingt zu einer kritischen Diskussion über die Tragfähigkeit des deutschen Sozialmodells alter Schule, in dem laut Steinbrück jährlich 754 Milliarden Euro umgesetzt werden. Das entspricht einem knappen Drittel unserer gesamten Wirtschaftsleistung. Inzwischen fließen bereits 70 Cent von jedem über Steuern eingenommen Euro des Bundeshaushalts in Sozialleistungen. Steinbrück macht – zumindest in seinem Buch – unmissverständlich klar, dass sich diese Entwicklung so nicht fortsetzen kann. Er fordert deshalb von den Bürgern eine höhere Bereitschaft, künftig selbst mehr Vorsorge für Alter, Pflege und Gesundheit zu treffen. Als er diesen Sachverhalt einmal in den Satz packte, die Deutschen sollten eine Urlaubsreise im Jahr weniger machen und das gesparte Geld lieber in die Vorsorge investieren, erntete er einen Sturm der Entrüstung. Im »Freizeitpark Deutschland«, wie seinerzeit schon Helmut Kohl spottete, ist eben kaum etwas heiliger als der Urlaub.

Hinter solch plakativen Formulierungen geht leicht eine andere Idee von Steinbrück unter, die kompliziert klingt und ebenso wie die Erhöhung des Spitzensteuersatzes das Zeug zum echten Aufreger hat – allerdings wieder nur bei den Besserverdienenden. Nach Meinung von Steinbrück sind weniger die Steuerlasten das größte Problem der meisten Bürger, sondern die ständig steigenden Abgaben. Da die Steuer bei Geringverdienern ohnehin minimal ist, können die unteren Einkommensschichten nur über eine Senkung der Sozialabgaben entlastet werden, was wiederum angesichts der demografischen Entwicklung und der ungünstigen Verteilung von arbeitender und versorgungsbedürftiger Bevölkerung nur auf Kosten der höheren Einkommen möglich wäre. Steinbrück schlägt deshalb vor, bei den Sozialabgaben nach dem Vorbild der Steuer einen sogenannten linear-progressiven Tarifverlauf zu installieren. Das sähe konkret so aus, dass beispielsweise Kleinverdiener nur 8 Prozent ihres Einkommens für die Krankenversicherung aufwenden müssten, die Besserverdienenden hingegen 16 Prozent oder mehr Prozent. Diese nach Einkommen steigenden Beiträge würden dann den heute für alle gleich hohen Beitrag ersetzen. Darin steckt allerdings insofern eine Ungerechtigkeit, als die Besserverdiener zwar den gleichen Prozentsatz ihres Einkommens für die Krankenversicherung zahlen, in der Summe aber natürlich wesentlich mehr beisteuern. Obwohl jeder gesetzlich Krankenversicherte vom Arzt die gleiche Leistung erhält, muss der Gutverdiener schon heute wesentlich mehr dafür bezahlen. Dieser bereits existierende Solidarbeitrag würde erheblich ausgeweitet, wenn der linear-progressive Tarif auch in der Sozialversicherung Anwendung fände.

Egal welches Thema sich 2013 als entscheidend herausstellt: Die Sozialpolitik wird – zumal in einem sozialdemokratischen »Gerechtigkeitswahlkampf« – zur Nagelprobe für einen Kanzlerkandidaten Peer Steinbrück. Er muss glaubwürdig bleiben und sich an dem messen lassen, was er in seinem langen politischen Leben bisher gesagt und aufgeschrieben hat. Zugleich darf er dabei seine Partei und die treuen SPD-Wähler nicht verprellen. Denen dürfte zumindest sein nüchternes Fazit zum Thema Sozialstaat, wie es in seinem Buch nachzulesen ist, kaum gefallen. »Der langjährig gültige bundesrepublikanische Konsens lag in dem Versprechen, der Sozialstaat solle den sozialen Status jedes einzelnen Bürgers erhalten und ihm einen durchschnittlichen Lebensstandard garantieren. So wünschenswert das sein mag – es ist heute nicht mehr finanzierbar. Unter den heutigen und absehbaren Rahmenbedingungen werden damit Erwartungen und Ansprüche geweckt, an denen der Sozialstaat scheitern muss.«

Man darf gespannt sein, ob dieser scharfsichtige Realismus von Steinbrück in irgendeiner Weise Eingang in den sozialpolitischen Teil des SPD-Wahlprogramms findet. Oder ob er, um den Konsens mit der Partei nicht zu gefährden, doch am Sozialstaat alter Prägung festhält und ihn durch höhere Sozialabgaben für Besserverdienende zu stützen versucht. Die Mehrzahl der Genossen wäre dafür sicherlich zu erwärmen. Dazu passt vielleicht ein Satz von Ernst Dieter Rossmann. Als der Sprecher der Parlamentarischen Linken auf die bekannten Vorbehalte seines Parteiflügels gegen den Hanseaten angesprochen wurde, sagte er: »Ich krieg keine Pickel bei Peer Steinbrück, denn wichtiger als die Person sind die Inhalte. Für uns als Linke ist entscheidend, dass wir als Team antreten und ein gutes Programm beschließen.«

Steinbrück wird das genau abwägen müssen. »Die Bahn, auf der ich laufen soll, muss schon zu mir passen«, hat er einmal weit vorausschauend in einer Journalistenrunde eingeräumt. Deshalb müsse er unbedingt authentisch bleiben. Eine »politische Geschlechtsumwandlung«, das weiß er, würde in die »sichere Niederlage führen«. Die Gestaltung des Wahlprogramms wird deshalb ein heikler Balanceakt für ihn sein – eine Abwägung, von der alles abhängen kann. Nur: Wie viel »Steinbrück pur« darf und wie viel »SPD pur« muss sein, damit das Rennen für ihn zum Erfolg führt?

DANK

Wenn man ein Buch in einer kurzen Pause zwischen zwei Jobs beginnt und es dann neben der normalen Tagesarbeit an vielen Feierabenden und Wochenenden fertigstellt, ist man auf die Hilfe kluger und freundlicher Menschen angewiesen.

Der erste Dank gilt meinem Rechercheur und Kollegen Andreas Niesmann. Er hat mit großer Sorgfalt und sicherem journalistischen Gespür die deutschen Archive nach dem Leben von Peer Steinbrück durchforstet. Vor allem aber hat er es verstanden, den Wust an Material nach Relevanz und Zeitablauf zu ordnen und der Kapitelstruktur des Buches anzupassen. Als urteilssicherer Politikredakteur hat Andreas Niesmann wichtiges Material von unwichtigem getrennt und entsprechend aufbereitet. Nicht zuletzt hat er mich konstruktiv und ideenreich bei der Struktur des Buches beraten.

Besonderer Dank gilt auch Angelika Walpuski vom Archiv der *Kieler Nachrichten*, die so manche alte Geschichte aus Steinbrücks politischer Anfangszeit im nicht digitalisierten Teil des Archivs aufspüren konnte.

Für sein Vertrauen möchte ich ferner Burkhard Graßmann danken, der das Erscheinen des Buchs sehr gefördert hat. Gemeinsam mit Hubert Jakob hat er außerdem die Abwicklung der verlagstechnischen und kaufmännischen Fragen vorangetrieben und zu einem guten Ende gebracht.

Dank gebührt auch dem Heyne Verlag für die Bereitschaft, das Buch herauszubringen. Für die Unterstützung bei der Pressearbeit danke ich dem Team von Random House. Mein Dank gilt auch den vielen Verlagsmitarbeitern, die bei der Herstellung, dem Druck und dem Vertrieb des Buchs mitgewirkt haben.

Freundliche Hilfe gewährten mir ferner Thomas Huber und Tobias Lehmann von der *Focus*-Fotoredaktion. Meinen Assistentinnen Kathrin Behrens, Patrizia Frey und Ann-Katrin Wienbruegge danke ich für ihre grenzenlose Geduld beim Erstellen von Ausdrucken und Dateien sowie beim Vereinbaren von Gesprächsterminen.

Sehr geholfen haben mir auch Heike Anger und Dana Sovrić, die das Manuskript kritisch durchgelesen und von Fehlern, Widersprüchen und unpassenden Formulierungen befreit haben.

Angewiesen war ich ferner auf die vielen Zeitzeugen, Parteifreunde, Weggefährten und Exkollegen von Peer Steinbrück, die sich zu Gesprächen mit mir bereit erklärt haben. Das gilt natürlich auch für Peer Steinbrück selbst, der mich trotz seines dicht gefüllten Terminkalenders mehrfach zu ausführlichen Interviews empfangen hat. Dass solche Termine überhaupt zustande kamen, verdanke ich der Umsicht und dem Wohlwollen von Steinbrücks Büroleiterin Sonja Stötzel und seinem Berater Hans-Roland Fässler.

Wer ein Buch schreibt, zieht sich in aller Regel sehr zurück, wird gelegentlich unleidlich und reagiert oft nicht auf Anrufe, Mails oder Einladungen. Meiner Familie und meinen Freunden danke ich deshalb für ihre Rücksicht und für das große Verständnis, das sie mir entgegengebracht haben. Das gilt auch für meinen Chefredakteur Uli Baur, der mir trotz einer arbeitsreichen Startphase bei *Focus* die Arbeit an dem Buch gestattet hat.

Selbst große Schriftsteller kommen nicht ohne eine professionelle Überarbeitung ihres Manuskripts und ohne eine einfühlsame Beratung und Ermunterung durch einen sachkundigen Lektor aus. Das gilt erst recht für literarische Anfänger wie mich. Ich habe zwar schon Hunderte Artikel geschrieben, aber noch nie ein Buch. Deshalb möchte ich meiner sprachgewandten Lektorin Jessica Hein ganz besonders für vielfältige Anregungen sowie für ihre Sorgfalt und Geduld danken.

BILDNACHWEIS

ERSTER BILDTEIL:

picture-alliance / dpa: Seite 1, 2 unten, 3, 5, 8
picture alliance / Wolf-Dieter Pfeiffer: Seite 2 oben
Norbert Enker / laif: Seite 4 oben
Torsten Silz /ddp: Seite 4 unten
Thomas Grabka / action press: Seite 6 oben
Ralph Orlowski / Getty Images: Seite 6 unten
firo sportphoto: Seite 7

ZWEITER BILDTEIL:

Nele Martensen / Focus-Magazin: Seite 1
Jörg Frenzel: Seite 2
dpa Picture-Alliance / Bernd Thissen: Seite 3
Franklin Berger/Landespresseamt NRW dpa/lnw: Seite 4 oben
dpa Picture-Alliance / Franklin_Berger / Landespresseamt: Seite 4 unten
picture-alliance / dpa: Seite 5, 8

DRITTER BILDTEIL:

Hans-Christian Plambeck / laif: Seite 1 oben
Bundesregierung / Guido Bergmann / ddp: Seite 1 unten
Bernhard Freisen / global-picture.net: Seite 2
Liesa Johannssen / photothek: Seite 3 oben
Hans-Christian Plambeck / laif: Seite 3 unten
picture alliance / EPA/ RAINER JENSEN / POOL : Seite 4
Werner Schuering / imagetrust: Seite 5 oben
action press / Henning Schacht: Seite 5 unten
imago / Hoffmann: Seite 6 oben
dpa Picture-Alliance / Jörg Carstensen: Seite 6 unten
Bernd Thissen dpa / lnw © dpa - Bildfunk: Seite 7
Philipp Guelland /dapd: Seite 8